Olá, aluno!

Este livro que está em suas mãos permite acessar **conteúdo multimídia** que irá tornar o seu aprendizado muito mais **dinâmico** e **profundo**. Basta utilizar o seu *código exclusivo*, impresso nesta página.

Se você já é usuário do **FTD Digital**, acesse-o usando seu **login** e sua **senha**. Então, clique em **cadastrar livro** e siga as instruções de como utilizar seu *código exclusivo*. Se você **ainda não é usuário** do FTD Digital, siga os passos abaixo antes de registrar seu *código exclusivo* e bons estudos.

Passo a passo:

1 Acesse: **www.ftd.com.br** e clique em **FTD Digital**.

2 Clique em **criar cadastro** e preencha com seus dados.

3 Em seguida, você receberá um **e-mail para ativação**. Clique no link e conclua seu cadastro.

4 Agora que você tem acesso ao ambiente **FTD Digital**, siga as orientações para o registro do seu *código exclusivo*.

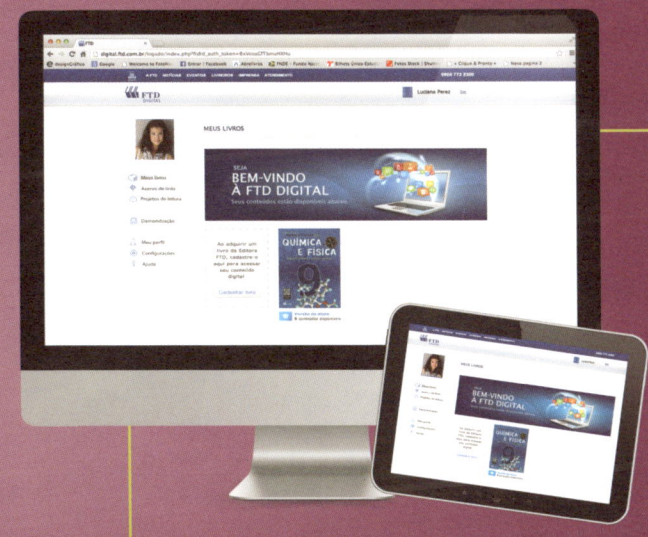

Perfil Aluno

Você terá acesso a **vídeos**, **animações**, **simuladores**, **jogos**, **infográficos**, **educlipes** e **textos** para facilitar a compreensão dos temas de seus estudos. Além disso, você poderá buscar **indicações de leitura** complementar, **fazer simulados** e **obter ajuda** para suas pesquisas na web com o **Acervo de links**.

Experimente e entre para o mundo **FTD Digital**.

Seu código exclusivo:

1162.8321.GCTX.R787.B52

www.ftd.com.br

projeto athos Ciências

José Trivellato Júnior
Licenciado em Ciências Biológicas pelo Instituto de Biociências da Universidade de São Paulo (USP)
Licenciado em Pedagogia pela Faculdade de Filosofia, Ciências e Letras Nove de Julho
Mestre em Didática pela Faculdade de Educação da Universidade de São Paulo (USP)
Doutor em Educação pela mesma instituição
Professor do Ensino Fundamental e Médio em escolas das redes pública e privada do estado de São Paulo

Silvia Luzia Frateschi Trivellato
Licenciada e Mestre em Ciências Biológicas pelo Instituto de Biociências da Universidade de São Paulo (USP)
Doutora em Didática pela Faculdade de Educação da Universidade de São Paulo (USP)
Professora de Metodologia e Prática de Ensino de Ciências e Biologia na mesma instituição

Marcelo Tadeu Motokane
Licenciado em Ciências Biológicas pelo Instituto de Biociências da Universidade de São Paulo (USP)
Mestre e Doutor em Educação pela Faculdade de Educação da Universidade de São Paulo (USP)
Professor da Faculdade de Ciências e Letras da Universidade de São Paulo (USP/Ribeirão Preto)

Júlio Cezar Foschini Lisboa
Licenciado em Química pelo Instituto de Química da Universidade de São Paulo (USP)
Mestre em Ensino de Ciências pelo Instituto de Química/Faculdade de Educação da Universidade de São Paulo (USP)
Professor Titular de Química do Centro Universitário Fundação Santo André (FSA)

Carlos Aparecido Kantor
Bacharel e Licenciado em Física pelo Instituto de Física/Faculdade de Educação da Universidade de São Paulo (USP)
Mestre em Ensino de Ciências pelo Instituto de Física/Faculdade de Educação da Universidade de São Paulo (USP)
Doutor em Educação pela Faculdade de Educação da Universidade de São Paulo (USP)
Professor do Centro Universitário Fundação Santo André (FSA)

A sustentabilidade é uma questão de atitude.

FTD

Copyright © José Trivellato Júnior, Silvia Luzia Frateschi Trivellato, Marcelo Tadeu Motokane, Júlio Cezar Foschini Lisboa, Carlos Aparecido Kantor, 2014

Diretora editorial	Silmara Sapiense Vespasiano
Gerente editorial	Roberta Lombardi Martins
Editora	Rosa Visconti Kono
Projeto editorial e coordenação	Maria Tereza Rangel Arruda Campos
Editores assistentes	João Paulo Bortoluci, Alexandre Garcia Macedo
Colaboradores	Sandra Del Carlo, Mônica Jakievicius, Carolina Mancini, Pedro Leite Ribeiro, Paloma Epprecht e Machado
Assistente editorial	Denise Aparecida da Silva
Gerente de produção editorial	Mariana Milani
Coordenadora de produção	Marcia Berne Pereira
Coordenador de arte	Eduardo Evangelista Rodrigues
Projeto gráfico e capa	SIC Produções Editoriais
Foto de capa	Steve Sparrow/Cultura/Getty Images
Editora de arte	Daniela Máximo
Diagramação	Sonia Maria Alencar, Suzana Massini, SIC Produções Editoriais
Tratamento de imagens	Ana Isabela Pithan Maraschin, Eziquiel Rachetti
Ilustrações	Dawidson França, Rafael Herrera, Luís Moura, Manga
Cartografia	Allmaps
Coordenadora de preparação e revisão	Lilian Semenichin
Supervisora de preparação e revisão	Sandra Lia Farah
Preparação	Ana Lucia P. Horn, Edna Viana, Eliza Yamane, Marcia Anjo, Fernanda Rodrigues, Vera Lucia Pereira
Revisão	Carolina Manley, Célia Regina N. Camargo, Juliana C. F. Simões, Marcella de A. Silva, Rita Lopes, Sirley S. Panochia
Supervisora de iconografia	Célia Maria Rosa de Oliveira
Pesquisa iconográfica	Daniel Cymbalista, Rosely Ladeira
Diretor de operações e produção gráfica	Reginaldo Soares Damasceno

Dados Internacionais de Catalogação na Publicação (CIP)
(Câmara Brasileira do Livro, SP, Brasil)

Projeto Athos : ciências, 6º ano / José Trivellato Júnior...[et al.]. – 1. ed. – São Paulo : FTD, 2014.

Outros autores: Silvia Luzia Frateschi Trivellato, Marcelo Tadeu Motokane, Júlio Cezar Foschini Lisboa, Carlos Aparecido Kantor
Bibliografia.
ISBN 978-85-322-9377-0 (aluno)
ISBN 978-85-322-9378-7 (professor)

1. Ciências (Ensino fundamental) I. Trivellato Júnior, José. II. Trivellato, Silvia Luzia Frateschi. III. Motokane, Marcelo Tadeu. IV. Lisboa, Júlio Cezar Foschini. V. Kantor, Carlos Aparecido.

14-04536   CDD-372.35

Índices para catálogo sistemático:
1. Ciências : Ensino fundamental 372.35

Reprodução proibida: Art. 184 do Código Penal e Lei 9.610 de 19 de fevereiro de 1998
Todos os direitos reservados

EDITORA FTD S.A.
Rua Rui Barbosa, 156 – Bela Vista – São Paulo – SP
CEP 01326-010 Tel. (0-XX-11) 3598-6000
Caixa Postal 65149 – CEP da Caixa Postal 01390-970
www.ftd.com.br
E-mail: ensino.fundamental2@ftd.com.br

Apresentação

Caro aluno,

O mundo que nos cerca está repleto de curiosidades que despertam nossa atenção, de fenômenos que queremos explicar e de problemas que gostaríamos de resolver. Permanentemente, buscamos conhecimento a respeito dos fenômenos observados e a solução para nossos problemas.

A Ciência é parte dessa busca, é uma das maneiras pelas quais se formulam as explicações. Ela é fruto do conhecimento e da criatividade humana e está em constante aperfeiçoamento e reformulação.

Aprender Ciências é conhecer algumas das explicações que já foram apresentadas pelos cientistas e maneiras de agir que levam à compreensão da natureza. É também aprender a relacionar causa e efeito, buscar evidências que nos ajudem a explicar fenômenos, fazer previsões baseadas em hipóteses.

Nas unidades da coleção, há seções com atividades que exemplificam algumas formas pelas quais se produz conhecimento científico. Por meio da observação, da investigação, de análise de gráficos, tabelas e dados, você poderá vivenciar procedimentos que são semelhantes aos realizados nas pesquisas científicas.

Conhecer Ciências é importante também para entender boa parte das questões que afetam o mundo atual. Para participarmos da sociedade como cidadãos que tomam decisões conscientes, é essencial que estejamos aptos a entender o conhecimento científico relacionado a problemas ambientais, de saúde pública, à produção de alimentos ou da matriz energética, por exemplo. Uma seção dedicada à leitura e compreensão das particularidades dos textos científicos foi incluída em todas as unidades.

Para o livro cumprir seu papel, falta você: sua leitura, a discussão com os colegas, a realização das atividades e o significado que você vai dar para as informações aqui colocadas e, assim, transformar este livro no **seu** livro de Ciências.

Os autores

Conheça o seu livro

Os volumes do **Projeto Athos** de **Ciências** dividem-se em nove Unidades, cada qual elaborada para, aproximadamente, um mês de aulas. Isso permite a articulação das propostas da obra com as atividades previstas pela sua escola.

As Unidades são abertas por uma imagem significativa para o contexto a ser trabalhado, articulada a questões que introduzem o tema a ser estudado e/ou orientam a leitura dessa imagem.

@mais complementa essa introdução com propostas que envolvem habilidades digitais e leitura de diferentes linguagens.

Os tópicos que serão abordados na Unidade vêm listados para que você os conheça de antemão.

O texto didático de apresentação dos conteúdos, trabalhado de modo a ser próximo de você, articula-se a imagens para que a compreensão dos conceitos possa se dar de modo mais completo e prazeroso.

Cada Unidade terá dois capítulos.

O vocabulário que eventualmente acompanha o texto pode auxiliar na leitura.

As atividades estão divididas em duas partes: **Reveja** e **Explique**. Às vezes, você encontrará um **Desafio**!

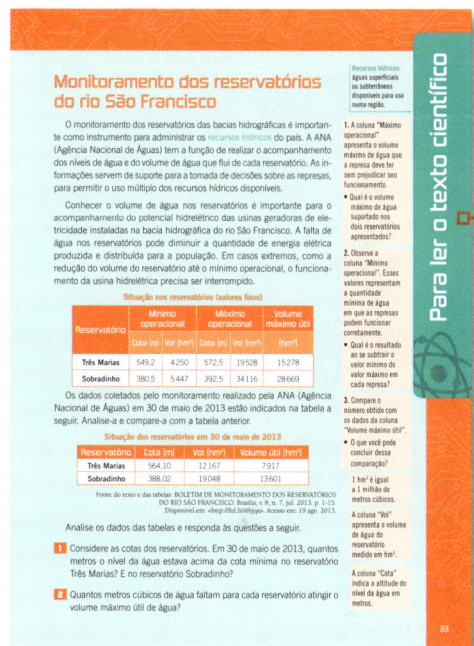

Esta seção trabalha procedimentos de leitura do texto científico, para que você possa aproveitar o máximo deles.

No laboratório traz experimentos a serem realizados com foco não só na observação e nos resultados, mas principalmente nos aspectos procedimentais.

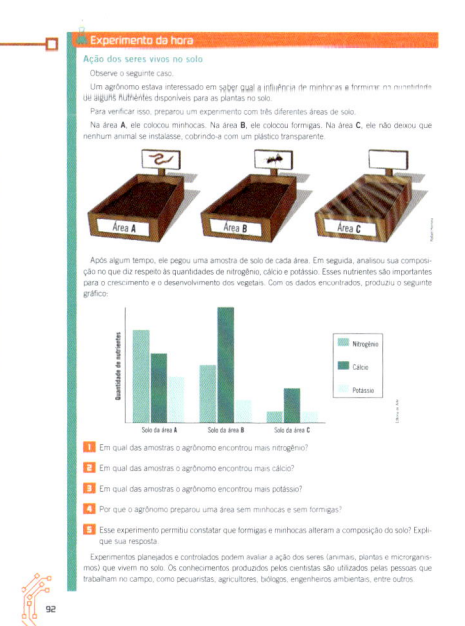

Aqui você vai encontrar experimentos factíveis em sala de aula, que demandam materiais simples e uma previsão de tempo breve.

Você também encontrará boxes com finalidades diferentes ao longo do livro, que visam auxiliar a compreensão e a sistematização dos tópicos principais.

Lembre
Intemperismo são os processos físicos, químicos ou biológicos que ocasionam a gradação das...

Destaca o que é muito relevante no que está sendo estudado.

Rede do tempo
O cometa Halley
Cometas são corpos ram origem a temores odem ser periódic...

Apresenta contextos históricos importantes para alguns conteúdos.

Pense e responda
Observe a imagem ao lado e responda.
1 Qual dos veículos não...

Propõe uma reflexão conjunta.

Ciências e Geografia
Os pontos cardeais
Os quatro pontos cardeais, denom... sul, leste e oeste, são pontos de re... nários, a partir dos quais é possí... ão seguir para chegar a algu...

Estabelece um diálogo entre tópicos de Ciências e de outras disciplinas ou áreas do conhecimento.

Tome nota
Quanto maior a altitude, mais rarefeito é o ar atmosférico e, portanto, menor é...

Sistematiza conceitos importantes, que ficam disponíveis para consulta e estudo.

Sobre a imagem
As distâncias que separam os planetas do Sol e a variação de...

Apresenta informações complementares de um gráfico, um mapa, um esquema etc.

Trazem informações complementares ou remetem a fontes para propostas de pesquisa. **@Explore** traz também indicações de *sites*.

Ciência divertida: ar
WAPOLE, B... Melhorame... Aproveite... experime...

Apollo 13
Universal Pictures. EUA. Dirigido por Ron Howard, com Tom Hanks no papel...

Indicações de livros, filmes e músicas vêm sinalizadas por ícones que refletem a natureza de cada sugestão.

Você e seus colegas desenvolverão dois projetos de trabalho ao longo do ano, apresentados na seção **Pensar, fazer, compartilhar**.

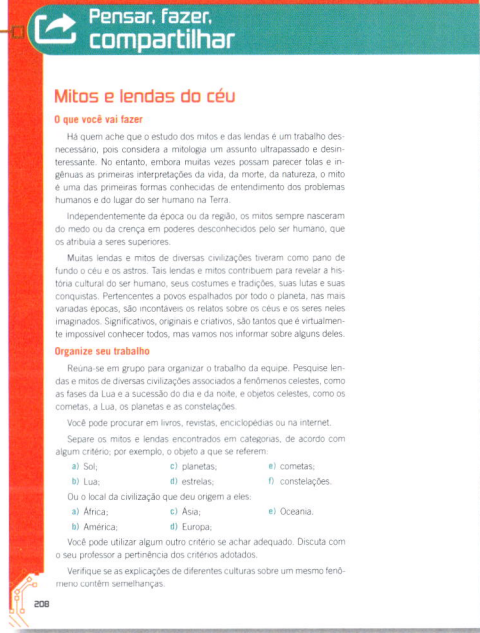

Além disso, boxes e seções especiais consolidam os pilares do projeto.

Nós
Preservação das tra...
Percebe-se que a prop... se preocupando com a...
- Você considera i... de se perpet...

Propicia a reflexão sobre valores, que será sempre feita em duplas, trios ou grupos.

Fórum
A imaginação e a cr... inventar histórias, e os... Na mitologia hindu, p... atravessando o céu... era também o elixir... -se que a Lua e...

Traz questões para debate, em que você e os colegas poderão praticar estratégias de argumentação.

@multiletramentos
Infogra...
Você sabia q... Que tal viajarmos... internet será sua g... de busca, Google,... saber que existem... você possa realizar... Após acessar o... os vulcões mais... -chave facilit... você fica...

Aqui você poderá desenvolver e pôr em prática habilidades para o trabalho com mídias e ferramentas digitais diversas.

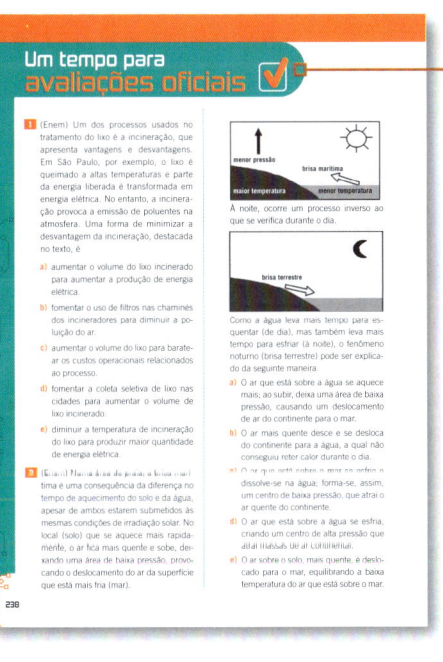

No final do livro, você poderá testar seus conhecimentos em atividades propostas em avaliações oficiais diversas.

Com o objetivo de complementar a proposta de ensino-aprendizagem do livro impresso, todos os volumes deste projeto contam com material extra na plataforma **FTD digital**. Lá você encontrará tanto as orientações adicionais para a seção **@multiletramentos** quanto os objetos educacionais digitais, indicados neste volume pelo ícone ao lado.

Tudo isso que você viu faz parte do livro em que você vai estudar Ciências neste ano. Bom trabalho!

Sumário

Unidade 1 — Água no ambiente | 12

Capítulo 1 — A água na Terra | 14

- Águas subterrâneas: os aquíferos | 16
  - Nós Contaminação da água e dos seres vivos | 17
- A importância da água | 19
- Atividades | 21

Capítulo 2 — Ciclo e propriedades da água | 22

- A água em movimento | 23
- Propriedades da água | 24
  - Experimento da hora O que é mais volátil: água, óleo ou álcool? | 27
  - Experimento da hora Tirando a gordura da roupa | 29
- Atividades | 30
  - Fórum Uso consciente do detergente | 32
  - @multiletramentos Os direitos da água | 32
- Para ler o texto científico Monitoramento dos reservatórios do rio São Francisco | 33
- No laboratório Observando a tensão superficial | 34

Unidade 2 — Água – tratamento e saúde | 36

Capítulo 1 — Qualidade da água | 38

- Como os mananciais podem ser contaminados? | 39
- Como é feito o tratamento da água? | 39
- Água e saúde | 42
- Atividades | 44

Capítulo 2 — Usos da água | 45

- Água na agricultura | 46
  - Experimento da hora Quando a água está poluída? | 48
- Água, máquinas e trabalho humano | 49
- As usinas geradoras de energia elétrica | 51
  - Nós Impacto das hidrelétricas | 55
  - Fórum Condições sanitárias do seu município | 56
- Atividades | 57
- Para ler o texto científico Consumo de água engarrafada no mundo | 58
  - @multiletramentos Folder da água | 59
- No laboratório As sementes precisam de água | 60
- Pensar, fazer, compartilhar Campanha publicitária para se proteger de doenças transmitidas pela água | 62

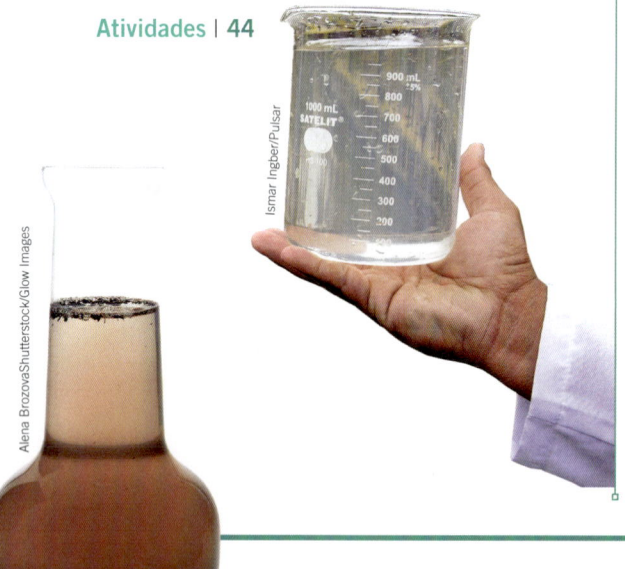

Unidade 3 — Solo, rochas e minerais 64

Capítulo 1 — Origem e transformação do solo | 66

Fatores que agem na formação do solo | 67

A composição do solo | 70

As rochas | 71

@multiletramentos Infográfico sobre vulcões | 73

Nós Contrabando de fósseis | 75

Experimento da hora Observando as rochas | 76

Atividades | 77

Capítulo 2 — Os minerais | 78

As principais propriedades dos minerais | 79

Minerais nos materiais de construção | 82

Fórum Impacto ambiental produzido pela exploração mineral | 83

Atividades | 84

Para ler o texto científico Mais ouro sob a floresta | 85

No laboratório Permeabilidade do solo | 86

Fabio Colombini; Fabio Colombini; Siim Sepp/Shutterstock/Glow Images; Dimitri Otis/Photographer's Choice/Getty Images

Unidade 4 — O solo, os organismos e os resíduos sólidos 88

Capítulo 1 — Conhecendo o solo | 90

Vida no solo | 91

Experimento da hora Ação dos seres vivos no solo | 92

Resíduos sólidos | 94

Nós Cidadão consciente, cidade limpa | 98

Atividades | 99

Capítulo 2 — Reduzir, reaproveitar e reciclar | 100

Usos do solo | 102

Fórum O controle das queimadas por leis federais: sim ou não? | 107

@multiletramentos De olho nos resíduos sólidos | 107

Atividades | 108

Para ler o texto científico Sistemas de manejo | 109

No laboratório Composição do solo de dois terrenos diferentes | 110

Unidade 5 — O ar: propriedades e movimentos | 112

Capítulo 1 — Importância do ar | 114
Pressão e elasticidade do ar | 115
- Experimento da hora Percebendo o efeito da pressão atmosférica | 116

Atividades | 122

Capítulo 2 — Movimentos do ar | 123
As correntes de convecção | 124
Ciclones tropicais, furacões ou tufões | 125

Nós Defesa Civil | 127
Fórum Defesa Civil e a prevenção de catástrofes por tempestades | 128
@multiletramentos Apresente o ar | 128

Atividades | 129

Para ler o texto científico Ideias sobre o vazio | 130

No laboratório Movimentando o ar | 132

Unidade 6 — Atmosfera terrestre e tecnologia | 134

Capítulo 1 — A atmosfera terrestre | 136
As camadas da atmosfera | 136
Chuva, neve e granizo: água que cai do céu | 138
A previsão do tempo | 141
- Nós O uso do pluviômetro na prevenção aos desastres naturais | 141
- @multiletramentos Como ocorrem as precipitações? | 144

Atividades | 145

Capítulo 2 — O ar e o voo | 146
O que é necessário para voar? | 147
- Nós Os passageiros e a segurança no transporte aéreo | 149
- Fórum Condições ambientais para a construção de um aeroporto | 149
- Experimento da hora Você é o piloto | 152

Atividades | 154

Para ler o texto científico Viajando a 10 000 m de altitude | 155

No laboratório Construindo um pluviômetro | 156

Unidade 7 — Atmosfera e poluição do ar | 158

Capítulo 1 — A composição da atmosfera | 160
A relação entre o gás carbônico e o oxigênio na atmosfera | 162
A queima de combustíveis e a atmosfera | 163

Atividades | 167

Capítulo 2 — Poluição do ar e agravos à saúde humana | 168
O monóxido de carbono | 169
- Experimento da hora Produtos da combustão | 170
- Fórum A qualidade do ar que respiramos | 170

O efeito estufa | 171

Nós Aquecimento global | 172
@multiletramentos Conscientização sobre a poluição do ar | 173
O caminho dos poluentes | 174

Atividades | 178

Para ler o texto científico São Paulo não atinge meta de reduzir emissões de gás de efeito estufa | 179

No laboratório Monitorando a qualidade do ar | 180

Unidade 8 — Movimentos da Terra 182

Capítulo 1 — Os movimentos aparentes do Sol | 184

O movimento de rotação da Terra | 187

Atividades | 192

Capítulo 2 — O movimento de translação da Terra | 194

As estações do ano | 195

@multiletramentos Rotação e translação | 199

Fases da Lua e eclipses | 200

Fórum Diferenças entre mito e teorias científicas | 203

Atividades | 204

Para ler o texto científico Quando pulamos, por que não descemos em outro lugar? | 205

No laboratório O meio-dia | 206

Pensar, fazer, compartilhar Mitos e lendas do céu | 208

Unidade 9 — O Sistema Solar e além 210

Capítulo 1 — Movimentos no céu e medidas de tempo | 212

O calendário gregoriano | 213

Nós Preservação das tradições | 214

O Sistema Solar | 215

@multiletramentos Simuladores do Sistema Solar | 223

Experimento da hora Observando o Cruzeiro do Sul | 224

Atividades | 225

Capítulo 2 — Estrelas e galáxias | 226

Fórum As ideias científicas e as religiões | 231

Atividades | 234

Para ler o texto científico Formação do Sistema Solar: os antecedentes históricos e o conhecimento atual | 235

No laboratório Diagrama HR | 236

Um tempo para avaliações oficiais | 238

Bibliografia | 240

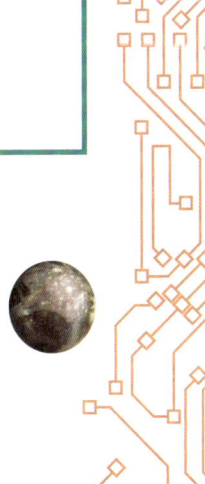

Nesta unidade

- Importância da água para os seres vivos.
- Reservatórios naturais de água.
- Propriedades da água: temperatura de fusão, de ebulição e de solidificação.
- Tensão superficial da água.
- Solubilidade e separação de substâncias.

Água no ambiente

Observe a paisagem da foto ao lado e responda às questões abaixo.

1 De onde a água desse riacho está vindo?

2 Quais estados físicos da água você pode observar nesta foto?

3 Em que outros lugares do planeta Terra existe água?

@mais

O *link* <http://ftd.li/68xg6v> dá acesso a informações sobre o aquecimento global. Leia o infográfico que complementa a reportagem e responda às questões. Acesso em: 2 out. 2013.

1. Qual era o volume de gelo:
   a) no inverno de 1979?
   b) apresentado em 2013?
2. Segundo a matéria, quais são as principais causas dessa diferença?

A água é um bem comum necessário à vida dos seres vivos.

Não existe fronteira para a água, ela é a mesma que passa por várias cidades e países.

O uso de água limpa reduz a transmissão de doenças e melhora a qualidade de vida da população.

A contaminação da água dos rios atinge todos que a utilizam e não apenas a comunidade responsável pela emissão dos contaminantes.

Conhecer as propriedades da água garante a compreensão de muitos fenômenos observados na natureza.

◀ Onde há água na Terra?

Capítulo 1 — A água na Terra

A superfície do planeta Terra tem 510 milhões de km², e quase três quartos dessa área são cobertos por água, constituindo cerca de 361 milhões de km².

Pode parecer que há uma quantidade quase infinita de água disponível para nosso consumo no planeta, mas essa abundância não é real. As águas dos oceanos são salgadas e não estão disponíveis para uso imediato.

De toda a água existente em nosso planeta, somente 2,5% representam o total de água doce, e sua distribuição na Terra não é uniforme. Você pode pensar que ainda é muita água, porém, a maior parte dessa água doce não está acessível à população.

Observe no infográfico a disponibilidade de água no planeta.

▲ Polo Norte.

Presente nas geleiras dos polos e picos das montanhas nevadas, 1,73% da água do planeta está no estado sólido.

▲ Chapada dos Guimarães (MT).

A água subterrânea (subsolo) compreende 0,74% do total de água do planeta.

Imprópria para muitos usos, incluindo o consumo humano, 97,5% da água do planeta é salgada e está nos oceanos.

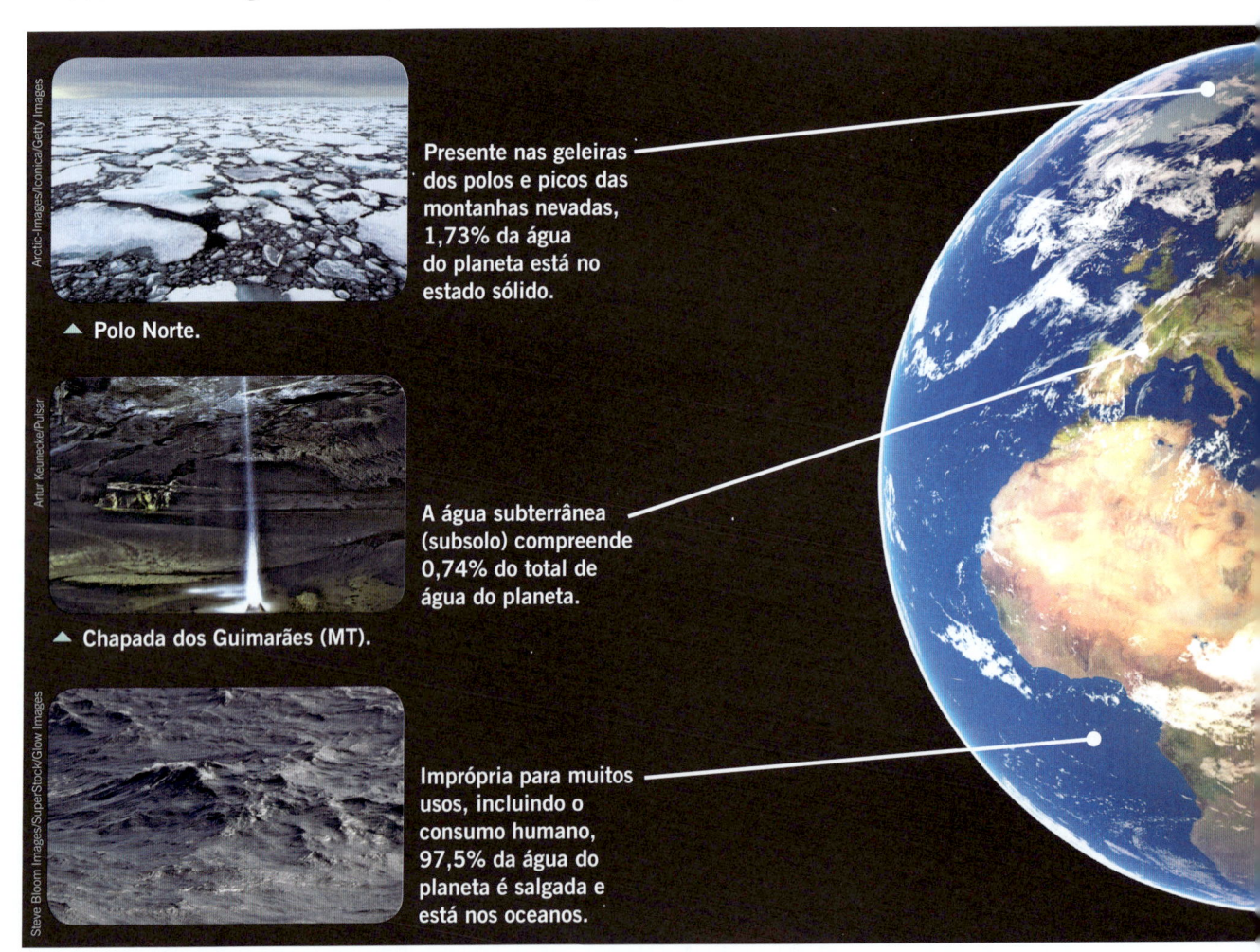

Bacia hidrográfica amazônica

Pense e responda

Observe o mapa do Brasil que destaca a região da bacia hidrográfica amazônica.

1 Qual destas duas regiões tem menor área no país: a destacada ou a sem destaque?

2 Qual delas contribui com a maior parte da água doce no Brasil?

◀ Cerca de três quartos de toda a água doce no Brasil encontra-se na região destacada.

A água doce a que temos acesso corresponde a 0,01% de toda a água do planeta. Para se ter ideia do que esse valor representa, imagine um grande cubo de gelo sendo dividido em 10 mil partes iguais. A quantidade de água doce dos rios e lagos corresponderia a apenas um desses pedacinhos (0,01%).

Embora o Brasil seja um dos países com maior quantidade de água doce superficial no mundo, a população pode sofrer com a falta de água para consumo. Regiões brasileiras com baixo índice de chuva durante o ano estão mais sujeitas à falta de água.

▲ Imagine 10 mil cubos de gelo. Um desses cubos corresponderia a 0,01% do total.

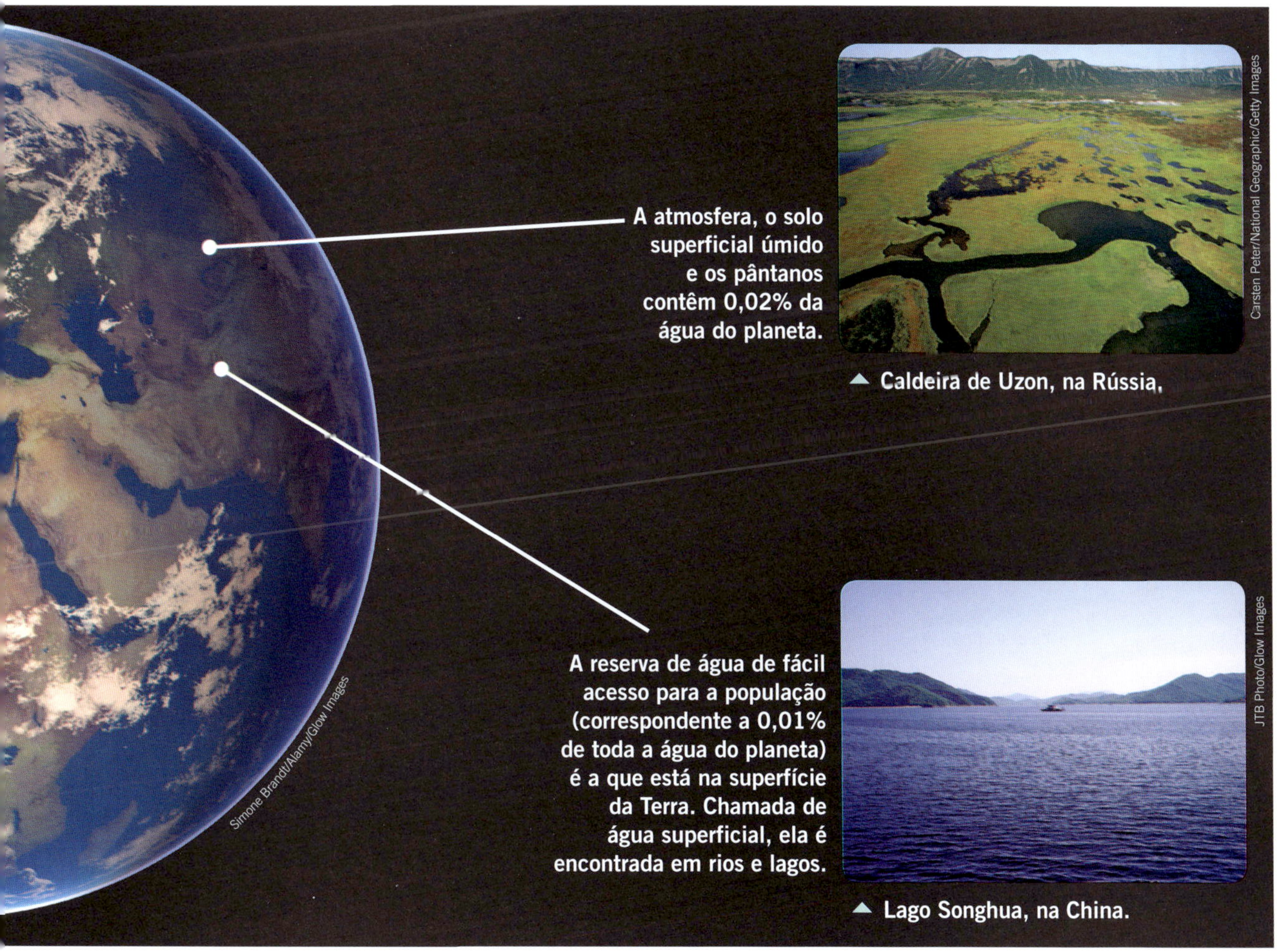

A atmosfera, o solo superficial úmido e os pântanos contêm 0,02% da água do planeta.

▲ Caldeira de Uzon, na Rússia.

A reserva de água de fácil acesso para a população (correspondente a 0,01% de toda a água do planeta) é a que está na superfície da Terra. Chamada de água superficial, ela é encontrada em rios e lagos.

▲ Lago Songhua, na China.

Ciências e Matemática

Representação da água doce no planeta

Imaginar a quantidade de água doce que há no nosso planeta e compará-la numericamente ao volume de água dos oceanos não é fácil. Uma forma de estabelecer essa relação é representá-la graficamente.

É possível produzir um esquema gráfico para representar grandezas numéricas realizando a tarefa a seguir. Você vai precisar de uma régua e alguns lápis de cor.

kai keisuke/Shutterstock/Glow Images

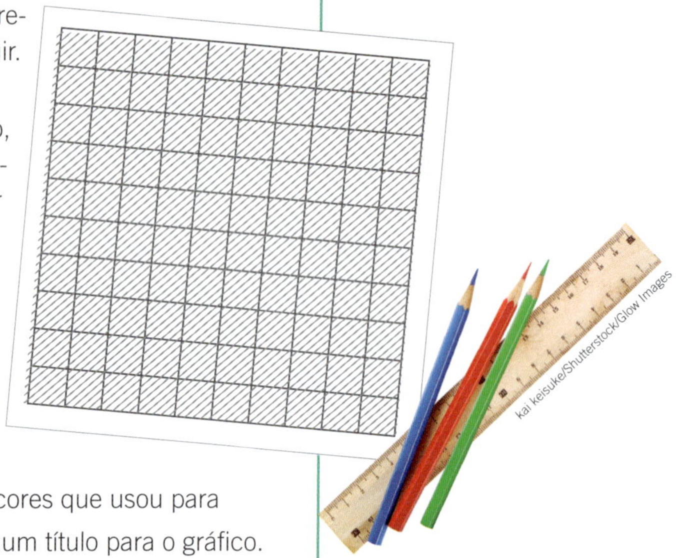

Em uma folha de papel, reproduza o quadro ao lado, que tem 100 quadradinhos de mesmo tamanho. Considere que toda a água do planeta seja representada por esses 100 quadradinhos.

Pinte de azul os quadradinhos que correspondem à quantidade de água salgada; de vermelho os quadradinhos que representam a quantidade de água das geleiras; e de verde o que restou. Na cor verde está representada a quantidade de água que está no subsolo, na superfície e no ar.

Faça uma legenda para o seu gráfico, aplicando as cores que usou para representar cada volume de água. Não esqueça de dar um título para o gráfico.

Águas subterrâneas: os aquíferos

Um problema atual discutido por todos os países é a escassez de água para uso humano. Ainda hoje muitas pessoas pensam que a água é um recurso inesgotável. Entretanto, atividades industriais, domésticas e agrícolas e a ocupação territorial da crescente população humana têm comprometido as águas superficiais e até as subterrâneas.

Os reservatórios naturais de água subterrânea chamam-se **aquíferos**.

Escassez: condição do que está em quantidade reduzida.

Rafael Herrera

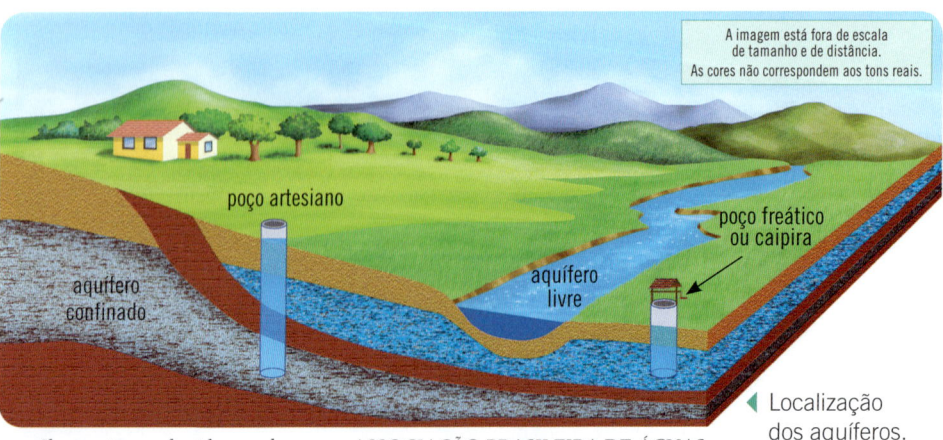

Localização dos aquíferos.

Ilustração produzida com base em: ASSOCIAÇÃO BRASILEIRA DE ÁGUAS SUBTERRÂNEAS. Disponível em: <http://ftd.li/wkiwov>. Acesso em: 23 abr. 2014.

Pense e responda

Observe a imagem ao lado.

1. Quantas camadas de água subterrânea podem ser observadas?
2. Qual das camadas pode ser mais facilmente acessada?
3. Qual camada pode ser mais facilmente contaminada? Por quê?

◀ O poço freático ou caipira muitas vezes fica exposto, sem proteção.

Nem todos os aquíferos têm a mesma estrutura. Em alguns, a água fica armazenada entre os poros da rocha; nesse caso, a rocha funciona como uma esponja que retém a água. Em um segundo tipo de aquífero, a água é armazenada em fendas, fraturas existentes entre rochas impermeáveis. Geralmente, esse tipo de aquífero localiza-se nas camadas mais profundas do solo. Há também um terceiro tipo de aquífero, mais superficial, formado pela água que se infiltra no solo e se acumula na camada acima da rocha impermeável.

Em geral, os aquíferos que se encontram mais próximos da superfície são chamados **aquíferos livres**. Um **aquífero confinado** é aquele que possui uma camada impermeável de solo sobre ele. Desses dois tipos de aquíferos, o mais superficial é o mais fácil de ser explorado; o poço para a retirada de água desse aquífero é denominado **poço freático** ou **caipira**.

Os poços freáticos podem ser contaminados principalmente pela falta de proteção na sua boca ou abertura, pela infiltração de água de fossas e, ainda, pela infiltração de água contaminada de rios e lagos.

Nós

Contaminação da água e dos seres vivos

Leia a charge.

1. O que ela está criticando?
2. Discuta com o seu grupo sobre a responsabilidade do ser humano em relação à mensagem transmitida.

Distribuição dos aquíferos brasileiros

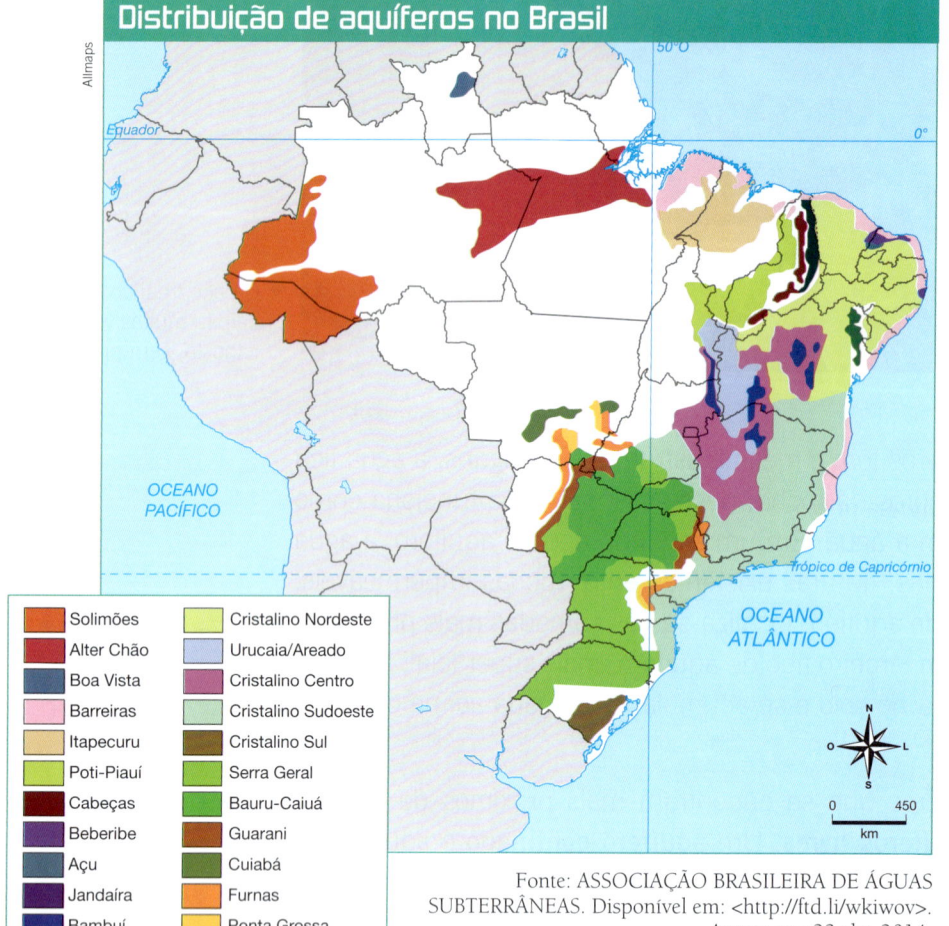

Fonte: ASSOCIAÇÃO BRASILEIRA DE ÁGUAS SUBTERRÂNEAS. Disponível em: <http://ftd.li/wkiwov>. Acesso em: 23 abr. 2014.

Pense e responda

Observe a distribuição e localização dos aquíferos brasileiros no mapa.

1 Em que regiões eles se concentram?

2 Localize a região onde você mora. Que aquífero existe nessa região?

Fissura: pequena abertura longitudinal em fenda; rachadura, sulco.

O solo brasileiro possui muitos aquíferos, cuja exploração é regulamentada por leis federais e estaduais e gerenciada por comitês de bacias hidrográficas, grupos formados por vários setores da sociedade.

A facilidade ou dificuldade do acesso à água armazenada nos aquíferos depende de diversos fatores, como tipo de solo, tipo e espessura da rocha e a formação geológica do solo da região.

A água da chuva infiltra-se no solo até atingir uma camada de rocha impermeável ou uma camada de rocha porosa, ou ainda pontos de entrada nas fissuras entre rochas impermeáveis. Desse modo, a água nos aquíferos é reposta. A reposição da água nos aquíferos superficiais é rápida, enquanto nos mais profundos é mais lenta.

O uso racional da água dos aquíferos por todos nós garantirá a disponibilidade de água potável para as futuras gerações.

@ Explore

O Aquífero Guarani

O Aquífero Guarani é um dos maiores reservatórios de água doce subterrânea do mundo e abrange o território de quatro países: Brasil, Argentina, Paraguai e Uruguai.

A reposição da água do Aquífero Guarani se dá em muitos pontos, os quais são superficiais, portanto, sujeitos a contaminação. Assim, são necessárias medidas para proteger as regiões desse aquífero que podem ser contaminadas.

- Cite uma medida que pode ser tomada para evitar a contaminação dos pontos superficiais que reabastecem o Aquífero Guarani.

Para saber mais informações sobre o Aquífero Guarani, acesse o *link* <http://ftd.li/99m8y8> (acesso em: 05 jun. 2014).

A importância da água

Imagens fora de escala de tamanho.

Pense e responda

Observe as imagens acima. Elas mostram uvas e tomates frescos e após o processo de secagem.

1 Qual é a principal diferença que pode ser notada entre o fruto fresco e o seco?

2 O que ocasionou essa diferença?

A água constitui grande parte do corpo dos seres vivos. A maioria dos animais chega a ter entre 60% e 90% de água em sua composição corporal. Noventa e oito por cento do corpo de uma água-viva é composto de água. Um tomate cru com semente ou um pé de alface apresentam 95% de sua composição em água.

A água parece ser uma substância simples e comum, porém apresenta características que a tornam complexa e especial.

A temperatura amena na superfície do solo e as condições climáticas de cada região devem-se em grande parte à presença de água no ambiente. A temperatura da superfície da Terra seria muito elevada se não existissem as geleiras dos polos Norte e Sul.

A história do nosso planeta está intimamente ligada à água. Os estudos sobre a origem do primeiro ser vivo na Terra mostram que ela se deu na água do oceano primitivo há mais de 3 bilhões de anos. A água abriga milhões de seres vivos e é essencial para nutrir o corpo dos organismos, mas para o ser humano ela é mais do que um nutriente.

Grande parte do nosso corpo é formada por água, que precisa ser reposta para manter o bom funcionamento do nosso organismo. A sede que sentimos ajuda-nos a lembrar a necessidade de repor a água no organismo e é um indicador da importância desse líquido para a saúde.

Nutriente: elemento que nutre, alimenta, e é essencial para o organismo.

Tome nota

A água é uma substância essencial para a existência da vida no planeta.

A água não é importante apenas para matar a sede!

A água é um item precioso para a sociedade humana, tanto do ponto de vista econômico – indústria, pecuária, agricultura – como da saúde – Medicina, saneamento básico. Também é utilizada para gerar energia nas usinas hidrelétricas, por exemplo.

Ted Horowitz/Alamy/Glow Images

Mauricio Simonetti/Pulsar

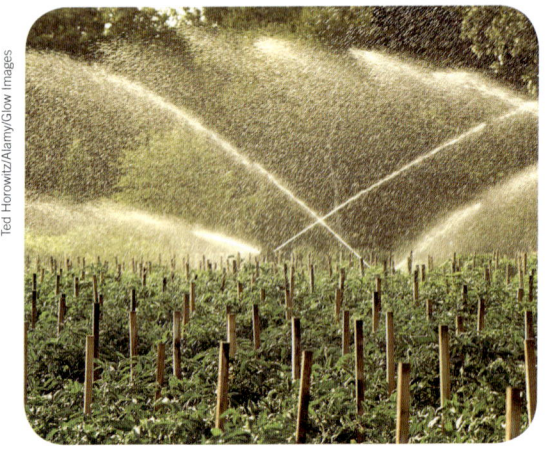

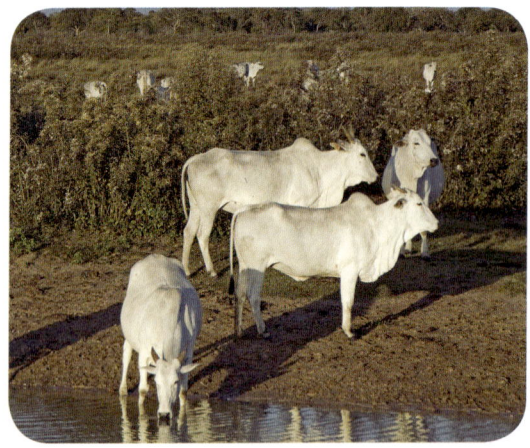

▲ Usos da água.

Leia o trecho do artigo a seguir.

Todas as atividades humanas no planeta Terra consomem atualmente um volume de aproximadamente 6 000 km³/ano com tendência para aumento. Esse aumento do consumo global e sua possível redução dependem do gerenciamento e da inovação tecnológica disponível para aperfeiçoar os mecanismos de gestão. Os usos múltiplos da água dos quais decorrem inúmeros impactos são os seguintes:

- água para produção agrícola – irrigação e outras atividades para produção de alimentos;
- água para abastecimento público;
- produção de hidroeletricidade;
- recreação;
- turismo;
- pesca;
- aquacultura;
- transporte e navegação;
- mineração;
- usos estéticos – recreação, paisagem.

[...] Esses usos variam regionalmente e diferem em cada país, sendo também impulsionados pelas economias de países ou economias locais. [...]

O desenvolvimento econômico e a complexidade da organização das sociedades humanas produziram inúmeras alterações no ciclo hidrológico e na qualidade da água. A diversificação cultural também afeta os recursos hídricos de várias maneiras, inclusive pelo uso da água para atividades religiosas.

TUNDISI, José Galizia. Novas perspectivas para a gestão de recursos hídricos. **Revista USP**. São Paulo, n. 70, jun./ago. 2006. p. 26-27. Disponível em: <http://ftd.li/mxr45r>. Acesso em: 23 abr. 2014.

Pense e responda

- De que forma a água está sendo utilizada nas imagens acima?

Sobre o artigo

O texto oferece uma visão geral da importância da água para a sobrevivência do ser humano e para as atividades religiosas e culturais de algumas sociedades.

Atividades

Reveja

1 Faça uma lista dos modos de utilização da água em sua casa e compare-a com a de seus colegas. Quais as diferenças e as semelhanças?

2 Que região brasileira possui a maior quantidade de água doce disponível para uso humano?

3 Se a distribuição da população humana no planeta fosse proporcional à quantidade de água doce disponível na região, o Brasil seria um país muito populoso?

4 Dois terços da água doce do planeta são de difícil acesso à população. Em que forma essa água se encontra?

5 Como as águas dos aquíferos podem ser contaminadas?

Explique

6 Faça uma lista de medidas que poderiam ajudar na conservação da água doce no país.

7 As geleiras constituem o maior reservatório mundial de água doce. Por que, então, sua água não é utilizada em larga escala pela população?

8 Reflita sobre o significado das frases a seguir.

A água é necessária para toda a população.
Todos têm direito à água tratada e de qualidade.
Sem água não há vida, e sem água limpa não há saúde.

- Em sua opinião, a água deve ser um bem público (controlado pelo governo) ou um bem explorado pelas empresas privadas (controle particular)?

9 Leia a afirmação:

Se o Brasil é o país que tem a maior reserva de água doce (superficial e subterrânea) do mundo, então podemos gastar mais água do que todos os outros países.

- Você concorda com essa afirmação? Escreva um argumento para justificar a sua resposta.

10 Suponha que o círculo abaixo represente a quantidade de água doce (superficial e subterrânea) que há no Brasil. Copie-o no caderno e pinte apenas a porção que corresponde à quantidade de água que está na região amazônica. Faça uma legenda para o seu gráfico.

Editoria de Arte

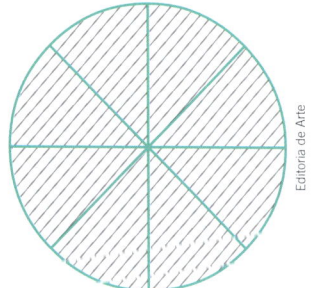

desafio

Uma pessoa precisa realizar um experimento que comprove a importância da água para a sobrevivência de uma planta. Para isso, ela conta com três plantas da mesma espécie cultivadas em vasos com a mesma quantidade de terra e nutrientes. Qual será o procedimento que ela deve realizar?

mart/Shutterstock/Glow Images

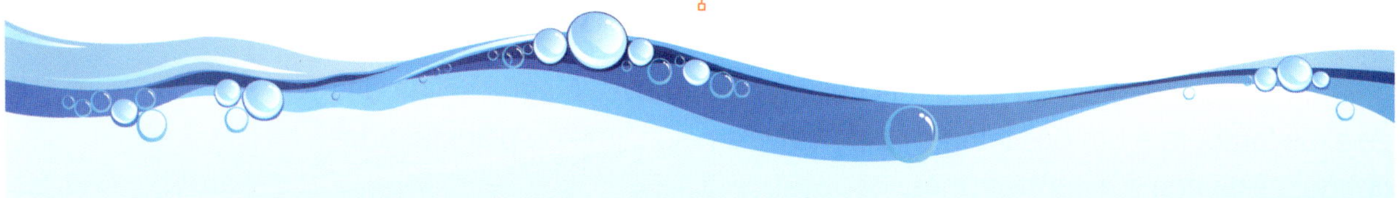

Capítulo 2

Ciclo e propriedades da água

A água tem características que a tornam indispensável à vida no planeta. Uma dessas características é o fato de ela existir em três estados físicos no ambiente em que vivemos: sólido, líquido e gasoso.

irin-k/Shutterstock/Glow Images

Patrick J Endres/The Image Bank/Getty Images

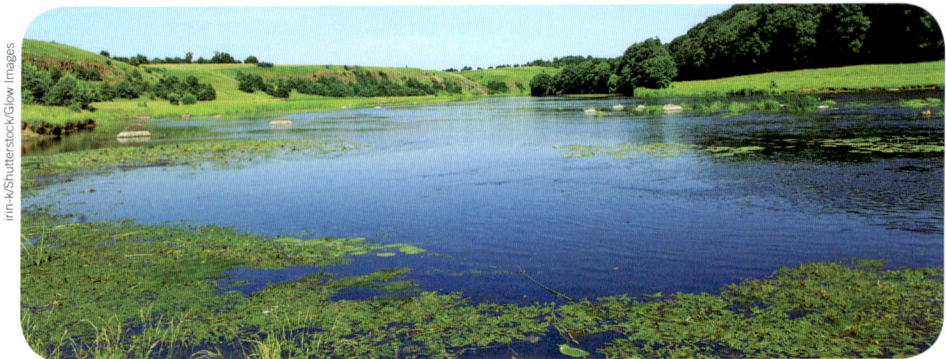

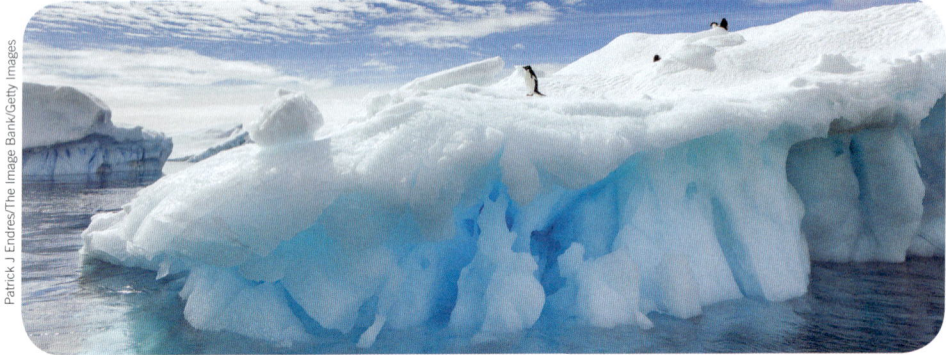

▲ A água encontra-se em três estados físicos na Terra.

Pense e responda

- Você vê água nestas imagens? Em quais estados físicos ela se encontra?

A água no estado gasoso, invisível aos nossos olhos, é indispensável, pois é responsável pela umidade do ar. Nós, por exemplo, não conseguiríamos sobreviver por muito tempo em ambientes com o ar totalmente seco. Além disso, o vapor de água na atmosfera é um dos principais responsáveis pelo efeito estufa, pois retém parte da energia solar que voltaria para o espaço, mantendo assim a temperatura do planeta em condições favoráveis para a vida. Nas nuvens, nos mares e rios, por exemplo, a água está no estado líquido.

Em estado sólido está a água das geleiras e da neve. A água sólida das geleiras também é um dos fatores responsáveis pelo clima do planeta, adequado à vida como a conhecemos.

A água em movimento

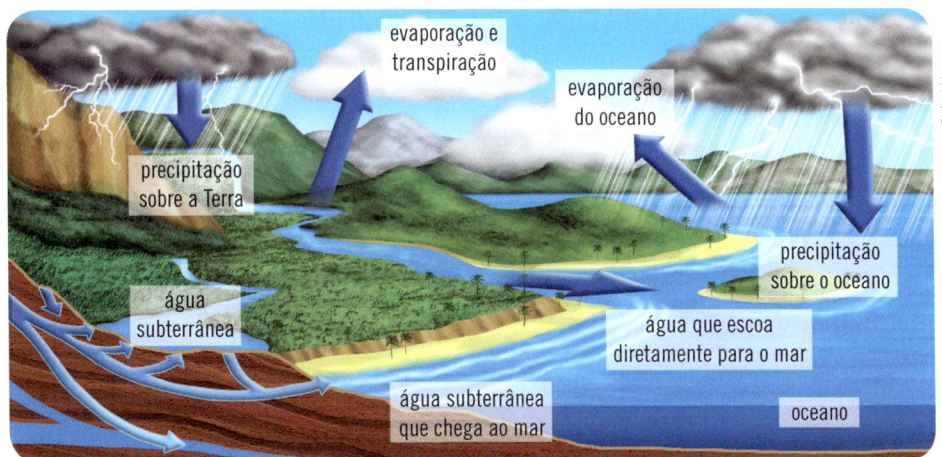

A imagem está fora de escala de tamanho e de distância.
As cores não correspondem aos tons reais.

◂ Ciclo da água.

Ilustração produzida com base em: <http://ftd.li/evr77z>. Acesso em: 23 abr. 2014.

Pense e responda

Observe atentamente a ilustração que representa o ciclo da água.

1 Esquematize o trajeto que a água do mar pode fazer para chegar até o topo de uma montanha.

2 Houve mudança no estado físico da água durante o ciclo?

Acesse o **objeto digital** desta unidade.

A água no ambiente está em constante movimentação. Ora faz parte das nuvens, ora da chuva, num eterno ciclo. E, nesse ciclo, ela está sempre mudando de estado físico: a água líquida evapora, transformando-se em água gasosa. O vapor de água é carregado pelo ar e, ao atingir regiões mais frias da atmosfera, torna-se água líquida na forma de gotículas que constituem as nuvens. Quando a temperatura fica muito baixa, igual ou inferior a 0 °C, há formação de água sólida, como nas nevascas e nas geleiras. Esse movimento da água e suas mudanças de estado físico permitem sua circulação no planeta. É o chamado **ciclo da água** ou **ciclo hidrológico**.

Explore

Impermeabilização do solo e enchentes

Quando a chuva é intensa e constante, algumas vezes os rios não suportam o excesso de água, que extravasa para as margens (áreas de várzea). Esse fenômeno é natural. Porém, por causa de alterações como urbanização, impermeabilização do solo e desmatamento, a água que seria absorvida pela região de várzea acumula, causando enchentes.

Explique como a impermeabilização do solo nas grandes cidades agrava o problema das enchentes.

Alagamento na Marginal Tietê, em São Paulo (SP), 2009. ▸

Propriedades da água

O fato de a água apresentar-se no ambiente em três estados físicos está relacionado a algumas de suas propriedades, entre elas: temperatura de fusão, temperatura de solidificação e volatilidade.

O termômetro comum que usamos atualmente foi desenvolvido por Anders Celsius (1701-1744), astrônomo e físico sueco. Ele criou a escala centígrada (dividida em 100 partes) dos termômetros, também conhecida como escala Celsius. O comportamento da água foi um importante elemento para a construção do termômetro.

Rede do tempo

Anders Celsius

Anders Celsius (1701-1744) fez muitos experimentos sobre a fusão e a solidificação da água. Com base nos resultados, estabeleceu que a solidificação/fusão da água seria o ponto "zero grau" do termômetro.

Ao observar a mudança de estado líquido para vapor (fervura), ele notou que a temperatura também era constante e a estabeleceu como a marca "100 graus" do termômetro. Portanto, a sua escala foi dividida em 100 unidades com base nas duas propriedades da água: temperatura de fusão/solidificação e de vaporização. Assim, foi criada a escala Celsius para medir a temperatura.

Todos os experimentos de Anders Celsius foram realizados ao nível do mar e com água pura.

▲ Anders Celsius (1701-1744).

Água pura: água que não apresenta sais minerais ou outras substâncias ou partículas misturadas.

Fusão e solidificação da água

Fusão é a passagem de uma substância do estado sólido para o estado líquido; por exemplo, um cubo de gelo derretendo torna-se água líquida.

Solidificação é a passagem do estado líquido para o estado sólido.

Acompanhe agora o experimento a seguir.

Um pesquisador retirou do congelador pequenos blocos de gelo feitos de água pura e mediu a temperatura: −20 °C (lê-se: vinte graus Celsius negativos). Colocou, então, esses pequenos blocos de gelo em um recipiente que tem um termômetro comum conectado a ele, conforme mostra a ilustração.

Recipiente contendo água pura nos estados líquido e sólido. ▶

termômetro

gelo   água líquida

As cores não correspondem aos tons reais.

Depois, deixou o recipiente sobre uma bancada e passou a medir a temperatura da água no seu interior a cada dois minutos. Os resultados foram colocados em uma tabela, como a apresentada a seguir.

Tabela da temperatura em função do tempo para a fusão da água

Tempo	Temperatura	Observação
0 min	−20 °C	Somente gelo
2 min	−13 °C	Somente gelo
4 min	−7 °C	Somente gelo
6 min	0 °C	Gelo + água líquida
8 min	0 °C	Gelo + água líquida
10 min	0 °C	Gelo + água líquida
12 min	0 °C	Gelo + água líquida
14 min	0 °C	Gelo + água líquida
16 min	0 °C	Pouco gelo e muita água líquida
18 min	2 °C	Água líquida
20 min	5 °C	Água líquida
22 min	7 °C	Água líquida
24 min	10 °C	Água líquida

Os dados registrados do experimento foram representados no gráfico a seguir. Analise-o, comparando a curva produzida com os dados da tabela.

Temperatura *versus* tempo para fusão da água

Editoria de Arte

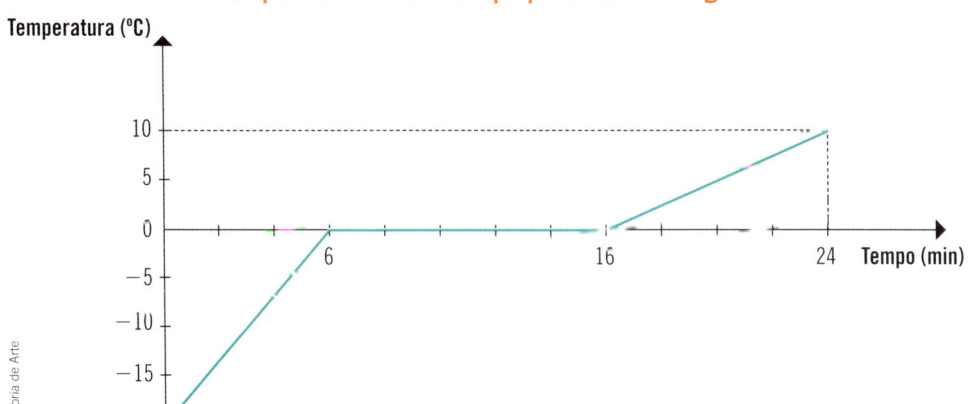

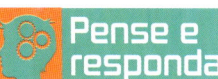

Pense e responda

Analise o gráfico e a tabela e responda à questão.

- O que acontece com a temperatura da água enquanto ocorre a mudança do estado sólido para o estado líquido (fusão)?

Esse experimento foi repetido diversas vezes, medindo-se constantemente a temperatura durante o processo de fusão da água pura, desde a colocação de uma porção de gelo no recipiente até sua transformação total em água líquida. Os resultados foram sempre iguais aos descritos anteriormente.

romrf/Shutterstock/Glow Images

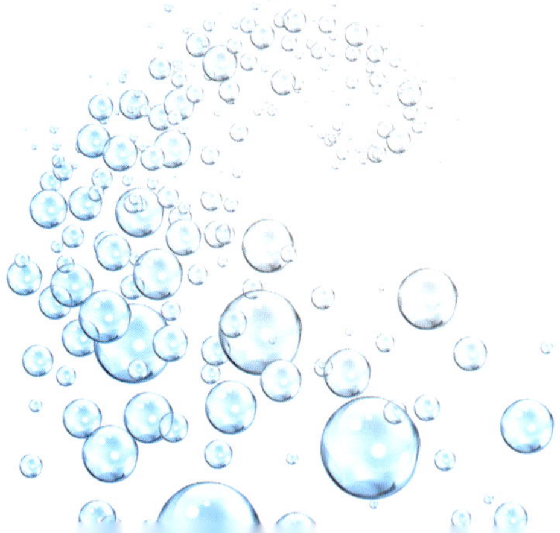

O processo inverso também foi estudado. Uma porção de água líquida pura foi colocada em um refrigerador e mediu-se várias vezes a temperatura até que o gelo formado atingisse temperaturas abaixo de zero. Os resultados do experimento estão representados no gráfico a seguir.

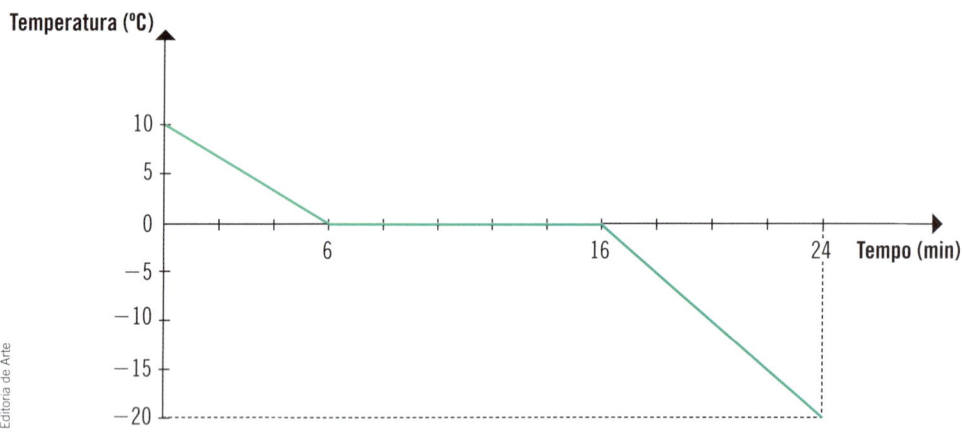

Temperatura *versus* tempo para solidificação da água

Portanto, notamos que a água líquida pura, quando colocada em um congelador, tem a temperatura diminuída até iniciar-se a solidificação, ao redor de zero grau Celsius (0 °C). Essa temperatura se mantém constante até o completo congelamento da água e, a partir daí, volta a diminuir.

Com base em observações experimentais, podemos representar esquematicamente as mudanças de estado físico.

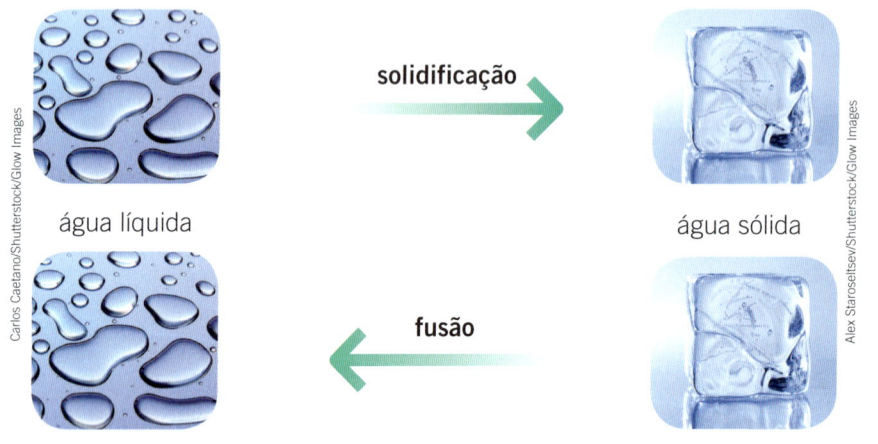

Tome nota

Tanto na solidificação quanto na fusão da água, a temperatura permanece constante enquanto está ocorrendo a mudança de estado físico.

As temperaturas de solidificação e de fusão são propriedades características de qualquer substância pura. Assim, fusão e solidificação da água pura acontecem a zero grau celsius (0 °C), quando o experimento é realizado ao nível do mar. A temperatura de fusão e solidificação da água a 0 °C é uma propriedade da água.

Dois fatores interferem na temperatura de mudança de estado físico da água quando um experimento sobre fusão e solidificação é realizado: a pureza da água e o local em que o experimento é realizado (no alto de uma montanha ou ao nível do mar, por exemplo). Assim:

- Água com sal de cozinha tem uma menor temperatura de fusão/solidificação do que água pura.
- Em locais de maior altitude, solidificação e fusão acontecem em temperaturas ligeiramente maiores que 0°C.

Volatilidade da água

A volatilidade corresponde à facilidade com que um líquido passa para o estado gasoso. Água, álcool, gasolina, óleo e outros líquidos, em temperatura ambiente, transformam-se continuamente em gás. Essa mudança de estado físico é chamada de **evaporação** e não acontece com a mesma intensidade em todos os líquidos. Há aqueles que evaporam facilmente e os que demoram muito mais para passar do estado líquido para o gasoso.

Experimento da hora

O que é mais volátil: água, óleo ou álcool?

Essa questão pode ser respondida por meio de um teste.

Corte três pequenas tiras de papel-filtro (papel para coar café) e coloque-as sobre um pedaço de plástico. Em seguida, pingue cinco gotas de óleo em uma das tiras, cinco de álcool na segunda e cinco de água na terceira. Observe as tiras até perceber que uma delas secou.

A tira de papel que secar primeiro é a que recebeu o líquido mais volátil. Qual delas secou primeiro?

A volatilidade não é a mesma em todos os líquidos. Por exemplo, o álcool evapora mais facilmente do que a água; já o óleo evapora mais lentamente do que a água.

Quando o óleo é aquecido para fritar batatas, por exemplo, a vaporização ocorre mais facilmente, pois o aumento da temperatura dos líquidos favorece a sua vaporização. Quando uma batata crua fatiada é colocada em óleo quente, percebe-se uma intensa borbulhagem ao redor de cada fatia de batata. Essa borbulhagem é resultado da vaporização rápida da água presente na batata. Entretanto, o óleo vaporiza bem menos que a água.

Além do aumento da temperatura, outros fatores que favorecem a evaporação dos líquidos são: a presença de vento e a área do líquido exposta ao ar.

Os gases que estão no ar podem, ainda, passar para o estado líquido. Esse processo, chamado de **liquefação** ou **condensação**, ocorre continuamente com o vapor de água que se encontra na atmosfera.

O esquema abaixo mostra essas mudanças de estado físico.

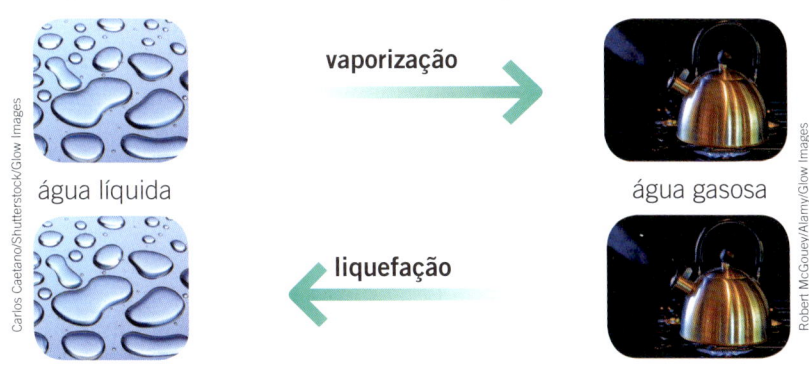

água líquida — vaporização → água gasosa
água líquida ← liquefação — água gasosa

Dissolução

A água é capaz de dissolver uma grande variedade de substâncias, especialmente sais minerais. Em razão dessa capacidade, encontramos na natureza águas de composições químicas bem diferentes.

Quando um material é solúvel em água, a mistura continua límpida como se o material tivesse "desaparecido".

Quando materiais insolúveis em água são misturados com esse líquido, um dos três fenômenos seguintes pode acontecer.

O material insolúvel fica flutuando na superfície da água, mesmo depois de a mistura estar bem agitada.

Se o material insolúvel for muito fino (partículas muito pequenas), ele ficará em suspensão na água, demorando muito para precipitar.

O material insolúvel vai para o fundo do recipiente, ou seja, ele se precipita.

A água do mar, a água mineral e a água dos rios não são puras. Todas são misturas que contêm principalmente água e diversos materiais dissolvidos ou em suspensão. A água do mar, por exemplo, tem características diferentes, dependendo de onde é colhida. A sua cor varia conforme a quantidade de algas, entre outros fatores. As águas próximas à praia têm mais areia dispersa do que as de alto-mar. Já a água destilada, encontrada em farmácias, é praticamente água pura e, por isso, suas características são idênticas, independentemente da composição da água natural que lhe deu origem.

Substância: no contexto da Química, substância é um material que apresenta o mesmo conjunto de propriedades características, bem definidas, independentemente de onde veio ou da forma pela qual é obtido.

Fenômeno: fato ou evento que pode ser descrito e explicado cientificamente.

Água destilada: água obtida pelo processo de evaporação e condensação da água não pura e que, por isso, não contém substâncias dissolvidas.

Pense e responda

Agora que você já estudou algumas propriedades da água, resolva o problema seguinte.

- Como podemos separar os componentes de uma mistura de areia e sal? Descreva o procedimento que você faria para recuperar tanto o sal como a areia que foram misturados.

Tensão superficial e detergência

A tensão superficial é mais uma das propriedades da água.

O inseto consegue flutuar sobre a água sem se molhar, porque, na superfície da água, age uma força que atua como se fosse uma película invisível, que sustenta o peso do inseto. Essa força é chamada de **tensão superficial**. Será que existe uma maneira de diminuir a tensão superficial da água, de modo que o inseto não consiga permanecer na sua superfície?

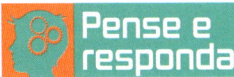

Pense e responda

- Você consegue se apoiar sobre a água como o mosquito da foto?

Fabio Colombini

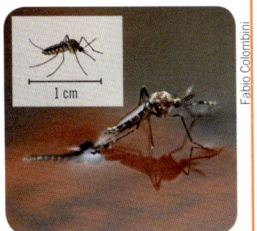

Mosquito sobre **película** de água.

Película: camada muito fina que envolve algo.

Experimento da hora

Tirando a gordura da roupa

Leia a situação proposta.

Ao final de um dia de trabalho, é comum a presença de vários respingos de óleo nos uniformes dos cozinheiros. Como suas roupas de trabalho precisam estar sempre limpas, elas devem ser lavadas diariamente.

Uma pessoa foi encarregada de lavar os uniformes de uma equipe de três cozinheiros. Ela pegou três baldes com água para executar essa tarefa. Em um deles, acrescentou detergente em pó. No segundo, colocou sabão em barra dissolvido. No terceiro, não adicionou nem detergente nem sabão em barra.

Sérgio Dotta Jr.

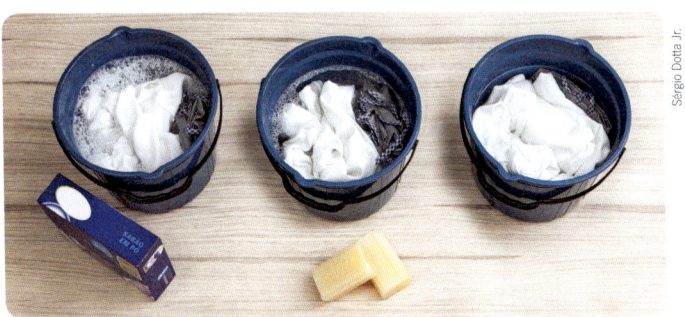

A pessoa agitou bem a água de cada balde. Algum tempo depois, retirou os uniformes dos três baldes e enxaguou-os com água limpa.

Veja o resultado da lavagem dos uniformes na imagem a seguir.

Sérgio Dotta Jr.

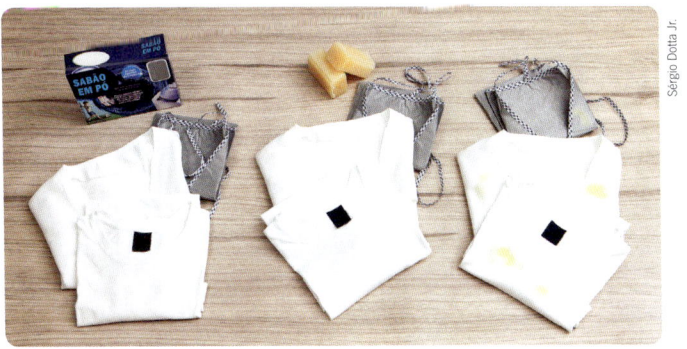

- Qual das misturas usadas para lavar os uniformes apresentou maior eficiência? Identifique os fatores que levaram a esse resultado e elabore uma hipótese para isso.

Detergência é o nome que se dá à remoção de sujeiras de gordura que impregnam tecidos, pisos e outros materiais ou mesmo o nosso corpo. A água pura não consegue retirar com eficiência as sujeiras que estão em uma roupa, por exemplo. Isso significa que a detergência dessa substância química é limitada. Porém, a água com detergente compõe uma mistura com maior penetrabilidade e, consequentemente, tem maior detergência.

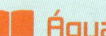

Água

SALEM, Sonia. Editora Ática, 2006. Coleção De olho na Ciência.

O livro coloca em discussão questões que, dada sua importância, vêm ganhando destaque, como o consumo, a distribuição e o desperdício da água no planeta.

Editora Ática

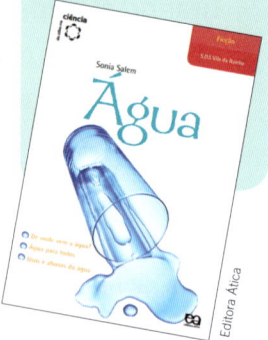

@ Explore

Aposta da tensão superficial

Assista ao vídeo disponível no *link* <http://ftd.li/62gf89> (acesso em: 17 jun. 2014) e responda às questões.

1. O formato arredondado de uma gota de água sobre uma folha de plástico ocorre por causa da mesma propriedade da água que aparece no vídeo?
2. Será que outros líquidos apresentam essa mesma propriedade da água?

Atividades

Reveja

1 Identifique, em cada item indicado no esquema, as mudanças de estado físico que a água sofre durante o seu ciclo na natureza.

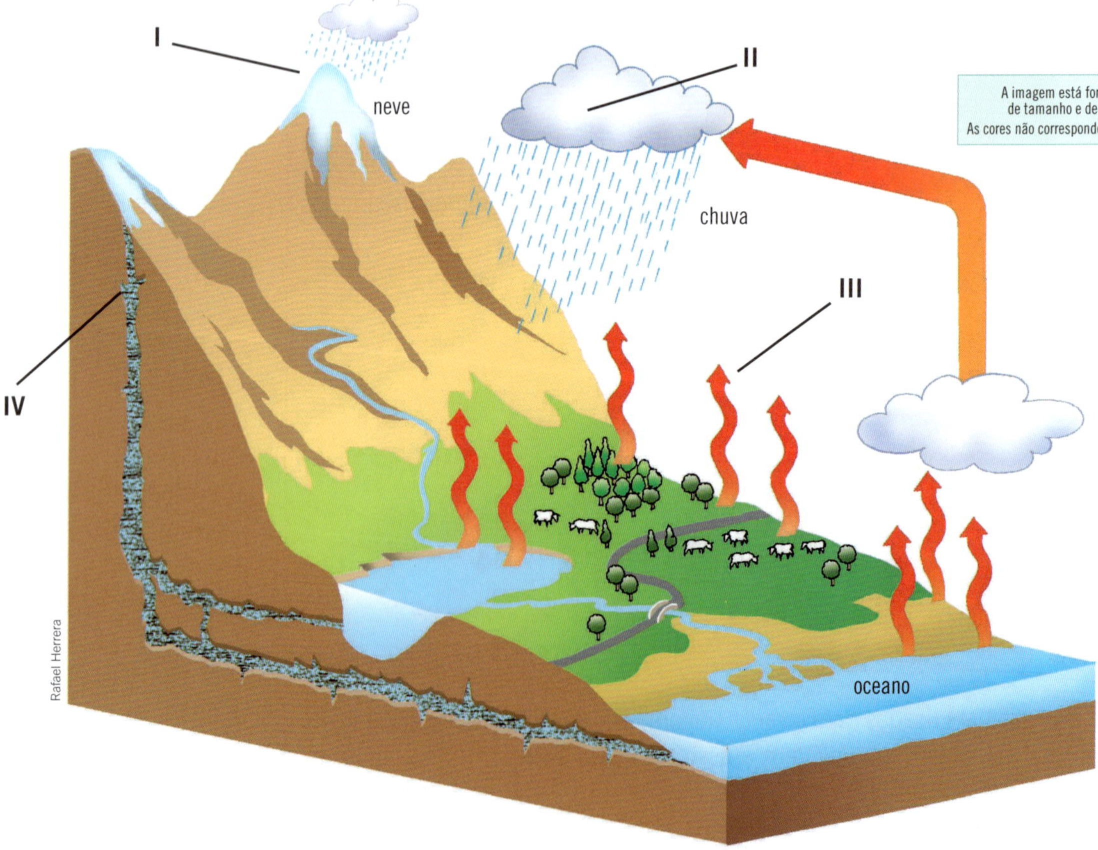

Rafael Herrera

A imagem está fora de escala de tamanho e de distância. As cores não correspondem aos tons reais.

2 Por que a água destilada é considerada uma substância pura e a água mineral, uma mistura?

3 Um clipe pequeno (cerca de 1 cm) pode flutuar quando é depositado cuidadosamente em posição horizontal na superfície da água. Que propriedade da água permite que isso ocorra?

Explique

4 Durante a aula de Ciências, a professora propôs aos alunos que colocassem, em um copo com água, vários materiais para avaliar a sua solubilidade. Em todos os testes foi utilizada a mesma quantidade de cada material: uma colher de chá. O quadro a seguir mostra os resultados anotados por um grupo de alunos.

Material testado	Observações dos alunos após a agitação da mistura
Açúcar	"Desapareceu"; parece que não colocamos nada.
Bicarbonato de sódio	Como o açúcar, o material todo "desapareceu".
Talco	Depois que misturamos, ele demorou para precipitar.
Raspas de grafite	Ficaram flutuando na superfície da água.
Areia limpa	Foi tudo rapidamente para o fundo do copo (precipitou).

- Com base no quadro, responda quais materiais são solúveis na água e quais não são.

5 Descolaram-se as etiquetas de quatro frascos que contêm sólidos. Cada etiqueta indica respectivamente: bicarbonato de sódio, farinha, pó de mármore e açúcar.
Algumas características desses sólidos são as seguintes:

Sólido	É solúvel em água?	Muda de cor quando aquecido?
Açúcar	Sim	Sim
Bicarbonato de sódio	Sim	Não
Farinha	Não	Sim
Pó de mármore	Não	Não

- Com base nessas características, proponha um procedimento para saber em que frasco cada etiqueta deverá ser colocada.

Fórum

Quando o uso de detergente é excessivo, há também um gasto excessivo de água para o enxágue. Assim, deve-se usar a quantidade correta de detergente ao lavar louças e de sabão ao lavar roupas, seja no tanque, seja na máquina de lavar. Dessa maneira, economiza-se água.

1. Você ajuda a economizar água em sua casa?
2. Você estimula as pessoas que vivem com você a fazer o mesmo?
3. Há uso excessivo de detergente e sabão em sua casa?
4. Faça uma pesquisa e discuta: quais as consequências da poluição da água dos rios por detergente?

Sugestão de *site* para pesquisa: <http://ftd.li/nhkeaa> (acesso em: 17 jun. 2014). Entre na página da Cetesb e faça uma busca pelo termo "detergente". Nos resultados, procure a página sobre "Variáveis de qualidade das águas".

Lembre
Além de abrigar muitos organismos, a água, em seu estado natural, é essencial para a sobrevivência dos seres vivos.

@multiletramentos

Os direitos da água

Agora que você já mergulhou no "mundo da água", chegou a hora de divulgar ideias que contribuam para a preservação desse recurso natural no planeta Terra!

Para isso você vai conhecer a Declaração dos Direitos da Água, um documento elaborado pela Organização das Nações Unidas (ONU) para todo o mundo (disponível em: <http://ftd.li/nhkeaa>, acesso em: 06 jun. 2014) e também poderá assistir a alguns vídeos (curtas) de diferentes campanhas para economia e preservação da água.

Depois, você e seus colegas, em duplas ou trios, deverão analisar os resultados da observação sobre o consumo de água na escola e pensar em um tema para elaborar uma breve campanha a fim de sensibilizar a comunidade escolar sobre os problemas e o desperdício observado na escola.

Cada dupla ou trio deverá criar uma animação de um minuto (videominuto) com uma ilustração e uma frase, usando o aplicativo *Artpad* (disponível em: <http://ftd.li/72i54u>, acesso em: 06 jun. 2014), e, ao final, poderá enviar o *link* da produção para o *e-mail* do professor e apresentar o trabalho para a turma.

No espaço virtual **@multiletramentos** da plataforma **FTD Digital** você encontrará mais dicas de como desenvolver a atividade.

Monitoramento dos reservatórios do rio São Francisco

O monitoramento dos reservatórios das bacias hidrográficas é importante como instrumento para administrar os recursos hídricos do país. A ANA (Agência Nacional de Águas) tem a função de realizar o acompanhamento dos níveis de água e do volume de água que flui de cada reservatório. As informações servem de suporte para a tomada de decisões sobre as represas, para permitir o uso múltiplo dos recursos hídricos disponíveis.

Conhecer o volume de água nos reservatórios é importante para o acompanhamento do potencial hidrelétrico das usinas geradoras de eletricidade instaladas na bacia hidrográfica do rio São Francisco. A falta de água nos reservatórios pode diminuir a quantidade de energia elétrica produzida e distribuída para a população. Em casos extremos, como a redução do volume do reservatório até o mínimo operacional, o funcionamento da usina hidrelétrica precisa ser interrompido.

Situação nos reservatórios (valores fixos)

Reservatório	Mínimo operacional		Máximo operacional		Volume máximo útil (hm³)
	Cota (m)	Vol (hm³)	Cota (m)	Vol (hm³)	
Três Marias	549,2	4 250	572,5	19 528	15 278
Sobradinho	380,5	5 447	392,5	34 116	28 669

Os dados coletados pelo monitoramento realizado pela ANA (Agência Nacional de Águas) em 30 de maio de 2013 estão indicados na tabela a seguir. Analise-a e compare-a com a tabela anterior.

Situação dos reservatórios em 30 de maio de 2013

Reservatório	Cota (m)	Vol (hm³)	Volume útil (hm³)
Três Marias	564,10	12 167	7 917
Sobradinho	388,02	19 048	13 601

Fonte do texto e das tabelas: BOLETIM DE MONITORAMENTO DOS RESERVATÓRIOS DO RIO SÃO FRANCISCO. Brasília, v. 8, n. 7, jul. 2013. p. 1-15. Disponível em: <http://ftd.li/s6bjqa>. Acesso em: 19 ago. 2013.

Analise os dados das tabelas e responda às questões a seguir.

1 Considere as cotas dos reservatórios. Em 30 de maio de 2013, quantos metros o nível da água estava acima da cota mínima no reservatório Três Marias? E no reservatório Sobradinho?

2 Quantos metros cúbicos de água faltam para cada reservatório atingir o volume máximo útil de água?

Para ler o texto científico

Recursos hídricos: águas superficiais ou subterrâneas disponíveis para uso numa região.

1. A coluna "Máximo operacional" apresenta o volume máximo de água que a represa deve ter sem prejudicar seu funcionamento.
- Qual é o volume máximo de água suportado nos dois reservatórios apresentados?

2. Observe a coluna "Mínimo operacional". Esses valores representam a quantidade mínima de água em que as represas podem funcionar corretamente.
- Qual é o resultado ao se subtrair o valor mínimo do valor máximo em cada represa?

3. Compare o número obtido com os dados da coluna "Volume máximo útil".
- O que você pode concluir dessa comparação?

1 hm³ é igual a 1 milhão de metros cúbicos.

A coluna "Vol" apresenta o volume de água do reservatório medido em hm³.

A coluna "Cota" indica a altitude do nível da água em metros.

No laboratório

Observando a tensão superficial

O efeito da tensão superficial da água pode ser observado quando enchemos um copo de boca larga com água até quase transbordar. Nessa situação, percebe-se que há certo volume de água que fica acima da borda do copo. Se a tensão superficial da água for reduzida, a borda do copo não será ultrapassada pela água.

Um modo de vivenciar o que representa a tensão superficial da água é realizando um teste simples. Nele você vai verificar como reduzir essa tensão.

Material

- dois copos com água
- duas tiras de papel-filtro (pode ser utilizado filtro de papel para coar café), de 2 cm × 1 cm
- mistura de água e detergente (uma colher de chá de detergente em meio copo de água)

Procedimento

A. Coloque água nos dois copos até quase enchê-los.

B. Coloque cuidadosamente uma tira de papel-filtro na superfície da água de cada copo, de modo que ela flutue. Espere algum tempo e observe se as tiras afundam. Se isso ocorrer, refaça a montagem.

C. Pingue três gotas ou mais da mistura de água e detergente na superfície da água de um dos copos. Observe o que acontece.

Registro

- Descreva no caderno o que você observou.

Compartilhe

1. Se você colocar outra tira de papel-filtro sobre a superfície da água do copo que está com gotas da mistura de água e detergente, ela vai afundar ou a tensão superficial será capaz de suportá-la?

Discuta a sua hipótese com os colegas. Depois, teste a sua hipótese e registre o resultado no caderno.

Observe novamente a imagem do inseto sobre a água.

2. Se fosse colocada uma gota de detergente nessa água, o que poderia acontecer?

unidade 2

Nesta unidade

- Água potável.
- Tratamento da água.
- Contaminação da água e transmissão de doenças.
- Uso da água na agricultura e na indústria.
- Hidrelétrica e termelétrica e geração de energia.

Água – tratamento e saúde

Na imagem, um técnico tem em mãos duas amostras de água, uma não tratada e outra tratada. Responda às questões propostas.

1 Quais as diferenças entre as amostras de água na imagem? Elas podem ser ingeridas?

2 Por que é importante verificar a qualidade da água que será utilizada pelos seres humanos?

@mais

Leia a seguir o trecho retirado do artigo "A ONU e a água" no *site* da Organização das Nações Unidas (ONU).

> A cada dia, milhões de toneladas de esgoto tratado inadequadamente e resíduos agrícolas e industriais são despejados nas águas de todo o mundo. […] Todos os anos, morrem mais pessoas das consequências de água contaminada do que de todas as formas de violência, incluindo a guerra. […] A contaminação da água enfraquece ou destrói os ecossistemas naturais que sustentam a saúde humana, a produção alimentar e a biodiversidade. […] A maioria da água doce poluída acaba nos oceanos, prejudicando áreas costeiras e a pesca. […] Há uma necessidade urgente para a comunidade global – setores público e privado – de unir-se para assumir o desafio de proteger e melhorar a qualidade da água nos nossos rios, lagos, aquíferos e torneiras.

ONUBR (NAÇÕES UNIDAS NO BRASIL). **A ONU e a água**. Disponível em: <http://ftd.li/8mc7pi>. Acesso em: 23 abr. 2014.

Uma das causas da mortalidade infantil no mundo é a diarreia causada pela água contaminada.

- Além da água contaminada, quais são, provavelmente, as outras causas dos altos índices de mortalidade infantil?

Águas de represas, rios e lagos podem ser utilizadas para o consumo humano, desde que não estejam contaminadas ou sejam tratadas.

◀ Técnico em estação de tratamento de água.

37

1 Qualidade da água

Apenas uma pequena parte da água existente no planeta é própria para o consumo humano direto. Na maioria das vezes, é necessário tratá-la antes de ingeri-la ou utilizá-la no preparo de alimentos, na produção de remédios, na limpeza de utensílios, entre outros usos.

Pense e responda

Observe a imagem e responda às questões.

1. Esta água pode ser utilizada para o consumo humano?

2. É necessário algum tipo de tratamento?

▲ Rio Pardo e mata ciliar em São José do Rio Pardo (SP), 2012.

A água potável deve ter características especiais: ser límpida, ter quantidades adequadas de sais minerais dissolvidos, estar livre de substâncias tóxicas e de microrganismos patogênicos.

Há na natureza águas que podem ser consideradas potáveis, como as que brotam em certas fontes (de geleiras, por exemplo), ou águas de poços que não foram contaminados por esgoto doméstico ou por substâncias nocivas lançadas no ambiente.

A quantidade de água potável que existe naturalmente no ambiente não é suficiente para suprir a necessidade de toda a população humana. Por isso, a água dos rios, das represas e de outros mananciais deve ser tratada e, só então, distribuída para o consumo.

Água potável: aquela que é própria para o consumo humano.

Tóxico: nocivo ao organismo, prejudicando a saúde.

Microrganismo patogênico: qualquer organismo microscópico que causa doenças.

Manancial: nascente; fonte abundante de água.

Lembre

Não basta a água estar límpida para que possa ser consumida sem riscos à saúde.

Como os mananciais podem ser contaminados?

A deterioração contínua dos mananciais pode ser provocada por diversos fatores, entre eles:

Deterioração: ação, processo ou resultado de deteriorar(-se); estrago.

- a ocupação desorganizada e irregular nas proximidades das represas que abastecem as cidades, pois as casas e outras construções podem eliminar na água, irregularmente, esgoto e resíduos sólidos, causando poluição e contaminação;

- a construção de depósitos de resíduos sólidos não tratados próximos a mananciais, que causam a contaminação da água;

- as toneladas de resíduos sólidos (papéis, garrafas, colchões, móveis, sacos plásticos, latas etc.) que são jogados nos rios, nos lagos, nos oceanos e também nas ruas. Esses objetos tornam a água dos rios cada vez mais imprópria para o tratamento e, consequentemente, para o uso humano.

Assim, a responsabilidade pela preservação da água potável no ambiente é de todos os cidadãos.

▲ Vista área de invasão às margens da represa Billings, em São Paulo (SP), 2013. Exemplo de ocupação desordenada próxima a uma represa.

▲ Resíduos sólidos jogados no mar no Aterro do Flamengo, Rio de Janeiro (RJ), 2013.

Como é feito o tratamento da água?

A água dos rios, das represas e dos lagos que esteja contaminada não pode ser consumida diretamente. Muitas vezes, até mesmo a água subterrânea pode estar contaminada. Para limpar a água, deixando-a em condições de ser utilizada e ingerida, é necessário tratá-la. Para isso, existem as Estações de Tratamento de Água (ETAs). A seguir, estão as principais etapas do tratamento da água.

Esquema de uma Estação

A imagem está fora de escala de tamanho.
As cores não correspondem aos tons reais.

Bombeamento e peneiração: a água bombeada passa por grades e telas que retêm galhos, folhas e resíduos sólidos. Essa água é direcionada para tanques enormes.

Floculação: a água dos tanques recebe produtos químicos que promovem a aglutinação de partículas que estão na água, formando flocos.

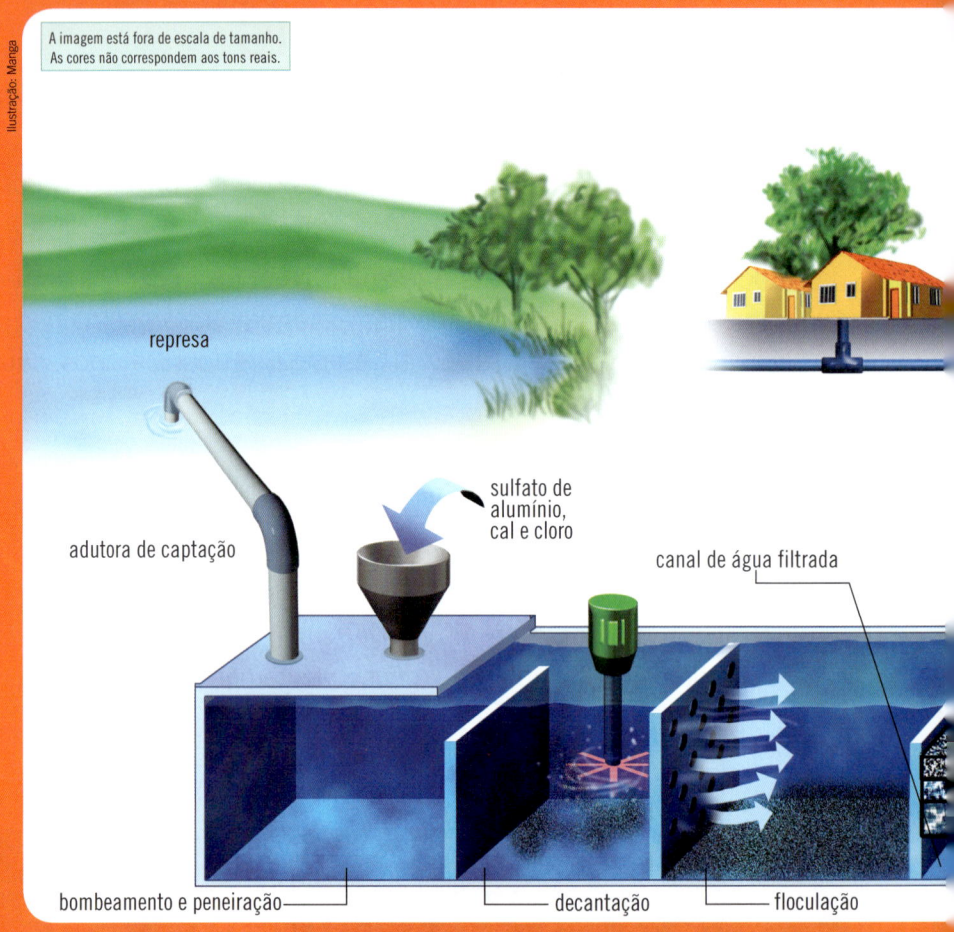

represa — adutora de captação — sulfato de alumínio, cal e cloro — canal de água filtrada — bombeamento e peneiração — decantação — floculação

Ilustração produzida com base em: Revista Eletrônica de Ciências, do Centro de Divulgação Científica e Cultural (CDCC) da USP de São Carlos. Disponível em: <http://ftd.li/vjtc6k>. Acesso em: 23 abr. 2014.

Após o processo de cloração, amostras de água são levadas a um laboratório, no qual são analisadas para garantir que ela esteja dentro dos padrões de potabilidade. A água em condições de ser ingerida é levada por uma rede de distribuição até as casas. Essa rede é composta de tubulações e reservatórios dos bairros.

A análise da água

Para a água tratada ser distribuída à população, o laboratório de análise de controle de qualidade deve responder positivamente às seguintes perguntas: A água está devidamente clorada e límpida? Está com a quantidade adequada de sais minerais? Está suficientemente aerada? Está livre de microrganismos patogênicos e de substâncias tóxicas?

Além das análises laboratoriais realizadas nas estações de tratamento, amostras de água são recolhidas em outros pontos da rede. Agindo dessa forma, os responsáveis pela distribuição de água tratada decidem se há necessidade de vistoria da tubulação que leva a água até as casas, estabelecimentos comerciais, hospitais e indústrias.

E onde não há tratamento?

As pessoas que vivem em lugares onde não há estações de tratamento e rede de distribuição de água devem, por si sós, tratá-la para o consumo. Um dos principais modos de transmissão de

de Tratamento de Água

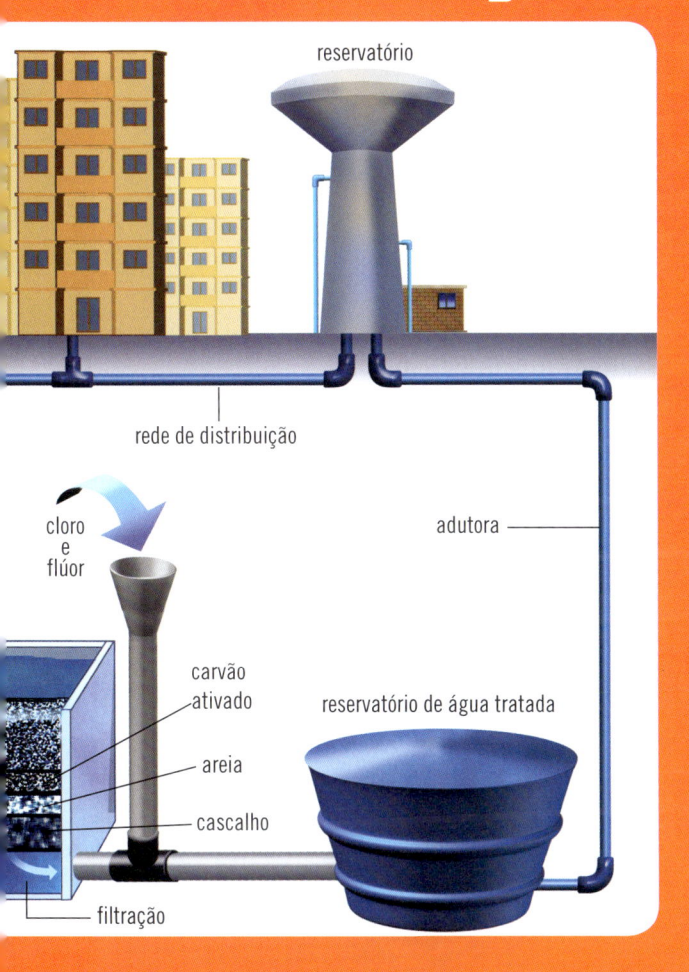

Decantação ou sedimentação: os flocos formados afundam, carregando consigo grande parte das partículas que estão em suspensão.

Cloração: embora tenha boa aparência, a água ainda não está potável. Ela pode conter microrganismos patogênicos. A aplicação de cloro elimina os possíveis microrganismos que estão na água. Flúor também é adicionado.

Filtração: agora a água, bem mais transparente, é filtrada. O filtro é formado por várias camadas, compostas de cascalho, areia grossa, areia fina e carvão ativado.

doenças é a água, por isso aquela que é usada nas residências precisa de tratamento.

Se a água for de um poço ou de uma bica, ela deverá ser analisada periodicamente para verificar a sua potabilidade. Caso isso não seja possível, as pessoas devem realizar alguns procedimentos preventivos, como: filtrar a água; ferver por 10 minutos, pelo menos; agitar a água para aerá-la; e pingar duas gotas de solução de hipoclorito de sódio por litro de água.

A fervura e o hipoclorito de sódio matam ou inativam os microrganismos que estiverem na água, inclusive os patogênicos. Algumas fontes podem conter substâncias nocivas e, se esse for o caso, a água não pode ser usada para consumo humano, ou seja, para a ingestão, o cozimento de alimentos, o banho, entre outros usos.

Aglutinação: junção.

Carvão ativado: carvão altamente poroso com capacidade de reter substâncias.

Hipoclorito de sódio: substância utilizada como desinfetante. A água sanitária contém hipoclorito de sódio, entre outras substâncias.

@ Explore

Limpeza da caixa-d'água

Acesse o *site* da Sabesp <http://ftd.li/73so5x> (acesso em: 2 jan. 2014) e responda às questões.

1. É possível ocorrer a contaminação da água tratada depois que ela chega às casas?
2. Analise o texto e as imagens do *folder*, em especial, os itens 5 e 6. Por que devemos esperar duas horas antes de considerar a água própria para o consumo?

Água e saúde

A sobrevivência dos seres vivos em qualquer ambiente depende da quantidade e da qualidade dos reservatórios hídricos. De nada adianta um lugar com grande quantidade de água se ela estiver carregada de substâncias tóxicas ou organismos causadores de doenças. Isso é válido tanto para os seres humanos como para os demais seres vivos.

Grande parte da população humana não dispõe de água potável. Estima-se que 25 milhões de pessoas, principalmente crianças, morrem anualmente por causa de doenças transmitidas pela água contaminada. Doenças conhecidas há muito tempo, como a cólera e a diarreia, continuam matando mais do que as doenças da vida moderna, como o infarto e o câncer.

Pense e responda

A imagem mostra uma localidade brasileira carente de água tratada e de coleta de esgoto e resíduo sólido.

1 Como a transmissão de microrganismos causadores de doenças poderia ser evitada?

2 Há soluções individuais que minimizem o problema? Quais?

Habitações sobre igarapé com água contaminada, em Manaus (AM), 2010.

A água contaminada e as doenças

Entre os seres vivos patogênicos para o ser humano, transmitidos pela água, estão, por exemplo, as bactérias causadoras de leptospirose e cólera, os vírus causadores de hepatite e poliomielite e os microrganismos causadores de amebíase e giardíase.

A ameba e a giárdia instalam-se no intestino de muitas espécies de mamíferos, inclusive no dos seres humanos, por meio da ingestão de alimentos e água contaminados e da falta de higiene. Já a bactéria da leptospirose é transmitida pela água com urina de animais contaminados, como rato, cachorro, porco, vaca e outros.

Unidade 2 — Acesse o **objeto digital** desta unidade.

@ Explore

Tratamento da água que vai para o esgoto

A importância do abastecimento da população com água tratada é evidente, porque a utilizamos para beber, preparar alimento e em nossa higiene. Mas e o esgoto gerado, por exemplo, com alimentação e higiene, como é coletado e tratado?

Visite o *site* da Sabesp <http://ftd.li/dsp593> (acesso em: 23 abr. 2014) e responda à questão acima.

A bactéria da cólera causa uma infecção intestinal que pode ser leve ou grave. Nos casos graves, a pessoa desidrata-se rapidamente e pode morrer por causa do mau funcionamento dos vasos sanguíneos.

A hepatite virótica do tipo A causa a inflamação do fígado, prejudicando as suas funções.

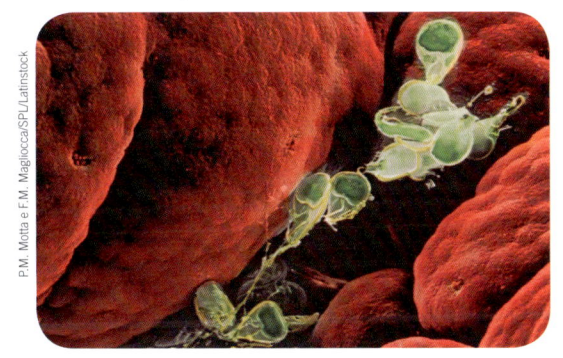

▲ *Giardia lamblia* (em verde) no intestino delgado humano. A giardíase causa cólicas abdominais e diarreia e é transmitida pelo contato com água e alimentos contaminados. (Aumento aproximado de 1 100 vezes e colorido artificial.)

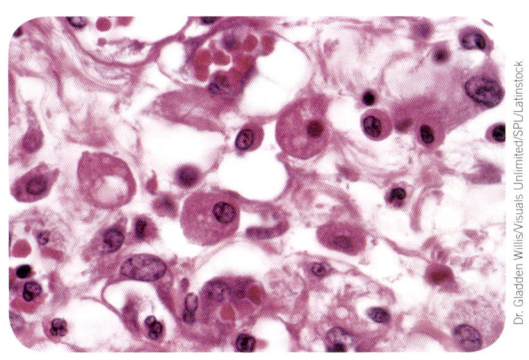

▲ *Entamoeba histolytica*, protozoários encontrados no intestino humano e que causam disenteria amebiana. Os principais sintomas da doença são diarreia e vômito. (Aumento aproximado de 500 vezes e colorido artificial.)

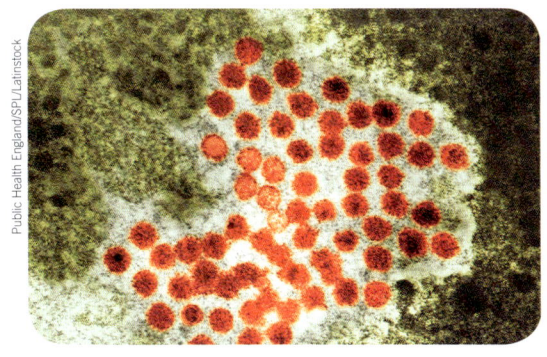

▲ Aglomerado de vírus da hepatite A, que causa hepatite infecciosa. O vírus pode ser transmitido por alimentos ou água contaminada com fezes. A maioria das pessoas doentes não apresenta sintomas e uma minoria apresenta náuseas, vômitos, dores musculares, febre, falta de apetite, cansaço e olhos amarelados. (Aumento aproximado de 115 000 vezes e colorido artificial.)

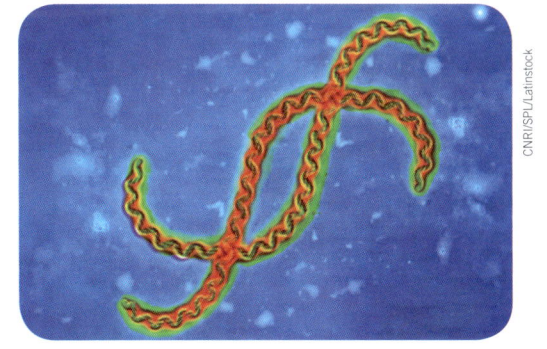

▲ Bactérias *Leptospira interrogans*, que podem causar leptospirose no ser humano, uma doença infecciosa caracterizada por febre, vômitos e dores musculares. Os roedores são os principais portadores. (Aumento aproximado de 30 000 vezes e colorido artificial.)

A contaminação das pessoas pelos microrganismos descritos dá-se quando alguém entra em contato ou ingere água e alimentos contaminados. O modo de dispersão desses seres na água dá-se pelas fezes de pessoas doentes ou pela urina de animais, no caso da leptospirose.

O uso de água potável pela população pode reduzir a incidência de muitas doenças. No caso dos centros urbanos, o tratamento e a distribuição da água são responsabilidade dos governos. O saneamento básico, como a distribuição de água tratada, a coleta de resíduos sólidos e a rede de coleta de esgotos domésticos e industriais, é fundamental como medida preventiva contra a disseminação de doenças transmitidas pela água.

Atividades

Reveja

1 Coloque no caderno, em ordem crescente de quantidade de sais dissolvidos, os seguintes tipos de água:

> I - água de rio • II - água do mar • III - água salobra • IV - água da torneira

2 Quais das doenças listadas a seguir são evitadas quando a população tem acesso à água tratada e à coleta de esgoto? Transcreva a alternativa correta no caderno.

a) câncer, infarto e úlcera;
b) cólera, diarreia e giardíase;
c) gripe, apendicite e infecção urinária;
d) dengue, malária e sarampo.

3 O que deve ser feito com a água a ser ingerida quando não existe água tratada em casa?

4 Por que não devemos beber a água de lagos, mesmo que aparentemente ela esteja transparente?

5 Escreva no caderno o nome dos processos que completam o esquema abaixo e depois explique.

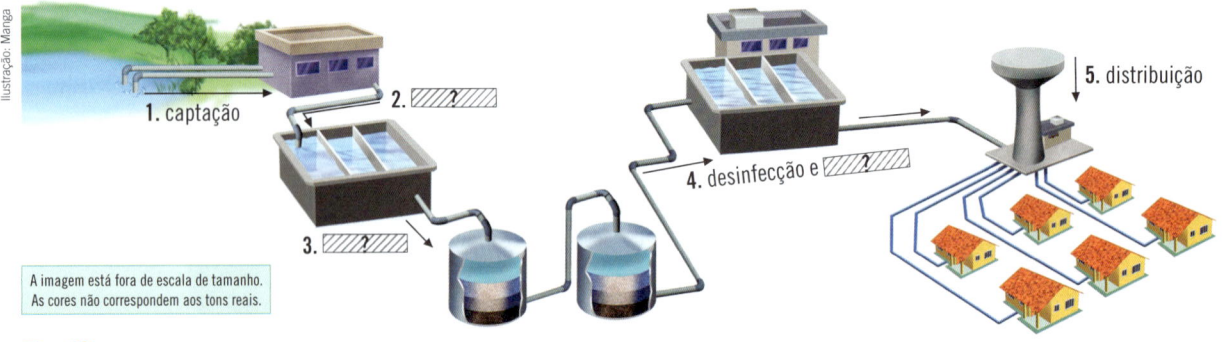

1. captação
2.
3.
4. desinfecção e
5. distribuição

A imagem está fora de escala de tamanho.
As cores não correspondem aos tons reais.

Ilustração: Manga

Explique

6 Discuta com seus colegas como a água pode ser contaminada quando ela é proveniente de:

a) poço comum;
b) estação de tratamento;
c) fonte natural e bica.

7 Por que deve haver preocupação com o desperdício de água? Como você e sua família economizam esse recurso?

8 Na imagem ao lado, um técnico coletou uma amostra de água, que foi levada ao laboratório. Foi constatado que, depois de ter passado por uma estação de tratamento, ela ainda continha microrganismos. Que recomendações o técnico-analista deve fazer?

Amostra de água na estação de tratamento Unidade de Tratamento do Rio (UTR), no Rio de Janeiro (RJ), 2011. ▶

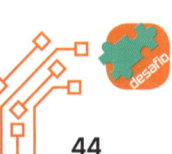

Ismar Ingber/Pulsar

desafio Elabore uma frase com sentido publicitário que vise conscientizar as pessoas a economizar água.

Capítulo 2 — Usos da água

Se a água estiver no estado sólido ou gasoso, as plantas não conseguem aproveitá-la. A maioria das árvores perde as folhas durante o inverno em regiões muito frias. Nessa condição, a pequena quantidade de água líquida disponível no solo não é suficiente para garantir a manutenção das folhas, por isso elas caem. Com a elevação da temperatura, a água líquida circula pelo solo e as árvores produzem folhas novas em abundância.

A existência da água líquida é um fator importante para a manutenção das florestas e dos campos.

A rega das plantas é um procedimento que favorece a sobrevivência delas e a germinação das sementes.

Pense e responda

Muitas plantas brasileiras perdem as folhas durante um período do ano no sertão nordestino.

- Por que essas plantas perdem as folhas nessa situação embora a temperatura do ambiente seja alta?

◀ Em regiões muito frias, algumas árvores perdem as folhas.

▲ O pequizeiro, árvore típica do Cerrado, perde as folhas no inverno. Brasília (DF), 2012.

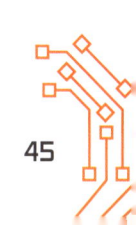

◀ Pequizeiro com folhas no verão. Brasília (DF), 2008.

Água na agricultura

O cultivo de plantas para o consumo humano demanda uma grande quantidade de água. Em regiões onde as chuvas não são uniformes, é preciso irrigar as culturas para garantir a germinação e a sobrevivência dessas plantas.

▲ Plantação de brócolis sendo irrigada em São José do Rio Preto (SP), 2013.

A agricultura é a atividade humana que mais consome água em todo o mundo, principalmente a irrigação, quase 70%. As indústrias e o uso doméstico (inclusive os estabelecimentos comerciais) consomem o restante. Se essa análise é feita por regiões do planeta, os resultados são diferentes.

A tabela a seguir mostra o uso de água em cada atividade humana nos continentes. A atividade agrícola das regiões mais desenvolvidas economicamente – América do Norte e Europa – consome uma porcentagem de água menor do que as outras regiões. Isso não significa que o volume de água consumido é pequeno nessas regiões. Observe que a agricultura da América do Norte e da Europa consomem, respectivamente, 42,9% e 27,7%, e a África consome 82,4%. Muitos países da África e Ásia são pouco industrializados, e sua economia é sustentada pela agricultura. Por isso, proporcionalmente aos outros usos, o consumo de água na atividade agrícola desses países é alto.

Uso da água na atividade humana			
Regiões do planeta	Porcentagem de água usada nas atividades humanas		
	Agricultura	Indústria	Uso doméstico
América do Norte	42,9	43,0	14,1
Europa	27,7	52,5	19,8
África	82,4	5,1	12,5
Ásia	81,4	9,6	9,0
América do Sul	62,6	12,6	24,8
Todo o planeta	**69,9**	**18,5**	**11,6**

Fonte dos dados: UNESCO. *Managing water under uncertainty and risk*. 2005. Disponível em: <http://ftd.li/egydev>. Acesso em: 23 abr. 2014.

O uso de fertilizantes e o risco de contaminação das águas

Plantar e regar não são os únicos cuidados que um agricultor deve ter com a lavoura. É muito comum a necessidade de aumentar a quantidade de nutrientes do solo para que as plantas se desenvolvam melhor. Para isso, os agricultores utilizam fertilizantes.

▲ Adubação em cultura de soja. Os fertilizantes podem contaminar águas subterrâneas e superficiais. Itiquira (MT), 2001.

Uma parte do fertilizante aplicado é absorvida pelas plantas, o restante permanece no solo. As chuvas e a própria irrigação levam o excesso de nutrientes para os rios, os lagos e as águas subterrâneas. O excesso desses nutrientes na água acarreta muitos problemas. Por exemplo, o aumento excessivo de algas, plantas aquáticas e microrganismos reduz a oxigenação da água, causando a morte de peixes e outros organismos aquáticos.

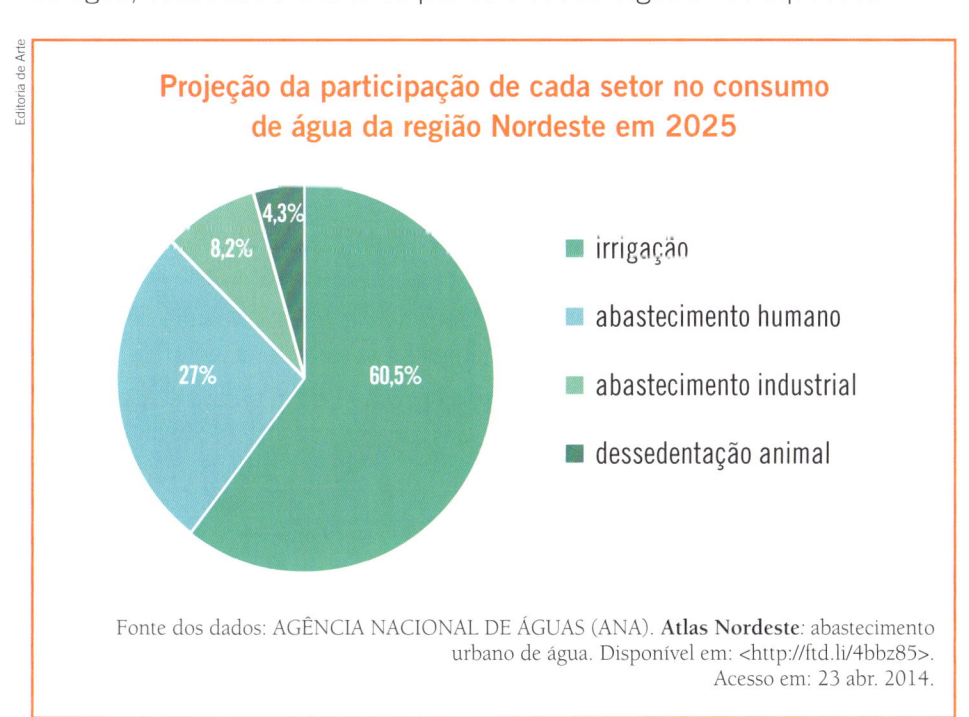

Projeção da participação de cada setor no consumo de água da região Nordeste em 2025

- irrigação: 60,5%
- abastecimento humano: 27%
- abastecimento industrial: 8,2%
- dessedentação animal: 4,3%

Fonte dos dados: AGÊNCIA NACIONAL DE ÁGUAS (ANA). **Atlas Nordeste**: abastecimento urbano de água. Disponível em: <http://ftd.li/4bbz85>. Acesso em: 23 abr. 2014.

Sobre o gráfico

Estudos realizados pela Agência Nacional de Águas (ANA) em 2005 projetaram como seria o consumo de água em cada setor (irrigação, abastecimento humano, abastecimento industrial e dessedentação animal) para a região Nordeste.

Dessedentação animal: água destinada aos animais domesticados (bovino, caprino, ave, entre outros).

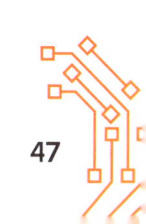

- Analise o gráfico e ordene, no caderno, do maior para o menor, a participação de cada setor no consumo de água.

Experimento da hora

Quando a água está poluída?

A contaminação e a poluição de corpos d'água são alterações ambientais diferentes.
Nesta atividade a classe vai simular essas duas alterações.

Material

- dois copos transparentes;
- um conta-gotas;
- uma colher (chá) de café ou um palito de madeira;
- duas fitas-teste para piscina (fita encontrada em lojas de produtos para piscina);
- um frasco contendo água sanitária diluída (1 : 9 = uma parte de água sanitária para 9 partes de água). A mistura será fornecida pelo professor.

Procedimento

A. Adicione 50 mL de água da torneira em um dos copos (ambiente 1) e 200 mL de água no outro copo (ambiente 2).

B. Coloque duas gotas da solução de água sanitária que o seu professor preparou em cada um dos copos e mexa a mistura com a colher de café.

Os ambientes 1 e 2 (água + solução de água sanitária) receberam a mesma quantidade de um produto (material contaminante). As fitas-teste representam os seres vivos que vivem nos lagos.

C. Pegue duas fitas-teste e mergulhe-as ao mesmo tempo nos líquidos dos copos, uma fita em cada ambiente. Uma alteração na cor das fitas indicará que os seres vivos foram afetados pelo produto lançado na água.

D. Espere 20 segundos e discuta com seus colegas o que você observou em cada fita.
Em qual ambiente os organismos foram afetados?

Apesar da quantidade de material lançado nos ambientes 1 e 2 ter sido a mesma, o volume de água no ambiente 1 é menor. Por isso a concentração do material contaminante é maior no ambiente 1.

A contaminação é a presença de agentes patogênicos, enquanto a poluição é quando esse contaminante prejudica os seres vivos.

Responda à questão.

- Observe a ilustração. Em que região é provável que a água esteja poluída? Justifique.

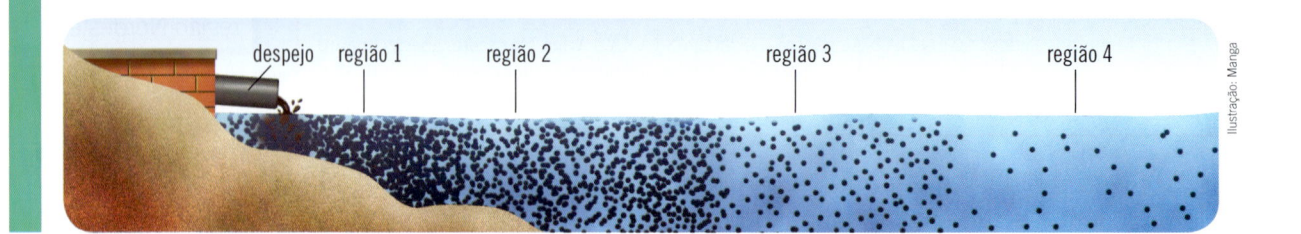

Água, máquinas e trabalho humano

Tome nota
A água é utilizada em vários equipamentos que envolvem transformações de energia.

Há muito tempo o ser humano descobriu que a água pode facilitar muitas tarefas do cotidiano. O monjolo e a roda-d'água foram duas das primeiras máquinas a funcionar com a utilização de água e a substituir a força de animais e do ser humano.

◀ Preparação manual de óleo de babaçu. Pará, 2006.

▲ Roda-d'água: a energia do movimento da água diminui o esforço humano. São Carlos (SP), 2014.

No século XVIII, a criação e o aperfeiçoamento de máquinas que utilizavam a energia do vapor de água promoveram a primeira Revolução Industrial.

Quando uma roda-d'água, um monjolo ou uma máquina a vapor está funcionando, ocorre uma transferência de energia do movimento da água para o equipamento.

Ciências e História

Revolução Industrial

Atualmente, o vapor de água é usado nas usinas termelétricas para a geração da energia elétrica. Esta também é produzida por outros tipos de usinas, como a hidrelétrica, que funciona com base na conversão da energia da água, como o próprio nome indica.

A primeira Revolução Industrial mudou o modo de produção nas indústrias da época. A ciência e a tecnologia tiveram uma grande influência na mudança dos hábitos da sociedade nos séculos XVIII e XIX e na produção de bens de consumo.

- Pesquise: Quais foram as principais modificações na sociedade após a primeira Revolução Industrial?

▲ O vapor faz o trem se movimentar. Maria-fumaça do início do século XX na Estrada de Ferro Oeste de Minas construída entre 1880 e 1881. Atualmente utilizada para passeio turístico entre Tiradentes e São João del Rei (MG), 2012.

Rede do tempo

As primeiras máquinas a vapor

No século XVIII, foi desenvolvida a máquina a vapor, mais eficiente do que o monjolo e a roda-d'água. Seu funcionamento ocorria pelo aquecimento da água no interior de uma caldeira, na qual era produzido o vapor, que era canalizado e lançado com alta pressão em um sistema de pás conectadas às engrenagens e polias, originando o movimento.

Na Inglaterra do início do século XVIII, a inundação das minas de carvão era um sério problema, por isso o mecânico inglês Thomas Newcomen criou uma máquina que utilizava a energia do vapor para movimentar uma bomba que retirava a água das minas. Depois de ser aperfeiçoada por James Watt, essa máquina passou a ser utilizada com outras finalidades.

Nesse tipo de máquina há a conversão da energia liberada na queima dos combustíveis em energia de movimento.

A máquina a vapor de Newcomen era utilizada para esvaziar a água de infiltração das minas. Ela possuía uma viga horizontal (1), como uma gangorra, da qual pendiam dois êmbolos (2a e 2b), um em cada extremidade. Um êmbolo (2a) permanecia no interior de um cilindro. Quando o vapor penetrava no cilindro (3), forçava o êmbolo para cima, fazendo que a outra extremidade descesse. Ao se borrifar água fria (4) no cilindro, o vapor se condensava e o vácuo sugava o êmbolo de novo para baixo. Isso elevava o outro extremo da viga, que se ligava ao êmbolo de uma bomba na mina.

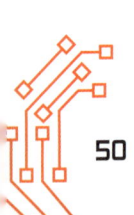

A imagem está fora de escala de tamanho.
As cores não correspondem aos tons reais.

▲ Esquema da máquina a vapor criada por Thomas Newcomen (patenteada em 1705).

As usinas geradoras de energia elétrica

Qual é a importância da energia elétrica em nossa vida? Normalmente só sentimos o quanto ela é importante quando ocorre a interrupção da sua distribuição.

A energia elétrica permite o funcionamento de equipamentos de refrigeração de alimentos e remédios e de transmissão de informações por meio de rádio, TV ou computador, entre outros. A falta de eletricidade também afeta as indústrias e os hospitais, pois a maioria das máquinas e equipamentos deixa de funcionar. Imagine o transtorno que a falta de energia elétrica causa também no trânsito das grandes cidades, nos supermercados, nos bancos e nas lojas.

A falta de energia elétrica causa transtornos à população. Apagão em São Paulo (SP), 2009.

Pense e responda

Analise o esquema de funcionamento de uma usina termelétrica representado a seguir e responda à questão.
- A termelétrica é uma máquina a vapor? Justifique.

Nas **usinas termelétricas**, para gerar o vapor na caldeira, queima-se algum tipo de combustível, em geral derivado de petróleo, gás natural, carvão, lenha ou outros materiais orgânicos. Forma-se então o vapor que aciona as turbinas.

Assim, em uma usina termelétrica ocorre a conversão da energia da queima do combustível em energia de movimento da turbina, que é convertida em energia elétrica pelo dínamo.

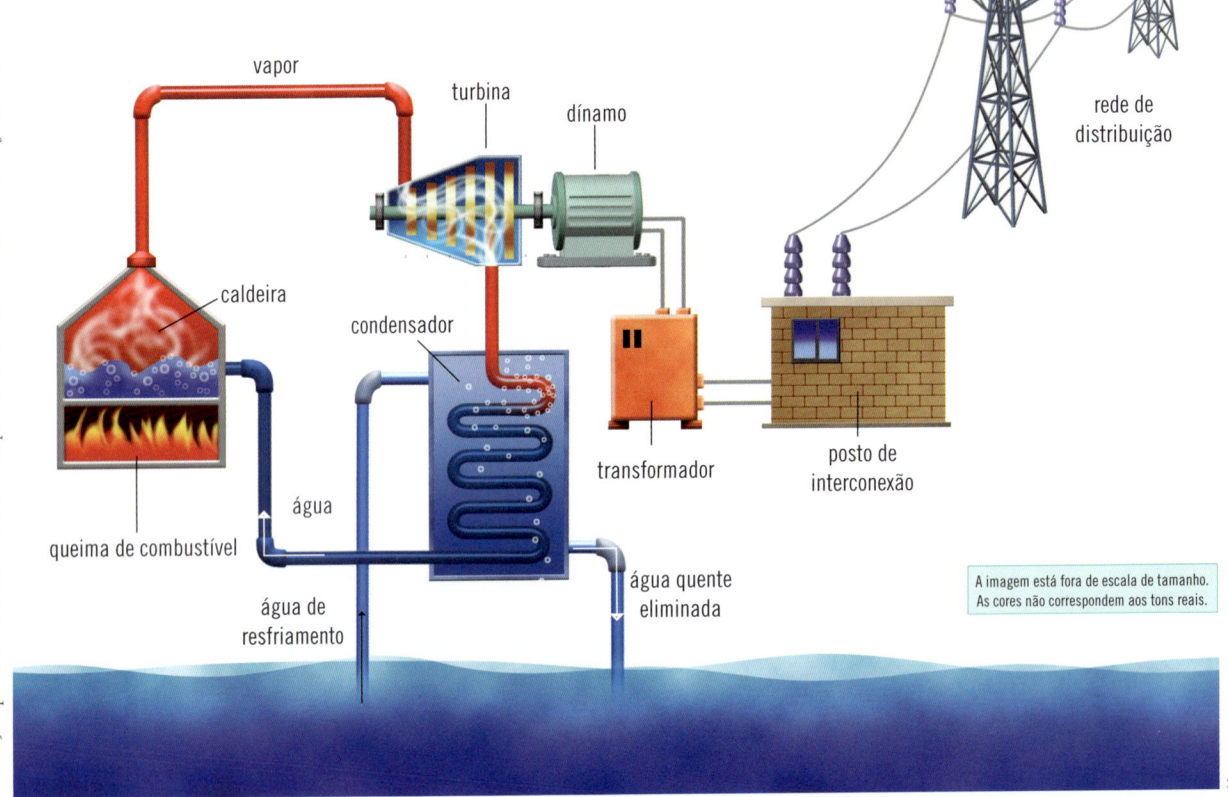

▲ Esquema mostrando os elementos que compõem uma usina termelétrica. A água é aquecida liberando vapor, que aciona as turbinas. Estas acionam dínamos, dispositivos geradores de energia elétrica, distribuída em residências, hospitais, indústrias e estabelecimentos comerciais. A água que resfria o condensador é eliminada em um rio.

Há vários problemas ambientais causados pelas usinas termelétricas. Um deles é o fato de a maioria dessas usinas utilizar recursos não renováveis, como os derivados do petróleo. Outro problema grave se refere às emissões de gás carbônico, resultante da queima dos combustíveis para a geração do vapor. Além disso, o vapor precisa ser posteriormente resfriado e, para isso, passar por um condensador. Nele, a água retirada do ambiente (de um rio, por exemplo) é utilizada para resfriar o vapor e depois devolvida aquecida ao ambiente, causando danos aos seres vivos aquáticos, principalmente, por diminuir a taxa de oxigênio da água.

▲ Usina Termelétrica Presidente Médici (UTPM), que utiliza o carvão mineral como combustível, em Candiota (RS), 2011.

As **usinas hidrelétricas** aproveitam as quedas-d'água para gerar energia elétrica. No Brasil, existe abundância de rios adequados para esse fim, sendo as hidrelétricas o principal método utilizado para gerar energia elétrica.

Para o funcionamento das hidrelétricas, é necessário que o rio seja represado por uma barragem cujo paredão é atravessado por grandes tubos inclinados, por onde a água desce. Ao chegar à parte inferior da tubulação, a água faz girar um gigantesco sistema de hélices, as turbinas, que estão interligadas a um dínamo.

Pense e responda

Observe a imagem da Usina Termelétrica de Presidente Médici acima e responda.

- A água utilizada no resfriamento do vapor produzido na caldeira da termelétrica é devolvida para o ambiente ainda quente. Que dano ambiental essa água aquecida devolvida ao rio pode acarretar?

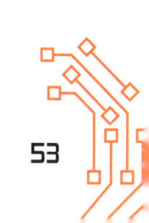

▲ Vista aérea da Hidrelétrica de Itaipu, Foz do Iguaçu (PR), 2007. Note o desnível entre o local onde a água está represada e onde ela deságua.

Observe a seguir o esquema simplificado do funcionamento de uma usina hidrelétrica.

A imagem está fora de escala de tamanho. As cores não correspondem aos tons reais.

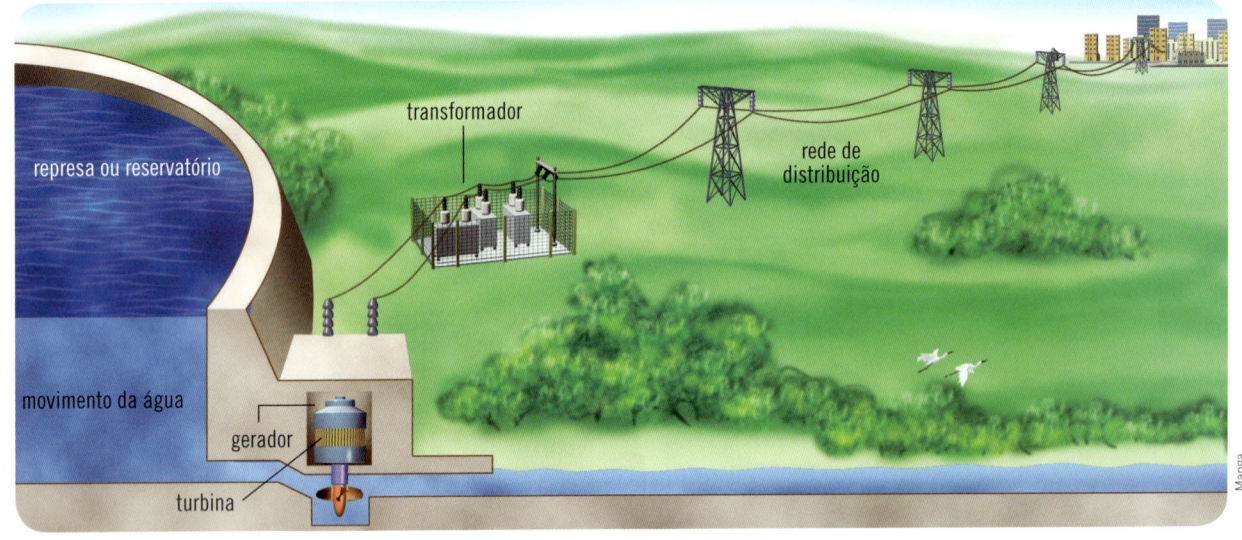

Ilustração produzida com base em: <http://ftd.li/v6pbxj>. Acesso em: 06 jun. 2014.

Esquema de uma usina hidrelétrica. A água move as turbinas, que acionam os dínamos, gerando energia elétrica.

Nesse processo, que vai desde o armazenamento de água na barragem até a distribuição de energia elétrica, ocorrem transformações de energia. A energia do movimento da água em queda é transferida para a turbina, que aciona o equipamento produtor de energia elétrica. Essa energia é transportada por meio de cabos elétricos até as residências, os estabelecimentos comerciais e as indústrias.

De forma indireta, a energia da água em movimento é utilizada para diminuir o esforço humano e aumentar o seu conforto. Grande parte dos equipamentos elétricos tem essas finalidades.

A construção de grandes barragens para a produção de energia elétrica acarreta vários problemas para o ambiente e para as populações locais. Dessa forma, torna-se cada vez mais urgente o controle de consumo da energia elétrica.

Você também pode fazer a sua parte para evitar o desperdício de energia: não deixe as luzes de sua casa acesas ou a TV ligada sem necessidade; seja rápido no banho, ligando o chuveiro o mínimo de tempo possível. Se cada um fizer a sua parte, a sociedade poderá se beneficiar da energia elétrica por muito mais tempo.

Salto das Sete Quedas do Guaíra (PR), a maior cachoeira do rio Paraná, mas que não existe mais. Em 1982 foi encoberta pelas águas do rio Paraná por causa do represamento das águas causado pela barragem da Usina Hidrelétrica de Itaipu.

Energia, sociedade e ambiente

As barragens são as principais fornecedoras de água para o abastecimento das cidades, a irrigação de plantações e o funcionamento das hidrelétricas. Entretanto, para a construção da maioria delas, os custos sociais e ambientais são altos: os cursos de água podem se degradar; muitos seres vivos desaparecem da região; parte da população é deslocada; e as características sociais e a infraestrutura das cidades próximas são alteradas.

Por sua vez, a energia elétrica produzida nas hidrelétricas é usada pelas indústrias, pelo comércio e pelas casas, estimulando a economia e melhorando a qualidade de vida das pessoas.

◀ Vista aérea em Altamira (PA), sob influência da Usina Hidrelétrica de Belo Monte no rio Xingu, que foi e continua sendo alvo de muita polêmica. Foto tirada em 2013.

A quantidade de água potável no planeta não é inesgotável, portanto devemos evitar desperdícios. Muitos são os países que sofrem com a falta de água para consumo humano.

O uso racional da água é um assunto para ser discutido com colegas, vizinhos e autoridades públicas com a finalidade de estimular atitudes que evitem o consumo desnecessário de água e a contaminação dos reservatórios superficiais e subterrâneos.

Nós

Impacto das hidrelétricas

Suponha que você vá participar de um debate sobre a possibilidade de construir uma usina hidrelétrica no seu estado.

1. Anote em seu caderno alguns pontos que você considera positivos e outros que considera negativos em relação a essa obra.

2. Você é contra as instalações de usinas hidrelétricas ou é a favor delas?

3. Com base em suas anotações, escreva um texto explicando os aspectos que você julga positivos e negativos. Encerre seu texto posicionando-se: você é a favor da instalação dessa usina na região ou é contra?

Defenda as suas ideias em um debate na sala de aula.

Fórum

Todos os dias, 2 milhões de toneladas de esgoto e de restos industriais e agrícolas são despejadas nas águas superficiais do mundo, e pelo menos 1,8 milhão de crianças menores de 5 anos morrem anualmente por causa de alguma doença relacionada à água.

Mais da metade dos leitos hospitalares está ocupada com pessoas com doenças relacionadas à água contaminada. Morrem mais pessoas em consequência da água poluída do que por todas as formas de violência, inclusive as guerras.

◀ Parte de rede marinha de esgoto lançando poluentes no mar.

Ecossistema marinho: sistema que inclui os ambientes influenciados pela água do mar.

Estima-se que, nos países em desenvolvimento, 90% de toda a água servida (água descartada após o uso) é despejada sem tratamento diretamente nos rios, lagos e oceanos. Atualmente estima-se que 245 mil km² de ecossistemas marinhos estão prejudicados pelo esgoto despejado.

Metade da população mundial vive em cidades, muitas das quais com infraestrutura inadequada e sem recursos para o gerenciamento dos esgotos produzidos de modo eficiente e sustentável. Sem uma ação urgente para melhorar o gerenciamento das redes de água, a situação tende a piorar.

Reúna-se em grupo e realize uma pesquisa sobre as condições sanitárias do seu município. Envie um *e-mail* à prefeitura ou ao governo do seu estado solicitando algumas informações, como:

- As redes de água e esgoto atendem todo o município?
- Existe alguma estação de tratamento de esgoto no município?
- Os cursos-d'água do município recebem resíduos sólidos ou esgoto sem tratamento?

Enquanto aguarda a resposta da mensagem enviada, discuta com o grupo e faça uma lista com sugestões sobre as ações que o município deveria adotar para enfrentar o tema "Tratamento de esgoto e sustentabilidade".

Envie por *e-mail* a lista produzida pelo grupo à prefeitura e aos vereadores. Utilize o "Fale conosco" ou "Contato" dos *sites* da prefeitura e do governo do estado.

Pelos caminhos da água
STRAZZACAPPA, C.; MONTANARI, V. Editora Moderna, 2003.
Você encontrará informações sobre o tratamento, os usos da água, a água e a vida, entre outras.

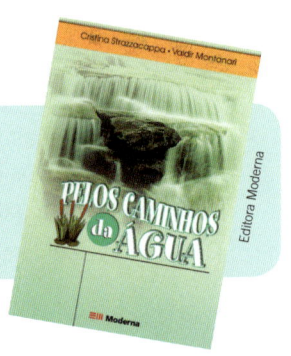

Atividades

Reveja

1 Observe as ilustrações, identifique as atitudes indevidas quanto ao uso da água e escreva no caderno de que forma essas mesmas atividades podem ser realizadas evitando o desperdício.

2 Quais as transformações de energia que ocorrem no processo de geração de energia elétrica pelas usinas termelétricas e hidrelétricas?

3 Como a água é usada em cada um dos equipamentos: roda-d'água, hidrelétrica, termelétrica e máquina a vapor?

Explique

4 O setor da atividade humana que mais gasta água é a agricultura. Proponha duas maneiras para reduzir o consumo de água nesse setor.

5 Como os agricultores podem reduzir o uso de fertilizantes químicos na lavoura?

6 Pegue uma conta de água da sua casa e identifique a quantidade de água que foi consumida no período de um mês. (Caso você não tenha uma conta, peça a um amigo ou um parente.) A seguir, responda:

a) Em geral as contas apresentam a quantidade de água em m³ (metros cúbicos). Cada metro cúbico corresponde a 1 000 litros. Quantos mil litros foram consumidos no mês?

b) Quantas pessoas há em sua casa? Qual o consumo médio de água por pessoa, em litros?

c) Quanto foi pago por litro de água consumida?

desafio Segundo a Agência Nacional de Energia Elétrica (Aneel), o Brasil explora cerca de 20% do seu potencial hidrelétrico. Isso significa que o país ainda dispõe de quatro quintos do seu potencial hidrelétrico não explorado. Faça um gráfico para representar o potencial hidrelétrico aproveitado e o potencial que ainda pode ser explorado.

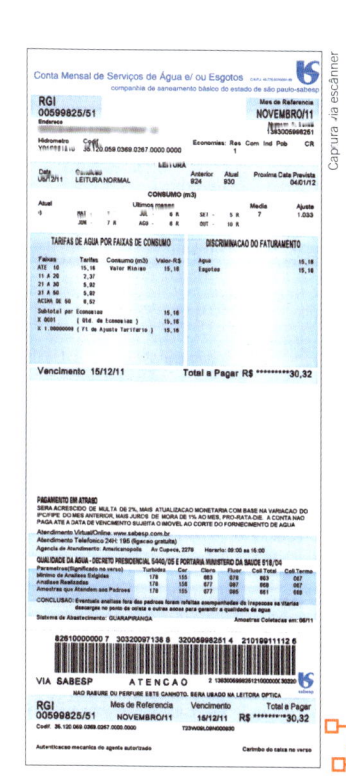

Para ler o texto científico

Consumo de água engarrafada no mundo

O consumo de água engarrafada no mundo aumentou rapidamente nos últimos anos, e a questão da baixa qualidade da água em muitos centros urbanos é um dos fatores que têm contribuído para isso. Em 2009, o consumo mundial foi maior que 200 bilhões de litros.

Embora os Estados Unidos sejam um dos maiores consumidores de água engarrafada atualmente, o consumo na China cresceu mais de 15% ao ano desde 2003. Segundo o IBGE, em 2012, a China possuía 1,3 bilhão de habitantes, enquanto os Estados Unidos possuíam aproximadamente 315 milhões.

O custo de produção para engarrafar a água é preocupante. Nos Estados Unidos, estima-se que a produção das garrafas (PET e de vidro) consuma o equivalente a mais de 2 bilhões de litros de petróleo por ano.

Com base nas informações do gráfico a seguir, podemos comparar a situação em cada país. Analisando esses tipos de dados, é possível fazer previsões sobre o consumo de água engarrafada no mundo e propor planos de ação que consideram o uso da água potável disponível em cada país.

Analise o gráfico e responda às questões a seguir.

Frequência de consumo de garrafas de água
(porcentagem de consumidores em cada país, 2012)

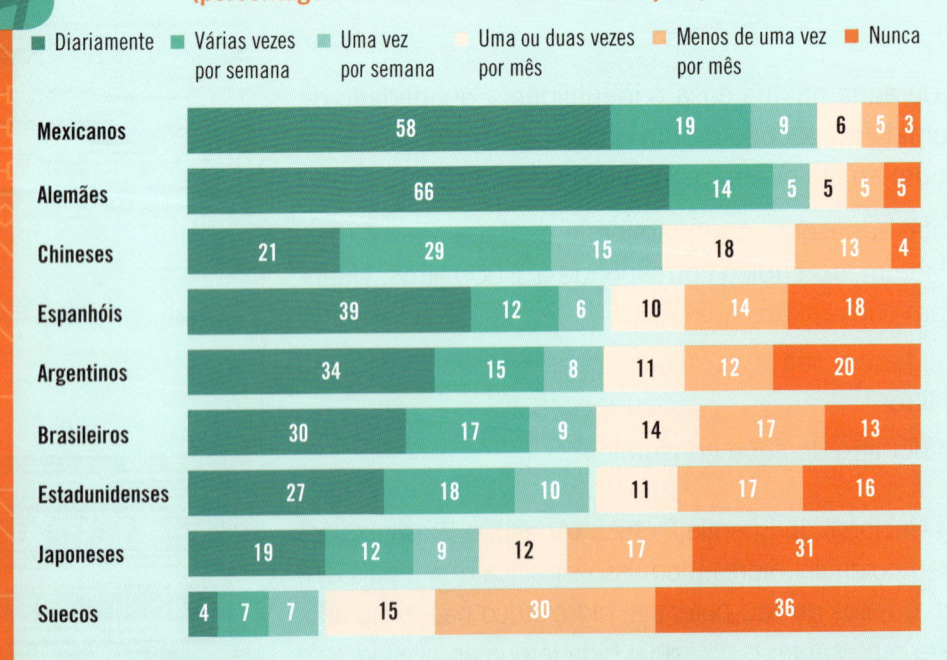

País	Diariamente	Várias vezes por semana	Uma vez por semana	Uma ou duas vezes por mês	Menos de uma vez por mês	Nunca
Mexicanos	58		19	9	6	5	3
Alemães	66		14	5	5	5
Chineses	21	29	15	18	13	4
Espanhóis	39		12	6	10	14	18
Argentinos	34		15	8	11	12	20
Brasileiros	30		17	9	14	17	13
Estadunidenses	27		18	10	11	17	16
Japoneses	19	12	9	12	17	31
Suecos	4	7	7	15	30	36

Fonte da tabela: <http://ftd.li/rtjpos>. Acesso em: 23 abr. 2014.

O texto trata de uma questão econômica e científica. O crescimento da população, a poluição de águas superficiais e o aumento do poder aquisitivo estão entre os fatores que estimulam o consumo de água engarrafada.

Os dados do gráfico estão em porcentagens da população. Entretanto, não podemos fazer uma leitura direta se quisermos saber qual país tem o menor número de pessoas consumidoras de água engarrafada. É preciso analisar outros dados.

Que país consome o maior volume de água engarrafada, a China ou a Espanha? Para responder a essa questão, devemos saber quantos habitantes tem cada país. O gráfico não apresenta essa informação.

A Espanha possui aproximadamente 47 milhões e a China, 1,3 bilhão.

1 Que país tem a maior porcentagem da população consumidora de água engarrafada?

2 Que países têm a maior porcentagem da população que nunca tomou água engarrafada?

3 Podemos levantar hipóteses sobre os motivos que levam grande parte da população a comprar água engarrafada, embora tenham água tratada nas torneiras. Quais podem ser os motivos que levam 66% da população da Alemanha e 58% da mexicana a tomar água engarrafada diariamente? Faça duas suposições.

4 Na Espanha, 51% (39% + 12%) dos habitantes consomem água engarrafada diariamente ou várias vezes por semana, enquanto 50% (21% e 29%) da população chinesa consome água engarrafada várias vezes por semana. Embora as porcentagens sejam quase as mesmas, o número de habitantes que consome água engarrafada é muito diferente na Espanha e na China. Calcule quantas pessoas consomem água engarrafada pelo menos várias vezes por semana na China e na Espanha.

@multiletramentos

Folder da água

Depois de conhecer os diferentes usos da água e saber sobre a sua importância para a saúde de todos, você está convidado a elaborar um panfleto ou um *folder* para divulgar informações sobre a qualidade da água no planeta, os problemas de saúde relacionados à contaminação da água, as formas de tratamento e dicas para o consumo sustentável.

Lembre-se de que panfleto e *folder* são publicações impressas elaboradas para divulgar ideias, marcas ou mensagens. Trata-se de um meio utilizado quando se quer passar uma grande quantidade de informações de forma clara e objetiva, que pode conter imagens, fotos, gráficos e outros recursos que ilustrem e destaquem as informações. A diferença entre eles é que *folder* possui dobras, enquanto o panfleto não.

Formem grupos de três ou quatro integrantes e discutam quais informações serão divulgadas e quais terão destaque, além de quantas seções o panfleto ou o *folder* terá, por exemplo,

- para apresentar curiosidades sobre o tema: Você sabia?;
- para dicas sobre higiene, saúde, cuidados com a água e como evitar o desperdício: Faça a sua parte!.

Depois de discutir e planejar como ficará o *folder* ou o panfleto, é só pôr a mão na massa e editar a produção do grupo em um editor de publicações ou editor de textos.

No espaço virtual **@multiletramentos** da plataforma **FTD Digital** você encontrará mais dicas de como criar seu *folder* ou panfleto.

No laboratório

As sementes precisam de água

Para germinar, as sementes necessitam de água.

- Qual é a quantidade de água necessária para que as sementes de um feijoeiro germinem e cresçam?
- Que modificações ocorrem durante a germinação?

Para responder a essas questões, reúna-se com seus colegas e faça o experimento. Ele tem duas etapas.

Material

- cerca de 70 sementes de feijão
- um copo de areia lavada e seca
- três copos transparentes
- pedaço de filme de PVC (ou pires) para cobrir o copo
- três etiquetas

Procedimento – etapa I

A. Coloque todos os feijões em um dos copos.

B. Em seguida, acrescente água até cobrir todos os feijões. A água deve ficar na altura da camada de feijões.

C. Com uma etiqueta, marque o nível da água no copo.

D. Cubra o copo com um pedaço de PVC ou o pires. Espere 30 minutos e observe o resultado.

Responda:

- Como você explica o resultado observado após 30 minutos? Você acha que a água absorvida será utilizada nas funções de desenvolvimento da nova plantinha (embrião) que está dentro da semente? Vamos verificar.

Procedimento – etapa II

A. Pegue os outros dois copos transparentes e divida a areia entre eles. Umedeça a areia do primeiro copo sem encharcá-la demais.

B. Em seguida, coloque seis grãos de feijão, que foram embebidos na etapa I, encostados na parede do copo, de modo que você possa observá-los.

C. Escreva em uma etiqueta "areia úmida" e depois cole-a no copo.

D. Umedeça a areia do segundo copo sem encharcá-la. Coloque seis grãos de feijão encostados na parede do copo de modo que você possa observá-los.

E. Escreva na outra etiqueta "areia levemente molhada" e cole-a no segundo copo.

F. Deixe os copos em um ambiente claro, mas que não receba diretamente a luz do Sol.

Responda:

- O que você espera que aconteça com os feijões de cada um dos copos?

Seu grupo deverá acompanhar o que acontece com os feijões diariamente durante duas semanas. Nesse período, o copo "areia úmida" deverá receber até duas colheres de sopa de água por dia. Atenção: não coloque água no copo se a areia estiver muito úmida.

O copo "areia levemente úmida" deverá receber uma colher de chá de água por dia. Procure estabelecer um horário fixo para as regas.

Registro

Observe os copos diariamente e registre o aspecto dos grãos de feijão em uma tabela.

Tabela de observações		
Data	Feijões do copo "areia úmida"	Feijões do copo "areia levemente úmida"

Compartilhe

1. Após sete dias, como estão os feijões de cada copo? A previsão relacionada ao procedimento II F foi confirmada?
2. Qual foi o aspecto das plantas dos dois copos após duas semanas de observação?
3. Por que as sementes do copo "areia levemente úmida" não se desenvolveram adequadamente?
4. Os feijões embalados que estão nas prateleiras dos mercados não estão germinando dentro dos pacotes. Por que isso acontece? Pense nisso.

Pensar, fazer, compartilhar

Campanha publicitária para se proteger de doenças transmitidas pela água

A tabela abaixo apresenta algumas das principais doenças que podem ser transmitidas diretamente pela água contaminada ou por insetos que nela se desenvolvem. Muitos insetos dependem de água para completar seu ciclo de vida. Eles são encontrados em lagos, rios ou pequenos reservatórios como bromélias, vasos de plantas ornamentais, ou em objetos descartados pela população, como pneus velhos, garrafas, vasos, entre outros.

Doenças adquiridas		
por ingestão de água contaminada	por contato com água contaminada	por meio de insetos que se desenvolvem na água
Cólera	Escabiose	Dengue
Disenteria amebiana	Tracoma	Febre amarela
Disenteria bacilar	Verminoses diversas (tendo a água como um ambiente de estágio do ciclo de vida)	Filariose
Febres tifoide e paratifoide		Malária
Giardíase		
Hepatite infecciosa	Esquistossomose	
Paralisia infantil		
Salmonelose		
Leptospirose		

▲ *Aedes aegypti*, transmissor da dengue.

▲ *Anopheles* sp., conhecido como mosquito-prego, transmissor da malária e da filariose.

Como manter a água livre de contaminantes biológicos? Como podemos evitar a contaminação da água por seres patogênicos e como tratar os doentes?

Organize o trabalho

Reúna-se em grupo para organizar o trabalho da equipe. Antes de começar a pesquisar sobre as doenças transmitidas pela água ou pelos insetos que nela se desenvolvem, procure saber quais dessas doenças são comuns na sua comunidade. Para isso, consulte o *site* da secretária da saúde do seu município ou entreviste algum médico ou técnico do posto de saúde da região. O trabalho pode ser desenvolvido em duas etapas: pesquise primeiramente, entre tais doenças, aquelas mais comuns na região e, em um segundo momento, as restantes.

Prepare uma lista com as páginas da internet (dê preferência aos *sites* governamentais: municipais, estaduais e federais) e as mídias impressas (livros, revistas, folhetos etc.). Assim, o seu grupo já define quais serão as fontes de consulta.

Divida o tempo de trabalho para realizar a pesquisa aos poucos, uma vez que são muitas as informações a serem pesquisadas e registradas. Se necessário, divida a tarefa entre os membros do grupo, caso não possam fazer toda a pesquisa coletivamente.

Roteiro de questões para a pesquisa

1. Qual é o agente causador da doença?
2. Quais são os sintomas da doença?
3. Como a pessoa sadia é contaminada?
4. Qual é o modo de prevenção: vacinação ou outro?
5. Qual é a forma de tratamento dos doentes?
6. Qual é o ciclo de vida do agente patogênico? E do inseto transmissor?

Discuta com o seu professor a necessidade de incluir novas questões nesse roteiro.

Comunique o seu trabalho

Organize as informações à medida que as pesquisas forem sendo realizadas. Essa tarefa pode ser feita de várias formas: em arquivo eletrônico, em folhas de papel ou em gravações de vídeo. Escolha a forma (ou as formas) que desejar. Ilustre o texto com fotografias e/ou desenhos encontrados em revistas, jornais ou na internet.

A organização do trabalho deve seguir o roteiro preparado pelo grupo. No final da pesquisa, inclua um comentário pessoal do grupo sobre a importância de cuidar da qualidade da água usada no município e em sua casa.

Concluído o trabalho, uma cópia dele deve ser entregue ao professor.

Avalie o trabalho

Agora, apresente o seu trabalho aos seus colegas. Prepare também cartazes ou grave um vídeo para informar como as pessoas podem evitar a contaminação ou minimizar o perigo da transmissão de várias doenças relacionadas à qualidade da água. Finalmente, elabore uma campanha publicitária para divulgar as medidas preventivas que dependem exclusivamente de cada pessoa da comunidade.

unidade 2

Nesta unidade

- Formação do solo.
- Composição das rochas.
- Propriedades e usos dos minerais pela sociedade.
- O impacto ambiental causado pela extração de minério.

Solo, rochas e minerais

Você já deve ter observado que, ao seu redor, há uma grande variedade de rochas; geralmente chamadas de "pedras". Observe a imagem. Ela mostra alguns exemplares de rochas.

1. Quais os formatos? Quais as cores?

2. Como você acha que essas rochas foram originadas?

3. Às vezes, elas são chamadas de seixos rolados. Você sabe por quê?

@mais

As rochas podem revelar informações importantes sobre o passado da Terra. Sua composição pode auxiliar os cientistas a compreender melhor como é o funcionamento do interior do planeta. Mas, como se conhece o interior do planeta Terra?

Acesse o *link* <http://ftd.li/hnp8y3> (acesso em: 6 de jun. de 2014) e responda às questões.
1. É possível que seres humanos cheguem ao interior do planeta? Por quê?
2. Que métodos são importantes para o estudo do interior do planeta?

Os formatos, as cores e outras propriedades que caracterizam as rochas estão relacionadas a sua origem e à da Terra. Dessa maneira, a composição do solo e os fatores físicos, por exemplo, clima e relevo, influenciam de maneira importante na formação diversificada das rochas.

◀ Rochas de cores e formatos diferentes.

Capítulo 1 — Origem e transformação do solo

A formação do Sistema Solar teve início há aproximadamente 5 bilhões de anos, originando os planetas e satélites que conhecemos. A Terra surgiu há mais de 4 bilhões de anos e suas características quanto ao relevo, ao clima e à atmosfera, por exemplo, eram bem diferentes.

Ao longo do tempo a paisagem da superfície do nosso planeta sofreu profundas alterações que continuam ainda hoje. Vulcões e muitos seres vivos foram extintos e novos apareceram, grandes porções de terra se moveram e o clima mudou em muitas regiões.

Há muitos anos os pesquisadores se debruçam sobre fósseis, rochas e outras evidências para reconstruir o passado da Terra. A imagem ao lado ilustra como teria sido a Terra há 4 bilhões de anos, quando a superfície terrestre provavelmente era coberta por crateras e a temperatura média era maior que nos dias atuais.

▶ Representação artística do possível aspecto do planeta Terra, há 4 bilhões de anos, com base em estudos a partir de evidências.

As imagens a seguir ilustram dois momentos do planeta Terra. Na primeira, é possível observar como era a superfície do planeta há 200 milhões de anos e a segunda, como ela é hoje. A seta indica que há 200 milhões de anos o litoral do Brasil e o litoral da África estavam mais próximos.

Imagens fora de escala de tamanho. As cores não correspondem aos tons reais.

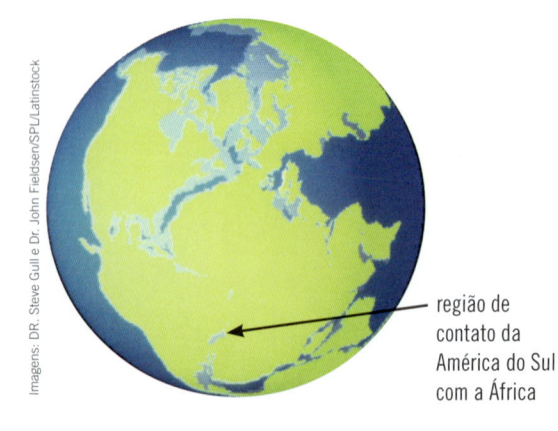

região de contato da América do Sul com a África

▲ Representação dos continentes há 200 milhões de anos.

▲ Representação dos continentes hoje em dia.

Pense e responda

- É possível supor que o solo da África é semelhante ao do litoral do Brasil? Justifique.

Fatores que agem na formação do solo

Vários fatores estão envolvidos na formação do solo. O tipo de rocha original ou **rocha-mãe** é o elemento principal do processo, uma vez que tanto a sua composição como a intensidade de sua fragmentação vão definir o tipo de solo.

> **Fragmentação:** ato ou efeito de partir em pedaços.

Imagens fora de escala de tamanho. As cores não correspondem aos tons reais.

rocha — solo jovem — solo jovem — solo maduro

Ilustração produzida com base em: <http://ftd.li/yuott8>. Acesso em: 24 abr. 2014.

◀ A rocha-mãe sofre desgaste por ação da chuva, do vento e do Sol (intemperismo), e as partículas formam os solos. Os solos jovens são menos espessos; ao longo do tempo podem se tornar mais espessos, dando origem aos solos maduros.

A ação lenta e contínua do clima, dos seres vivos e do relevo sobre as rochas promove a formação de pequenos grãos que se acumulam no ambiente.

Esse processo de transformação das características físicas e químicas das rochas recebe o nome de **intemperismo**. Quando os agentes são o Sol, a chuva, ou o vento, o intemperismo é físico. Se substâncias como, por exemplo, aquelas expelidas pelos seres vivos são os agentes, o intemperismo é químico.

> **Expelir:** lançar fora; expulsar.

O clima

O vento carrega pequenos grãos que estão livres sobre a superfície do solo. Esses grãos funcionam como uma lixa, pois no impacto com rochas vão soltando as partículas que estão mais expostas.

Ventos fortes e constantes podem desgastar mais rapidamente algumas rochas e mais lentamente outras. Assim, temos a formação de paisagens como as de Vila Velha (PR).

> **Tome nota**
>
> Rochas são agregados sólidos naturais compostos por grãos de minerais. Mineral é toda substância, sólida ou líquida, que surge naturalmente na crosta terrestre.

▲ Os ventos carregam a areia de um lugar para o outro.

▲ Rochas de arenito erodidas pela ação do vento em Vila Velha, Ponta Grossa (PR), 2011.

A variação de temperatura favorece a fragmentação da superfície das rochas. Assim, o aquecimento durante o dia seguido pelo resfriamento à noite, ou um choque térmico provocado por uma chuva repentina após um sol intenso, enfraquece a camada superficial das rochas nuas que, depois de muito tempo, trincam, formando fissuras. Esses espaços servem de abrigo para microrganismos e pequenas plantas, cuja ação também favorece a fragmentação da rocha.

O gelo também é um agente de intemperismo físico, indicado pelas fissuras encontradas nas rochas. Nessas fissuras, a água congelou, houve um aumento de volume e da pressão sobre as paredes das rochas, provocando sua fragmentação e as fissuras que se mantêm.

O relevo

A água da chuva pode escorrer pela superfície terrestre ou infiltrar-se no solo em maior ou menor quantidade de acordo com o relevo do local, o tipo de solo e a cobertura vegetal.

Em regiões planas ou levemente onduladas, a infiltração da água no terreno tende a ser maior que o escoamento. Já em regiões montanhosas, ela tende a ser menor e o escoamento, abundante. Muitas vezes, a água chega a formar sulcos por onde passa. Observe o esquema.

Escoamento: ato de escorrer um líquido por uma superfície.

Sulco: corte superficial; fenda aberta em uma superfície.

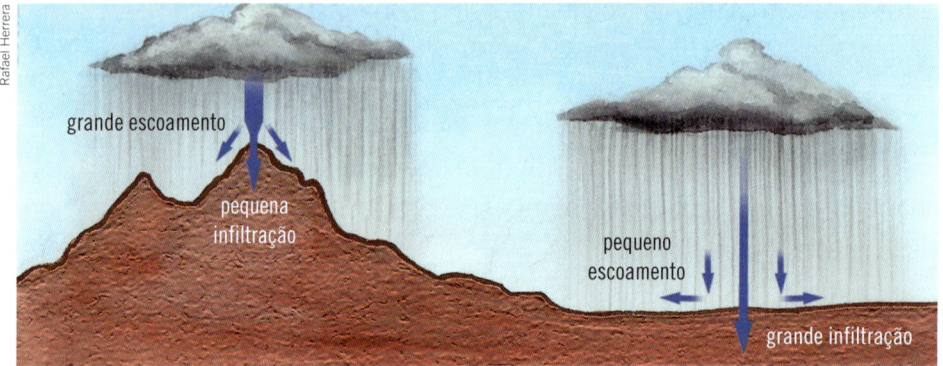

A imagem está fora de escala de tamanho. As cores não correspondem aos tons reais.

Em terrenos montanhosos, a infiltração da água é dificultada pela inclinação acentuada. Nos terrenos planos ela tende a ser maior.

Ciências e Geografia

Movimentos da crosta terrestre

As Ciências Naturais e a Geografia estudam os movimentos da crosta terrestre que originam cadeias de montanhas, terremotos e maremotos. Cientistas estudam as forças geradoras da movimentação das placas litosféricas ou tectônicas (placas que formam a crosta terrestre) e os geógrafos estudam os efeitos que os fenômenos naturais têm sobre a vida das pessoas e a economia das regiões do planeta.

- Por que é importante que diferentes especialistas estudem os efeitos do movimento da crosta terrestre?

Os seres vivos

Os microrganismos, em conjunto com outros seres vivos, como os liquens, eliminam diversas substâncias que podem alterar a composição dos materiais presentes nas rochas. Essas transformações químicas aumentam as possibilidades de fragmentação dos componentes das rochas.

Com o passar do tempo, a quantidade de material fragmentado aumenta, formando um solo mais favorável à sobrevivência de plantas e animais.

Liquens: organismos formados pela associação entre algas e fungos.

◀ Liquens crescendo sobre uma pedra. Algas e fungos, componentes dos liquens, eliminam substâncias que agem sobre as rochas, modificando-as. É uma forma de intemperismo químico.

A imagem está fora de escala de tamanho. As cores não correspondem aos tons reais.

- rochas sofrem ação das condições climáticas
- ação de seres vivos aumenta fragmentação das rochas
- transformação do solo ao longo do tempo
- aumento da quantidade de material fragmentado permite fixação de plantas maiores

▲ Com a exposição ao Sol, ao vento e à chuva, e com a ação de liquens e microrganismos, as rochas, ao longo de milhares de anos, sofrem fragmentação. Formam-se condições para o desenvolvimento de outros seres vivos nesse ambiente.

Explore

Dilatação e fragmentação das rochas

Para entender melhor como ocorre a fragmentação das rochas, observe que algumas são compostas de diversos materiais.

Uma das propriedades desses materiais refere-se à intensidade com que se dilatam ao serem aquecidos. Quando os diferentes materiais que compõem as rochas são submetidos a variações de temperatura, um se descola do outro, uma vez que apresentam dilatações diferentes. Isso não ocorre de um dia para outro, podendo levar muitos anos. O processo todo também é influenciado por outros fatores, como a ação da água, do ar, dos microrganismos e das condições climáticas do local em que uma rocha se encontra.

- Esse tipo de fragmentação das rochas é um tipo de intemperismo físico ou químico?

▲ As rochas, como o granito, são compostas de vários materiais.

A composição do solo

As rochas que são desagregadas pelo intemperismo se transformam em um aglomerado de grãos com tamanhos diferentes. São eles: areia (grãos bem grossos), silte ou limo (grãos mais finos) e argila (grãos muito finos).

Cada solo pode ser classificado de acordo com a proporção entre esses três tipos de grão que o compõem. Assim, se numa amostra de solo há mais areia, ele é considerado um solo arenoso; se a amostra possui mais argila, é chamado de argiloso; e, se possui mais silte, o solo é chamado de siltoso.

As características de cada tipo de solo dependem não só da composição da rocha-mãe que originou os grãos, mas também dos resíduos que as enxurradas e os ventos trouxeram de outros locais. Dependem, ainda, de materiais provenientes de restos de seres vivos decompostos, da própria cobertura vegetal presente no local e da quantidade de minerais dissolvidos na água desse solo.

O solo abriga muitos microrganismos, e é a base em que se sustentam inúmeras plantas.

Um solo considerado ideal para o desenvolvimento das plantas é um solo fértil. Ele deve ter uma composição favorável à penetração das raízes; grãos cujo tamanho permita adequada penetração e retenção de água; e nutrientes em quantidade suficiente para as plantas crescerem saudáveis.

Limo: o mesmo que silte, isto é, partícula menor que areia e maior que argila que compõe o solo.

Retenção: ato ou efeito de fazer parar.

As minhocas contribuem muito para a manutenção de um solo fértil.

Dos nutrientes encontrados no solo, uma parte origina-se dos minerais que formam as rochas; outra parte é resultado da ação decompositora de bactérias e fungos que atuam nas camadas superiores do solo. Essas substâncias provenientes da ação decompositora de microrganismos forma o húmus, que promove a fertilidade, já que deixa o solo rico em minerais e umidade.

A imagem está fora de escala de tamanho. As cores não correspondem aos tons reais.

camada rica em húmus
subsolo
fragmentos de rocha-mãe

camada rica em húmus
subsolo
fragmentos de rocha-mãe

Ilustração produzida com base em: <http://ftd.li/yuott8>. Acesso em: 24 abr. 2014.

▲ Com o aumento do material fragmentado, surgem condições para o desenvolvimento de plantas maiores. Solos com camadas espessas de húmus favorecem o crescimento das plantas.

As rochas

As rochas apresentam diferentes aspectos. Se as observarmos a olho nu, ou seja, sem a ajuda de instrumentos ou aparelhos, é possível identificar fragmentos de várias cores, brilhos e formas. Em certas rochas, porém, essa distinção já se torna um pouco mais difícil, uma vez que o seu aspecto pode ser bastante uniforme.

Podemos notar que algumas rochas possuem mais de uma cor e outras parecem ter somente uma. As cores diferentes que você vê correspondem a diferentes minerais que as compõem.

Essa análise a olho nu é chamada de estudo macroscópico. Porém, podemos estudar as mesmas rochas utilizando um microscópio mineralógico, que evidencia os diversos minerais nelas presentes. A análise microscópica de seus componentes fornece informações muito importantes sobre a origem, a composição química e até a utilização que pode ser dada a essas rochas.

Rocha sedimentar. ▶ Imagem obtida ao microscópio. Corresponde a uma área de 3,5 mm da rocha.

Tipos de rocha

As rochas podem ser classificadas, quanto à sua origem, como **magmáticas**, **sedimentares** ou **metamórficas**.

As rochas magmáticas têm origem vulcânica, as sedimentares são formadas por detritos desprendidos de diversas rochas e as metamórficas se originam a partir de transformações que ocorrem nas rochas magmáticas e sedimentares.

Rochas magmáticas

A crosta terrestre não é contínua, mas formada por placas. Os vulcões estão localizados nos pontos de fragilidade da crosta terrestre, ou seja, em regiões onde há maior facilidade de rompimento. Por meio deles, o magma atinge a superfície sólida da Terra (continente ou fundo do oceano). Um vulcão em erupção lança grande quantidade de lava (nome dado ao magma eliminado) que, ao se esfriar, endurece formando um tipo de rocha chamada de magmática ou ígnea. O poder destrutivo da lava é muito grande, pois o magma sai com uma temperatura bastante elevada, podendo queimar tudo o que estiver a sua frente.

Para entendermos a relação entre os vulcões e as rochas, é preciso conhecer o que existe no interior do planeta, onde é impossível fazermos observações diretas, pois as condições de temperatura e pressão são extremas e os aparelhos necessários não resistiriam ao calor. O que a Ciência sabe sobre a constituição das camadas mais profundas da Terra é resultado de métodos indiretos de pesquisa.

A imagem está fora de escala de tamanho. As cores não correspondem aos tons reais.

Explore

O interior do planeta

A camada sólida mais superficial da Terra é a crosta terrestre e sua espessura varia de 8 km sob o oceano a 80 km no continente.

Logo abaixo da crosta há o manto, que tem cerca de 2 900 km de espessura. Há o manto superior (próximo à crosta), que é sólido, e o manto inferior, mais próximo ao centro, composto de rochas de consistência pastosa. Isso acontece porque a temperatura é muito elevada, variando de 700 °C a 1 200 °C. Essa massa pastosa recebe o nome de magma.

A região mais interna, chamada de núcleo, tem espessura de aproximadamente 3 500 km. Nessa camada, a temperatura pode chegar a 6 000 °C. O núcleo também pode ser dividido em duas partes: a mais interna, formada por material sólido, e uma parte que fica mais próxima do manto, que é líquida. O núcleo é constituído, principalmente, por uma mistura de dois metais: ferro e níquel.

- A lava que sai dos vulcões se origina de qual camada da Terra?

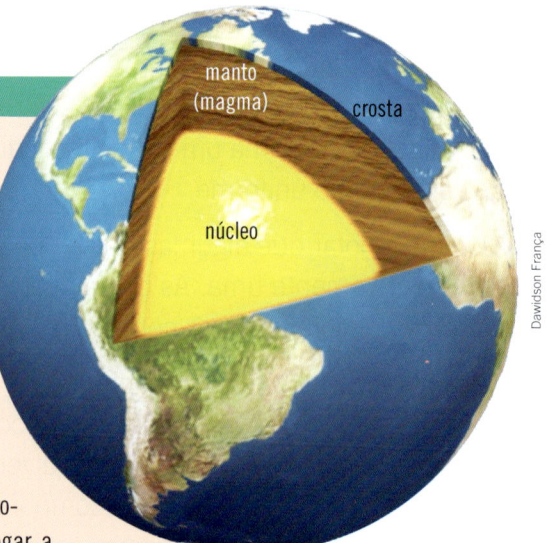

Ilustração produzida com base em: ATLAS do extraordinário: formação da Terra. Madrid: Ediciones del Prado, 1996. v. 1. p. 32.

Um dos fenômenos que promovem a formação de rochas é o vulcanismo. Os vulcões ativos produzem rochas que são acrescentadas à crosta terrestre.

Granito, pedra-pomes e basalto são exemplos de rochas magmáticas. O basalto é muito usado na construção civil para fazer brita.

Brita: pequenos pedaços variados de rochas utilizados: na composição do concreto; na cobertura de estradas de rodagem, antes da camada de asfalto; em ferrovias, entre outras funções.

granito — pedra-pomes — basalto

▲ As rochas magmáticas são bastante utilizadas na construção civil. O granito é usado no acabamento e em ornamentos; o basalto é usado na produção de brita; e a pedra-pomes, porosa e pouco densa, tem o mesmo uso da brita, mas em situações que necessitem de menos peso.

@ Explore

Os vulcões

Estudos sobre vulcões são de grande importância, pois ajudam a evitar catástrofes, caso entrem em erupção, poupando a vida de muitas pessoas.

Há vulcões que expelem diferentes materiais, como lava, rochas, poeira e cinzas. Muitas vezes as nuvens provocadas por uma erupção vulcânica podem gerar chuvas ácidas. Já as cinzas expelidas são um problema para a aviação, pois danificam as turbinas dos aviões.

Assista ao vídeo sobre a erupção do Monte Etna, na Itália, em novembro de 2013, indicado no *link* <http://ftd.li/c4oid3>. Acesso em: 28 mar. 2014.

- Por que é importante monitorar a atividade dos vulcões?

▲ Erupção do vulcão Tungurahua, 2010, Equador. O magma que extravasa dos vulcões é denominado lava. Quando a lava endurece, formam-se as rochas magmáticas.

@ multiletramentos

Infográfico sobre vulcões

Você sabia que existem vulcões ativos em algumas regiões do mundo? Que tal viajarmos para conhecer mais essa descoberta? Novamente a internet será sua grande aliada! Para isso, você deverá acessar um *site* de busca. Google, Yahoo e Bing são boas opções, mas é interessante saber que existem muitos outros *sites* de busca disponíveis para que você possa realizar sua pesquisa.

Após acessar o *site*, procure por um infográfico chamado "Conheça os vulcões mais ativos do mundo". Para isso, o uso de palavras-chave facilitará muito a busca. Esse infográfico permitirá a você ficar por dentro das recentes erupções que acontecem mundo afora.

No espaço virtual **@multiletramentos** da plataforma **FTD Digital** você encontrará sugestões de *sites* de busca, dicas para o uso de palavras-chave, aprenderá o que é um infográfico e terá mais dicas para realizar esta atividade. Bons estudos!

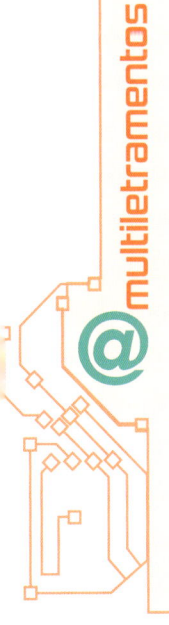

Rochas sedimentares

A formação das rochas sedimentares é muito variada. Elas vão sendo desgastadas pela ação da água, do vento e de outros agentes de intemperismo. Os pequenos grãos formados são transportados para regiões mais baixas, onde ficam depositados.

Nos depósitos sedimentares, os grãos trazidos de várias regiões formam camadas que se sobrepõem. As camadas inferiores são submetidas a condições físicas e químicas (como temperatura, pressão atmosférica, acidez e pressão da água) que vão modificando o material original. Assim, os grãos que compõem o depósito sedimentar sofrem transformação originando uma nova rocha. Um exemplo disso é o arenito.

▲ Arenito, uma rocha sedimentar. As camadas nessa rocha foram formadas ao longo de milhares de anos.

As rochas sedimentares são formadas por partículas diversas. Como as camadas foram formadas uma a uma pela deposição de sedimentos, em condições muito especiais, certos seres, ao morrerem, ficaram presos entre elas. Após milhares de anos, esses seres foram petrificados e passaram a fazer parte das rochas. Há outras formas de fossilização, mas essa é a mais comum. Portanto, os fósseis são muito especiais e bastante valiosos para a Ciência, pois, a partir deles, é possível obter informações sobre os ambientes de milhares de anos.

Lembre
Intemperismo são os processos físicos, químicos ou biológicos que ocasionam a degradação das rochas.

▲ Fóssil de um tipo de lagarto, o mesossauro, encontrado em Mata (RS), 2010. Viveu há cerca de 200 milhões de anos.

Pense e responda
Fósseis são restos ou vestígios de seres vivos de épocas passadas encontrados nas rochas sedimentares. Observe a imagem e relacione-a com as informações sobre rochas sedimentares.

- Como você supõe que esses fósseis de animais foram formados?

Durante a exploração comercial de rochas sedimentares, é comum a descoberta de fósseis. Estudos precisos podem indicar a idade de um fóssil e o período em que a rocha foi formada. Isso é muito importante para os cientistas que estudam a evolução histórica dos seres vivos.

A notícia a seguir trata da exploração comercial de fósseis, prática ilegal que prejudica as pesquisas da comunidade científica.

Pedreira explora fósseis em São Paulo

Restos de animais de 280 milhões de anos preservados em rocha calcária são vendidos ilegalmente para fora do Brasil

Em meados de novembro, a alfândega francesa apreendeu no aeroporto Charles de Gaulle, em Paris, um carregamento de oito fósseis de mesossauro, um réptil marinho de 250 milhões de anos, extraídos ilegalmente do Brasil. As peças estavam em um carregamento de bíblias, e foram avaliadas em 100 mil euros (cerca de R$ 295 mil).

Os fósseis provavelmente saíram de uma pedreira na região de Itapetininga, no sudoeste paulista. [...]

Prejuízo

O tráfico de fósseis traz prejuízos à comunidade científica nacional, que muitas vezes precisa buscar espécimes raros da fauna pré-histórica brasileira para estudar em museus e coleções privadas no exterior. Ou, pior, pagar o mico de ver cientistas estrangeiros descrevendo com prioridade fósseis brasileiros aos quais os próprios brasileiros não tiveram acesso, porque não puderam pagar.

"Não sei se essa nova legislação será eficaz contra esse comércio. É um problema que existia, existe e continuará existindo", diz o paleontólogo Reinaldo José Bertini, da Unesp de Rio Claro.

Fósseis comuns como os mesossauros, no entanto, já não representam novidade nenhuma para a ciência. Mesmo assim, diz Bertini, seu comércio precisa seguir proibido. "Não é porque existe às pencas que deve sair do país. Isso é um acervo brasileiro, que nem todas as universidades têm.".

ANGELO, Claudio. Pedreira explora fósseis em São Paulo. **Folha de S.Paulo**, São Paulo: 31 jan. 2007. Disponível em: <http://ftd.li/4pxyq2>. Acesso em: 29 nov. 2013.

Nós

Contrabando de fósseis

A colaboração entre cientistas e fiscais pode reduzir o contrabando de fósseis brasileiros para o exterior.

- Discuta em grupo que benefícios essa colaboração pode trazer para a comunidade científica brasileira.

Mármore, ardósia e quartzo são rochas metamórficas. Os dois primeiros são usados na construção civil, nos acabamentos, e o quartzo tem diversos usos, como na fabricação de vidro, esmalte, lixas, fibra óptica, cerâmica, entre outros.

ardósia

mármore

quartzo

Rochas metamórficas

As rochas metamórficas são provenientes de transformações ocorridas nas rochas magmáticas e sedimentares. Afundamentos nas camadas superficiais da crosta terrestre deslocam rochas para grandes profundidades, onde sofrem ação de elevada temperatura e alta pressão. Essas ações combinadas formam então as rochas metamórficas. A ação do calor e da pressão não é igual em todos os locais do planeta, o que propicia a formação de grande variedade dessas rochas.

O ciclo das rochas

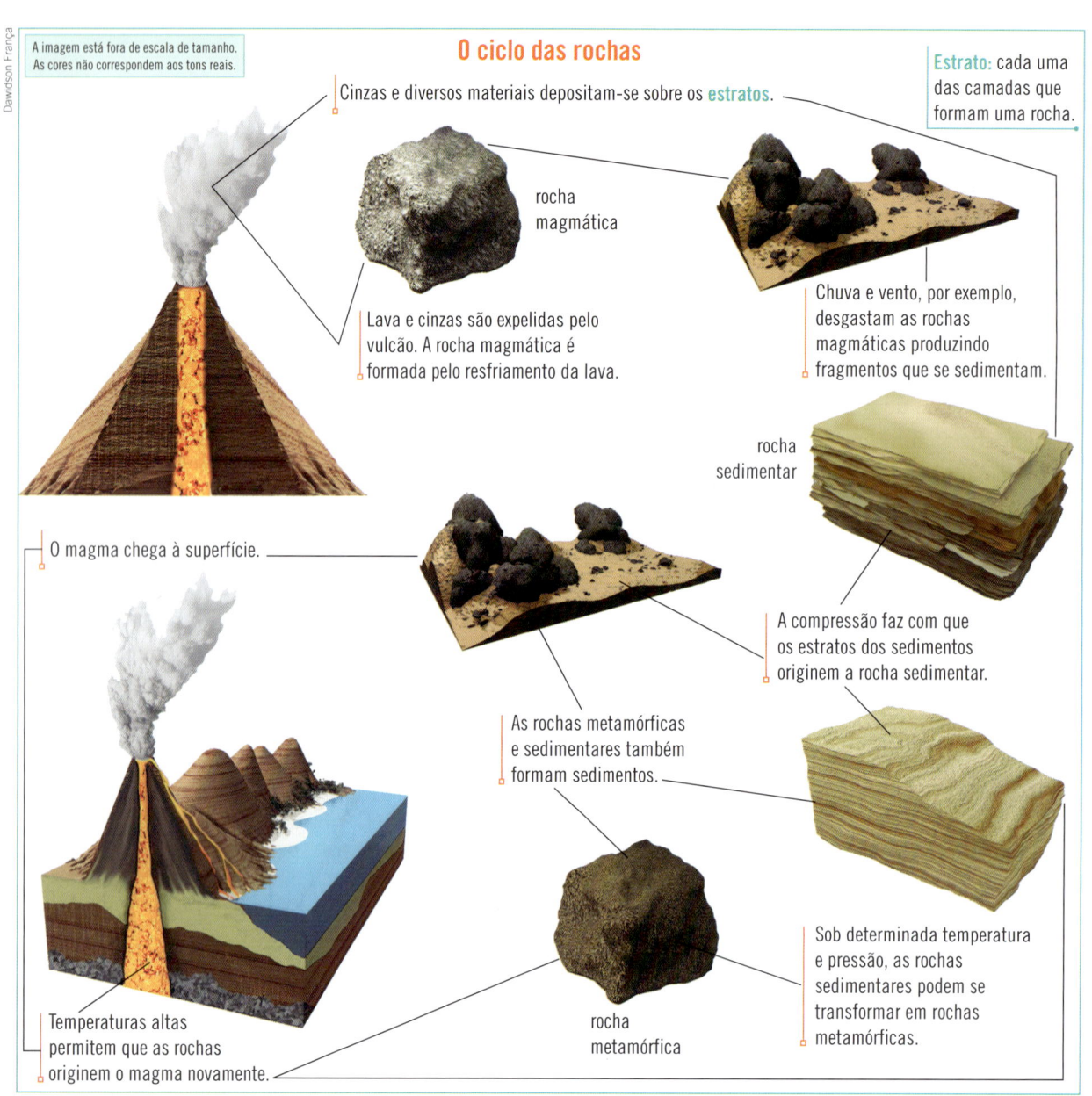

A imagem está fora de escala de tamanho. As cores não correspondem aos tons reais.

Cinzas e diversos materiais depositam-se sobre os **estratos**.

Estrato: cada uma das camadas que formam uma rocha.

rocha magmática

Lava e cinzas são expelidas pelo vulcão. A rocha magmática é formada pelo resfriamento da lava.

Chuva e vento, por exemplo, desgastam as rochas magmáticas produzindo fragmentos que se sedimentam.

rocha sedimentar

O magma chega à superfície.

A compressão faz com que os estratos dos sedimentos originem a rocha sedimentar.

As rochas metamórficas e sedimentares também formam sedimentos.

Sob determinada temperatura e pressão, as rochas sedimentares podem se transformar em rochas metamórficas.

Temperaturas altas permitem que as rochas originem o magma novamente.

rocha metamórfica

Ilustração produzida com base em: ATLAS do extraordinário: formação da Terra. Madrid: Ediciones del Prado, 1996. v. 1. p. 52-3 e 58.

Experimento da hora

Observando as rochas

Observe uma peça de granito e uma de mármore.

1 Faça, em seu caderno, uma tabela como a apresentada a seguir. Preencha-a com as informações obtidas a partir da observação das características das rochas.

Nome da rocha	Quantas cores você vê?	Quais são as cores que você vê?
Granito		
Mármore		

2 Formule uma explicação para a presença de diferentes cores em algumas rochas.

Atividades

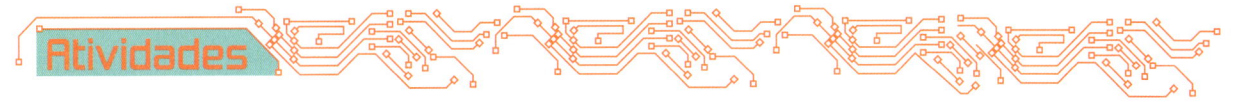

Reveja

1 Faça uma lista dos materiais de sua casa que são rochas ou que se originaram delas.

2 Faça no caderno um desenho do interior da Terra, indicando suas diferentes camadas. Onde se encontra o magma? Onde há grande quantidade de ferro e níquel?

3 O esquema abaixo apresenta três tipos de rocha: **A**, **B** e **C**. Identifique-as no caderno de acordo com os nomes dos três tipos que vimos neste capítulo. Utilize as dicas presentes no esquema.

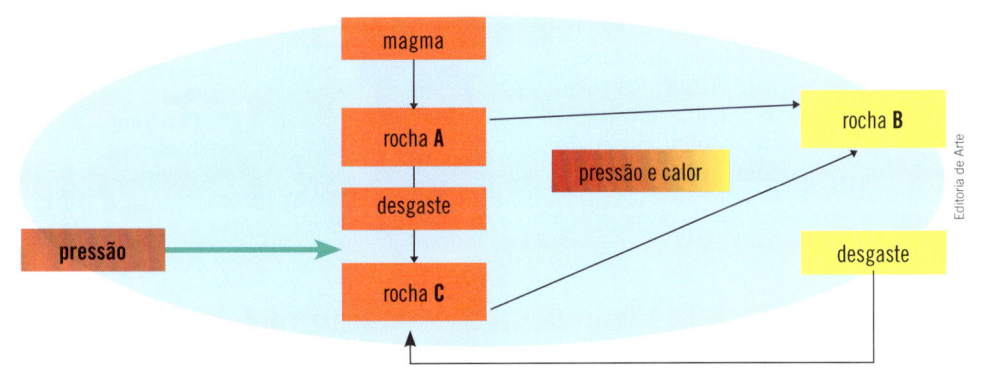

4 Qual alternativa apresenta um exemplo de rocha magmática, sedimentar e metamórfica, respectivamente?

a) Granito, ardósia e mármore.
b) Granito, mármore e varvito.
c) Granito, varvito e ardósia.
d) Ardósia, varvito e granito.
e) Ardósia, mármore e varvito.

Explique

5 Que argumentos você pode usar para convencer uma pessoa de que o interior do nosso planeta é muito quente?

desafio Dentre os detritos que se acumulam e que dão origem às rochas sedimentares, podem existir restos ou partes de seres vivos que ficam preservados como fósseis. A parte inferior do esquema representa um corte de uma rocha sedimentar.

Em que camada devem se encontrar os fósseis de organismos que viveram há mais tempo? Justifique a sua resposta.

2 Os minerais

É difícil irmos a algum lugar em que não haja a presença de minerais ou de objetos que foram obtidos deles. Estudando a história da humanidade, percebemos que os minerais tiveram importante papel no modo de vida das pessoas.

▶ Máscara mortuária do faraó Tutancâmon, feita de ouro, esmalte, vidro, entre outros componentes. Museu do Cairo. Egito, 1324 a. C.

Rede do tempo

Artefatos de antigas civilizações

Os minerais estão presentes em artefatos produzidos pelos humanos, desde a Pré-História até os dias de hoje.

Os gregos e egípcios antigos já fabricavam joias de ouro, cobre, prata e pedras preciosas.

Na Idade Média foram produzidos muitos artefatos utilizando metais, como o arado, que trouxeram grandes benefícios para os povos daquela época.

Civilizações indígenas americanas, como os maias, astecas e incas, utilizavam o ouro em vários artefatos. Em algumas delas o ouro representava o poder do Sol.

Na China foram descobertas várias peças feitas de jade, que decoravam os palácios e ornamentavam os nobres.

◀ Joia grega.

Objeto de jade chinês. ▶

◀ Máscara de ouro inca (Museu do Banco Central de Reserva do Peru), em Lima.

As principais propriedades dos minerais

Os minerais são materiais que constituem as rochas. Há muitos minerais conhecidos, alguns abundantes no planeta e outros muito raros. Eles se distinguem uns dos outros por suas propriedades. São elas que permitem diferenciar, por exemplo, um cristal de quartzo de um cristal de diamante e também definir sua utilização. **Cor**, **brilho**, **hábito** e **dureza** são algumas dessas propriedades.

Cor

Há minerais incolores e outros que apresentam diferentes cores: amarela, verde, azul, vermelha, branca, cinzento-clara ou escura, preta, marrom, entre outras.

Muitos minerais, sob a forma de pó, são usados como pigmentos em função da coloração que apresentam. A azurita, por exemplo, está presente na composição de alguns tipos de tintas azuis. A hematita é usada como pigmento vermelho-sangue. O mineral rutilo não é branco, por causa da presença de impurezas, mas, quando purificado, fornece o pigmento dióxido de titânio, que tem cor branca e é usado nas indústrias de tintas, no líquido corretor, conhecido como "branquinho", e na composição de papel, plástico, verniz, em próteses ósseas, implantes dentários etc.

▲ Malaquita – um mineral verde.

▲ Azurita.

Brilho

Há minerais que têm brilho semelhante ao dos metais. Diz-se que, nesse caso, apresentam brilho metálico. Há também os que podem ser caracterizados como de brilho não metálico e os que são foscos, ou seja, sem brilho. Entre os de brilho não metálico estão os de brilho vítreo (semelhante ao do vidro), sedoso (semelhante ao da seda) e gorduroso (com aparência de um objeto ligeiramente engordurado).

O brilho metálico da prata é a propriedade que permite seu uso na produção de espelhos. A superfície refletora é composta de uma fina camada de prata coberta por uma tinta protetora. A reflexão regular da luz que incide nesse metal caracteriza o espelho.

ilmenita – um mineral de brilho metálico

gipsita – um mineral de brilho não metálico (sedoso)

pirolusita – um mineral fosco

◀ A cor se relaciona com a absorção da luz visível pelo mineral e o brilho depende do modo como a luz é refletida pelo material.

@ Explore

Produção de espelho ao longo do tempo

Por volta de 5 mil anos atrás, na região da antiga Suméria, atual Iraque, surgiram os primeiros espelhos feitos de placas de bronze polidas com areia e que, portanto, não forneciam imagens muito nítidas. Os espelhos como conhecemos hoje, feitos de vidro e uma camada fina de metal, só surgiram no final do século 14, com os artesãos de Veneza, na Itália. Os metais utilizados pelos artesãos venezianos eram mercúrio e estanho.

Consulte os *sites*: <http://ftd.li/gn6o2g> e <http://ftd.li/vszvkg>. Acessos em: 28 mar. 2014.

- Qual dos metais poderia prejudicar a saúde dos artesãos venezianos?

turmalina – um mineral com hábito cristalino (prismático)

Hábito

Alguns minerais têm aspecto maciço, compacto, sem forma geométrica bem definida. Outros são cristalinos (transparentes ou não), ou seja, apresentam faces e ângulos sob forma de cristais com os mais diferentes aspectos, como cubos, prismas e octaedros. Há os granulares (constituídos por grãos aglomerados entre si), os de aspecto terroso (lembrando torrões de terra), os esferoidais, ou seja, bem arredondados (lembrando esferas). Outros, ainda, têm aspecto laminar, formados por lâminas superpostas, ou fibroso, formados por fibras.

Esses diferentes aspectos externos dos minerais são chamados **hábitos**, os quais dependem da ordenação interna (arranjos) de cada um deles.

O hábito é uma propriedade importante para a identificação dos tipos de minerais que compõem uma amostra de rocha.

limonita – um mineral com hábito terroso

serpentina (também conhecida como asbesto ou amianto) – um mineral com hábito fibroso

Dureza

A dureza de um mineral é definida como a resistência que ele apresenta quando se tenta riscá-lo com outro mineral ou um objeto qualquer. Quando um mineral é riscado por outro mineral e forma-se nele um sulco, diz-se que a dureza do mineral que foi riscado é menor do que daquele que o riscou.

Observe as imagens.

psilomelanita – um mineral com hábito esferoidal

▲ Hábito das rochas.

A

B

Na imagem **A**, um instrumento de corte que possui em sua ponta um mineral é pressionado sobre uma placa de vidro para cortá-la. O resultado está representado na imagem **B**.

Pense e responda

- Que material apresenta maior dureza: o vidro ou o mineral que se encontra na ponta do instrumento de corte? Justifique.

Para determinar a dureza, utiliza-se comumente uma escala, conhecida como **escala de Mohs**, cujos valores variam de 1 a 10. Nela, o valor 1 foi atribuído ao talco, o mineral de menor dureza que se conhece, e o valor 10 foi atribuído ao diamante, o mineral de maior dureza. Entre esses dois extremos, outros minerais foram incluídos, atribuindo-se a eles diferentes valores de dureza. A imagem seguinte mostra essa escala.

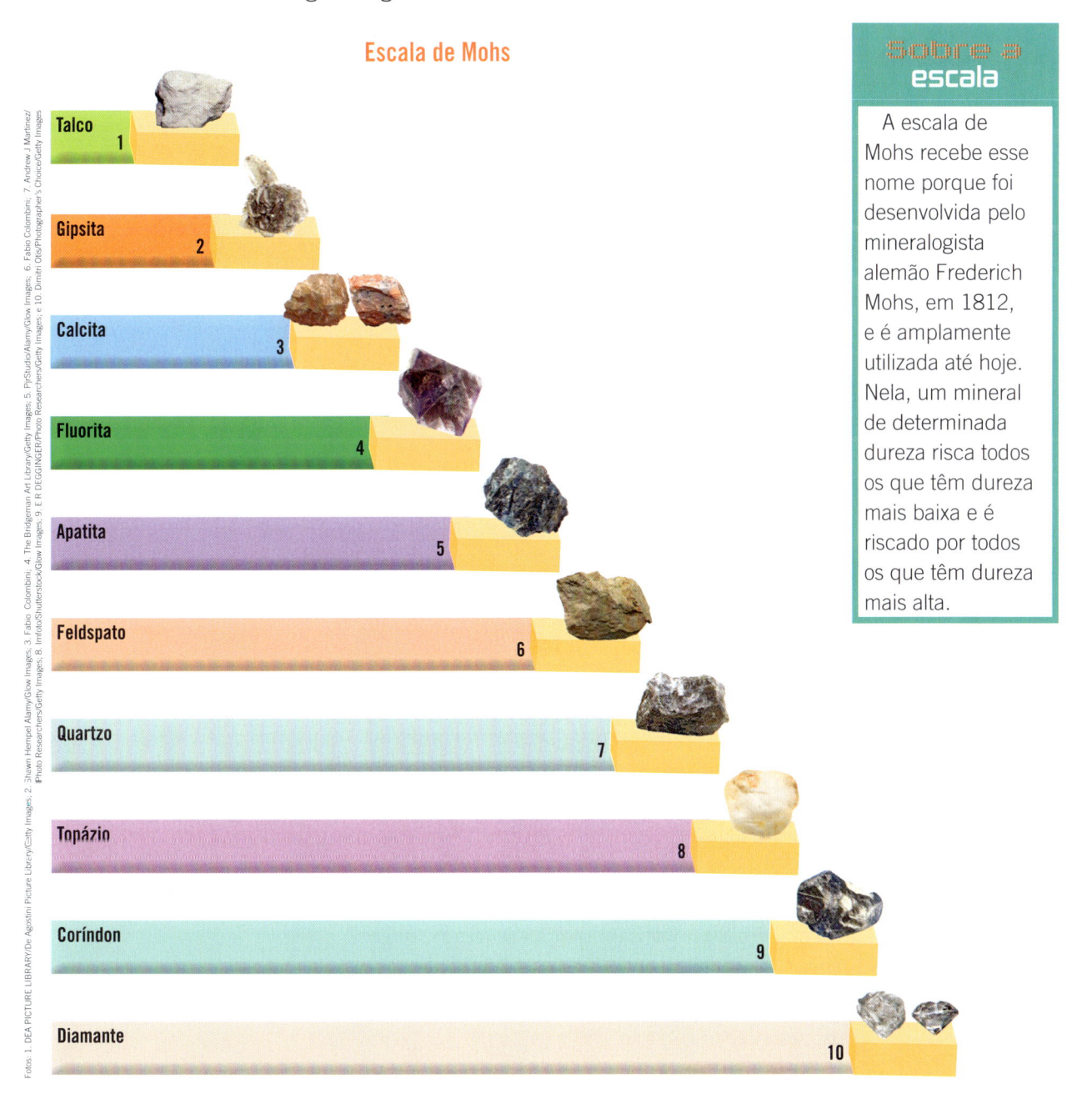

Escala de Mohs

Mineral	Dureza
Talco	1
Gipsita	2
Calcita	3
Fluorita	4
Apatita	5
Feldspato	6
Quartzo	7
Topázio	8
Coríndon	9
Diamante	10

Sobre a escala

A escala de Mohs recebe esse nome porque foi desenvolvida pelo mineralogista alemão Frederich Mohs, em 1812, e é amplamente utilizada até hoje. Nela, um mineral de determinada dureza risca todos os que têm dureza mais baixa e é riscado por todos os que têm dureza mais alta.

Rochas compostas de minerais de alta dureza são usadas, por exemplo, como revestimento de pisos. Um ambiente público, em que o tráfego de pessoas é intenso, exige um piso que tenha uma dureza alta. Nesse caso, o uso de granitos (dureza 6) é preferível ao de mármores (dureza 3). O aeroporto de Congonhas, em São Paulo, apresenta um piso quadriculado composto por uma mistura de mármore branco e granito preto.

Minerais nos materiais de construção

Vários metais usados na construção civil são obtidos de minerais. Além disso, muitos materiais de construção contêm minerais ou provêm deles. A tabela a seguir mostra alguns exemplos.

Mineral	Utilização na construção civil
Gipsita	Gesso.
Quartzo	Constituinte da areia; uso em pisos especiais.
Caulim (argila muito pura)	Cimento, porcelanas.
Calcita (calcário)	Fabricação de cimento, cal viva e cal hidratada; pedras de revestimento (mármore).

Os minerais são constituintes das rochas e, consequentemente, existem em todo o planeta. Entretanto, sua distribuição não é uniforme. Há locais em que são encontradas rochas ricas em minerais, como a hematita, e outros em que as rochas são ricas em calcita, e assim por diante.

Nesses locais estão as jazidas minerais. Para que possam ser aproveitados, os minerais precisam ser extraídos delas.

Muitas vezes os minerais úteis estão concentrados e têm valor econômico. Nesse caso, passam a ser chamados de minérios. No Brasil, há muitas jazidas de diferentes minerais.

Jazida: depósito natural de uma ou mais substâncias.

@ Explore

A extração de ouro na Amazônia

Na década de 1980, ao sul do estado do Pará, aconteceu uma corrida do ouro que atraiu um grande número de garimpeiros para o local. A extração do ouro é feita com o uso de substância tóxica, o mercúrio. O ambiente sofre com a remoção de grande volume de solo e a alteração no curso de rios. Além disso, há o impacto social, pois os garimpeiros invadem territórios indígenas da região.

No início de 1990 ainda havia mais de 200 garimpos na região, produzindo 35 toneladas de ouro por ano. A poluição ambiental resultante do uso de mercúrio na extração do ouro é grande, pois para 1 kg de ouro produzido, 1,3 kg de mercúrio é liberado para o ambiente. Quais são os problemas causados pelo mercúrio lançado no ambiente?

Faça uma pesquisa sobre o tema: "A contaminação ambiental pelo mercúrio usado na extração do ouro". Procure informações para responder às seguintes questões:

1. Como o mercúrio é usado para a extração do ouro?
2. Como o mercúrio liberado no ambiente pode contaminar os garimpeiros e demais pessoas que vivem na região?
3. Que efeitos o acúmulo de mercúrio provoca no corpo do ser humano?

Pesquise em *sites*, organize um resumo das principais informações obtidas e discuta, em classe, possíveis soluções para o problema.

Sugestões de *sites* para consulta:
- <http://ftd.li/biecd8>. Acesso em: 28 mar. 2014. Leia o trecho: "Doenças causadas pelo mercúrio".
- <http://ftd.li/wgpwft>. Acesso em: 28 mar. 2014. Vídeo da TVBrasil sobre a contaminação de peixes por mercúrio.

Fórum

Alguns países necessitam importar os minerais que lhes faltam e há aqueles que têm determinados minerais em abundância, podendo exportá-los.

São vários os países cuja sobrevivência econômica depende, em grande parte, da exploração de suas jazidas minerais. Os minerais são recursos não renováveis. Assim, com a contínua utilização, suas jazidas tendem a se esgotar mais cedo ou mais tarde.

O Brasil é considerado um dos países mais ricos do mundo em jazidas dos mais diferentes minerais. Algumas delas já foram praticamente esgotadas e outras estão em plena exploração.

Observe a foto da área abandonada de um garimpo. O principal e mais característico impacto causado pela mineração é o que se refere à degradação da paisagem. Uma das maneiras de recuperar áreas como essa é a reposição da terra e o plantio de mudas. Porém, nem todos os projetos tem como preocupação a recuperação ambiental.

◀ Região onde era o garimpo de ouro do Juruena (MT), 2007.

- Discuta: O que pode ser feito nessa área para compensar o impacto ambiental produzido pela exploração mineral?

A Terra

São Paulo: Ática, 1998. (Atlas Visuais). Entre os assuntos estão: mecanismos de funcionamento dos componentes da Terra e dos fenômenos que nela ocorrem; vulcões, cavernas, ciclo, classificação das rochas; rios, oceanos, geleiras, lagos e águas subterrâneas; atmosfera, clima.

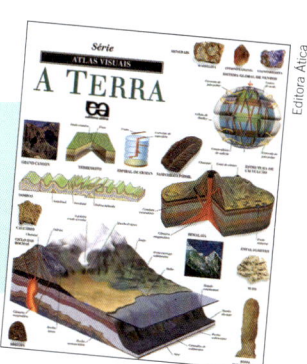

Atividades

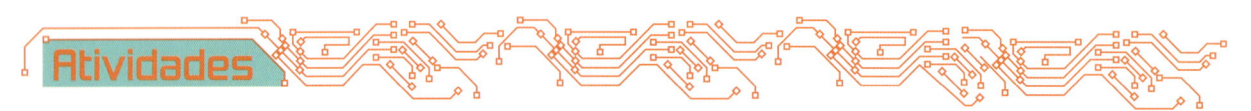

Reveja

1 Considere a tabela a seguir e uma amostra de mineral que tenha estas propriedades: incolor; brilho não metálico (vítreo); hábito cristalino. Essa amostra pode ser de quais minerais, entre os que estão na tabela?

Propriedades de alguns minerais				
Mineral	**Cores mais comuns**	**Brilho**	**Hábitos mais comuns**	**Dureza**
Calcita	Branco ou incolor. Às vezes cinza, marrom, vermelho, castanho.	Não metálico (em geral, vítreo).	Cristalino. Às vezes granular ou fibroso.	3
Calcopirita	Amarelo.	Metálico.	Maciço, granular.	3,5 a 4
Fluorita	Incolor, amarelo, verde, violeta, azul.	Não metálico (vítreo).	Cristalino (cúbico, octaédrico).	4
Gipsita	Incolor, amarelado, branco.	Não metálico (em geral, sedoso).	Fibroso, laminar, granular.	2
Mica (muscovita)	Incolor, esverdeado, castanho-claro.	Não metálico.	Laminar.	2 a 2,5
Pirita	Amarelo.	Metálico.	Maciço, granular, cristalino (cúbico ou octaédrico).	6 a 6,5
Quartzo	Incolor, às vezes amarelo, castanho, rosa.	Não metálico (vítreo, gorduroso).	Cristalino (prismático), maciço.	7

2 Se o mineral da questão anterior tiver dureza 7, qual será esse mineral?

3 Os vidraceiros usam ponteiros adiamantados para cortar o vidro. Que propriedade do diamante permite que ele seja utilizado para essa finalidade?

Explique

4 Considere dois anéis, um deles com um pequeno cristal de diamante e o outro com um cristal de quartzo do mesmo tamanho. Ambos os cristais são incolores e foram lapidados de modo que ficassem com o mesmo aspecto.

a) Como um profissional saberia afirmar que um anel é de diamante e não de vidro?

b) Proponha um procedimento que permita distinguir os cristais dos dois anéis.

desafio Analise a tabela e responda às questões.

Nome dos grãos	Tamanho
Argila	Inferior a 0,002 mm
Silte	0,002 mm a 0,05 mm
Areia fina	0,05 mm a 0,2 mm
Areia grossa	0,2 mm a 2,0 mm
Cascalho	2,0 mm a 20,0 mm

Fonte: ASSOCIAÇÃO BRASILEIRA DE NORMAS TÉCNICAS. **NBR 6502**: Técnicas – terminologia – rochas e solos. Rio de Janeiro, 1995.

a) Você tem uma mistura de areia e deseja separar a areia fina da areia grossa usando uma peneira. Que tamanho devem ter os furos da peneira?

b) Velas de porcelana usadas em filtros para água retêm grãos de argila. Que tamanho devem ter os poros dessas velas?

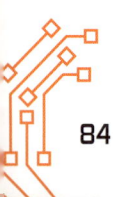

Para ler o texto científico

Mais ouro sob a floresta

No sul do Pará, entre os rios Tapajós e Jamanxim, dois morros discretos escondem dois dos mais antigos vulcões do mundo, [...]. Debaixo deles, a uma profundidade que varia de 100 metros a um quilômetro, podem existir, em meio às rochas, amplos depósitos de ouro, prata, zinco, cobre e molibdênio [...].

Se as prospecções confirmarem o que indicam os modelos geológicos da equipe paulista, a Província Aurífera do Tapajós, como é conhecida a região, pode abrigar reservas de ouro dez vezes maiores do que se estimava [...].

Mas os geólogos têm outro motivo para comemorar: os vulcões praticamente não sofreram erosão nem a ação das movimentações da crosta terrestre e se encontram bastante preservados. Atualmente, um deles tem 200 metros de altura e 1,7 quilômetro de diâmetro, e o outro, 300 metros e diâmetro ainda desconhecido. [...]

Por essa razão, os pesquisadores acreditam que podem obter informações sobre a atmosfera terrestre de 2 bilhões de anos atrás por meio da análise dos isótopos (átomos de um mesmo elemento químico com massas diferentes) armazenados em minúsculas inclusões de líquidos e gases encontrados em minerais do vulcão, além de compreender melhor como se formou a porção da crosta que constitui a Amazônia.

[...] A análise de imagens de satélite e radar, somada ao estudo da composição das rochas e dos minerais, mostrou que os dois vulcões integram uma área que apresentou intensa atividade vulcânica naquele período e permaneceu ativa por até quase 40 milhões de anos.

[...] À medida que as erupções cessaram, o magma do interior da crosta terrestre e da superfície se resfriou e, em seguida, solidificou-se, gerando, respectivamente, as rochas magmáticas profundas (plutônicas) e as vulcânicas. Foi nesse processo que o magma liberou líquidos e vapores – os fluidos hidrotermais – que precipitaram minerais formados por elementos químicos como oxigênio, enxofre e hidrogênio, hoje estudados por poderem revelar detalhes sobre a temperatura e a composição dos fluidos daquele período.

[...]

MAIS ouro sob a floresta. In: PESQUISA FAPESP ONLINE. São Paulo: Fapesp, nov. 2002. Disponível em: <http://ftd.li/aju4v4>. Acesso em: 24 abr. 2014.

Com base nas condições que determinaram a formação das rochas da região do sul do Pará, os geólogos fazem suposições sobre como deve ser a constituição química dessas rochas.

A certeza de qual era a temperatura e a composição dos líquidos de períodos passados longos é dada pela quantidade e qualidade das informações obtidas em materiais atuais, como a composição das rochas profundas e de amostras de ar que ficaram retidas em poros dos minerais.

A partir de análises e informações obtidas no presente, podemos supor como era a Terra no passado. Assim, com amostras de gases que ficam retidas nas geleiras, são estudadas as características do ambiente no período da formação dos polos Norte e Sul e ainda ajudam na determinação do clima do passado nos polos da Terra.

1 Segundo informações dos geólogos, foi descoberto ouro no local de pesquisa?

2 Que informações permitiram que se inferisse a altura e o desgaste dos vulcões extintos há 40 milhões de anos no sul do Pará?

3 Quais as importâncias da descoberta realizada?

No laboratório

Permeabilidade do solo

Você viu na página 70 que as partículas do solo têm tamanhos diferentes: areia (grãos bem grossos); silte ou limo (grãos mais finos); e argila (grãos muito finos). Viu também que o tamanho dos grãos interfere na permeabilidade do solo.

- Os vários tipos de solo têm grãos de tamanhos diversos. Como o tamanho dos grãos pode influenciar a retenção de água do solo?

Material

- dois copos
- colher para pegar amostra de solo
- dois funis de plástico
- duas folhas de filtro de papel
- etiquetas
- dois sacos plásticos
- água
- duas amostras de solo

Procedimento

A. Colete duas amostras de solo (uma de um tanque de areia e outra de uma horta ou jardim) e deixe secar por um dia. As amostras devem ser colocadas em quantidades iguais, uma em cada saco plástico.

Coloque o filtro de papel nos funis e os posicione sobre os copos identificados com o nome de cada amostra (terra e areia).

B. Em seguida, coloque a mesma quantidade das duas amostras nos respectivos funis. As amostras devem estar bem esfareladas.

Com a montagem preparada, despeje 100 mL de água em cada amostra.

C. Depois, espere 15 minutos, meça a quantidade de água que há em cada copo e compare com a quantidade de água que foi inicialmente adicionada para saber se há ou não 100 mL.

- O que você espera que aconteça com a quantidade de água que cairá em cada um dos copos?

Registre

Faça uma tabela como esta no caderno e registre os resultados.

Amostra	Quantidade de água presente no copo	Quantidade de água retida na amostra
Tanque de areia		
Terra de jardim		

Compartilhe

Com base nos resultados apresentados, responda:

1. Qual amostra deixou passar mais água?
2. Qual amostra reteve mais água?
3. Qual amostra possui solo mais permeável?
4. Qual amostra possui solo menos permeável?
5. A partir das respostas anteriores, podemos determinar qual das amostras possui grãos maiores em sua composição? Por quê?
6. Como o tamanho dos grãos pode influenciar a retenção de água do solo?

As características de cada amostra de solo dependem não só da composição da rocha-mãe que originou os grãos, mas também dos resíduos que as enxurradas e os ventos trouxeram de outros locais. Dependem também dos materiais provenientes dos restos de seres vivos decompostos, da própria cobertura vegetal presente no local e da quantidade de minerais dissolvidos na água desse solo.

Permeabilidade é a capacidade que certos corpos ou substâncias têm que deixam passar outras substâncias por entre seus poros ou espaços.

A permeabilidade de um solo depende do tamanho e da quantidade de grãos que o formam.

▲ Veja outra forma de realizar o experimento de permeabilidade do solo.

Unidade 4

Nesta unidade

- Características do solo.
- Vida no solo.
- Resíduos sólidos e o solo.
- Destino dos resíduos sólidos.
- Reduzir, reaproveitar e reciclar: compromisso com o meio ambiente.
- Desmatamento, queimadas e o uso do solo.

O solo, os organismos e os resíduos sólidos

A imagem mostra uma área desmatada para a produção de grãos.

- Do ponto de vista ambiental, o que você acha que pode ocorrer nesse ambiente em que uma grande área foi desmatada?

> **@mais**
>
> Leia a matéria jornalística sobre a exploração ilegal de madeira no Pará em <http://ftd.li/9qjeti> (acesso em: 07 de jun. 2014) e responda às questões.
>
> 1. Qual a diferença entre desmatamento e retirada ilegal de madeira em uma floresta?
> 2. Que modificações podem ocorrer em uma floresta que tem parte de suas árvores retiradas?

O desmatamento de grandes áreas não afeta apenas a vegetação, degrada também o solo, seja pelo acúmulo de resíduos sólidos ou pela redução dos organismos que contribuem para seu bom desenvolvimento. O uso do solo precisa ser acompanhado de estudo minucioso e integrado desses e de outros fatores.

◀ A área de desmatamento termina nos limites da reserva indígena no estado do Pará, 2013.

1 Conhecendo o solo

O solo pode ser entendido sob diversos pontos de vista, considerando os tipos e tamanhos das partículas, dos minerais e dos compostos químicos, além do uso que lhe é dado, entre outros.

Pense e responda

Observe as imagens.

1. Quais dessas superfícies podem ser chamadas de solo?

2. Em qual desses ambientes você espera encontrar maior diversidade de seres vivos? Justifique.

▲ Dunas de uma praia.

▲ Corte sob vegetação.

A imagem está fora de escala de tamanho. As cores não correspondem aos tons reais.

Por exemplo, para o agricultor e o pecuarista, o solo é o meio necessário para o desenvolvimento das plantas e a criação de animais; para o engenheiro civil, o solo é o material utilizado como fundação para a construção de edifícios e casas; para o geólogo, é o resultado das alterações ocorridas nas rochas da superfície do planeta.

Uma definição simples, que se adapta a diversos propósitos, considera o solo como o produto do desgaste de rochas e minerais da crosta terrestre, no qual animais, plantas e microrganismos interagem.

Um solo maduro tem um perfil composto de camadas distintas. Observe o esquema de solo mostrado ao lado (a espessura de cada camada apresenta grande variação).

Os horizontes (camadas) do perfil de solo são identificados conforme a sua composição: horizonte **O** – rico em restos de animais e vegetais mortos; horizonte **A** – rico em matéria mineral e húmus, com alta atividade biológica; horizonte **E** – geralmente de coloração mais clara, rico em material argiloso, matéria orgânica e composto de ferro e alumínio; horizonte **B** – material rico em argila e composto de ferro e alumínio; horizonte **C** – rocha alterada formada por fragmentos maiores da rocha-mãe.

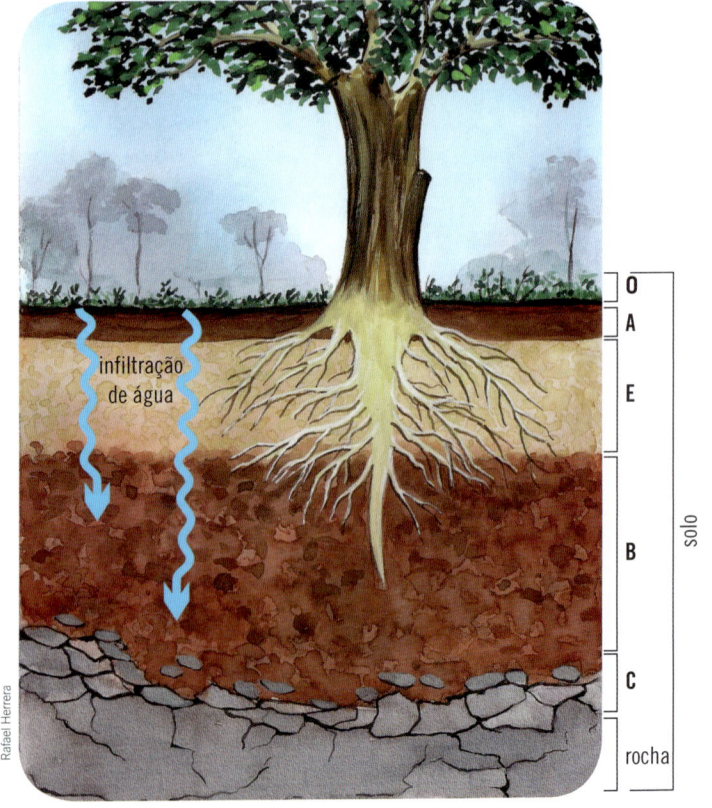

▲ Perfil do solo.

Matéria orgânica: restos de animais e vegetais.

Vida no solo

Muitos seres vivos se abrigam ou vivem permanentemente no solo, provocando muitas transformações na sua superfície e nas camadas inferiores. Esses seres interferem na penetração da água e do ar, importante para a própria vida do solo.

Minhocas, formigas, cupins, piolhos-de-cobra, larvas de inseto, lesmas terrestres, tatus, além de plantas são alguns dos seres vivos que vivem ou se abrigam no solo.

Pense e responda

Esta imagem representa o corte de um solo. Entre os seres vivos representados na figura estão alguns que vivem exclusivamente no solo, outros se escondem embaixo de troncos e folhas, enquanto outros fazem tocas onde descansam e se protegem de seus inimigos naturais.

- Analise a figura e identifique os seres vivos que auxiliam a entrada de água e de ar no solo.

Corte de um solo mostrando os seres vivos presentes nele.

A imagem está fora de escala de tamanho. As cores não correspondem aos tons reais.

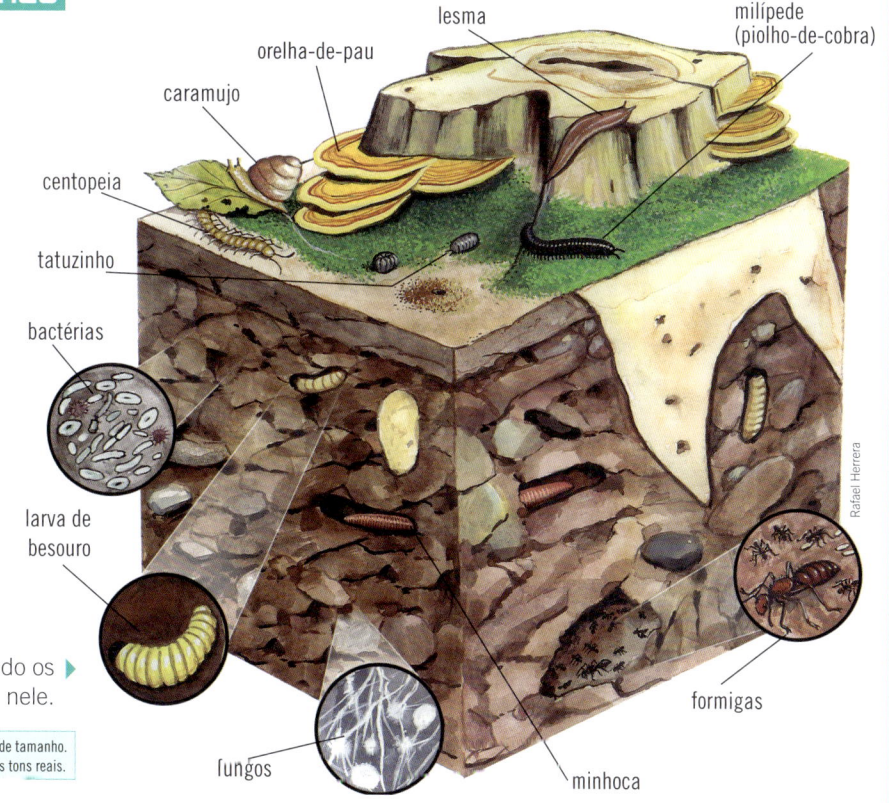

Ao construírem seus túneis, os tatus, minhocas, cupins, formigas e larvas de outros insetos revolvem os grãos de terra e mudam o aspecto do terreno. Além disso, deixam suas fezes e restos de comida, que servem de alimento para os microrganismos, principalmente bactérias e fungos. A decomposição realizada por esses seres permite que o solo fique rico em húmus, fonte de sais minerais para todos os seres vivos. Os túneis construídos por animais e o crescimento das raízes das plantas favorecem a entrada do ar e da água das chuvas no solo.

📖 O solo e a vida

RODRIGUES, Rosicler M. Editora Moderna, 2013. O livro mostra a importância do solo e das rochas e discute a necessidade de preservar esses recursos da Terra. É preciso conhecer esses presentes que a natureza nos deu, para usufruir sem destruir.

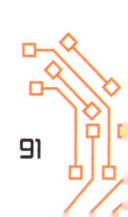

Experimento da hora

Ação dos seres vivos no solo

Observe o seguinte caso.

Um agrônomo estava interessado em saber qual a influência de minhocas e formigas na quantidade de alguns nutrientes disponíveis para as plantas no solo.

Para verificar isso, preparou um experimento com três diferentes áreas de solo.

Na área **A**, ele colocou minhocas. Na área **B**, ele colocou formigas. Na área **C**, ele não deixou que nenhum animal se instalasse, cobrindo-a com um plástico transparente.

Após algum tempo, ele coletou uma amostra de solo de cada área. Em seguida, analisou sua composição no que diz respeito às quantidades de nitrogênio, cálcio e potássio. Esses nutrientes são importantes para o crescimento e o desenvolvimento dos vegetais. Com os dados encontrados, produziu o seguinte gráfico:

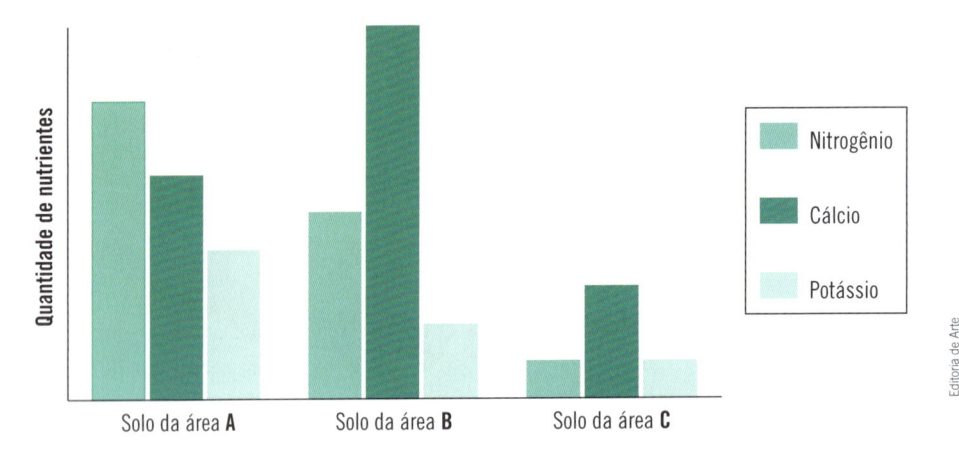

1. Em qual das amostras o agrônomo encontrou mais nitrogênio?

2. Em qual das amostras o agrônomo encontrou mais cálcio?

3. Em qual das amostras o agrônomo encontrou mais potássio?

4. Por que o agrônomo preparou uma área sem minhocas e sem formigas?

5. Esse experimento permitiu constatar que formigas e minhocas alteram a composição do solo? Explique sua resposta.

Experimentos planejados e controlados podem avaliar a ação dos seres (animais, plantas e microrganismos) que vivem no solo. Os conhecimentos produzidos pelos cientistas são utilizados pelas pessoas que trabalham no campo, como pecuaristas, agricultores, biólogos, engenheiros ambientais, entre outros.

Os microrganismos do solo

Uma enorme quantidade e diversidade de seres microscópicos habitam o solo. Alguns podem ser vistos com o uso de uma lupa de mão. Esses seres minúsculos são muito importantes para garantir a fertilidade do terreno. Colêmbolos, fungos, ácaros, protozoários e bactérias são alguns deles.

Colêmbolo: pequeno animal que vive no solo, geralmente menor que 3 mm de comprimento.

▲ Fungo do gênero *Aspergillus* é encontrado no solo. (Aumento aproximado de 450 vezes e colorido artificial.)

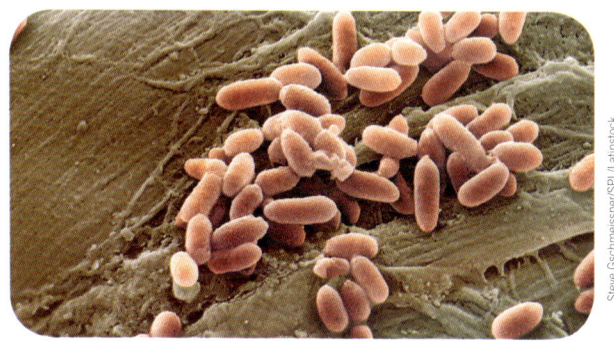

▲ Bactérias do gênero *Pseudomonas* encontradas no solo. (Aumento aproximado de 3 700 vezes e colorido artificial.)

▲ O colêmbolo alimenta-se de matéria orgânica do solo. (Aumento aproximado de 10 vezes e colorido artificial.)

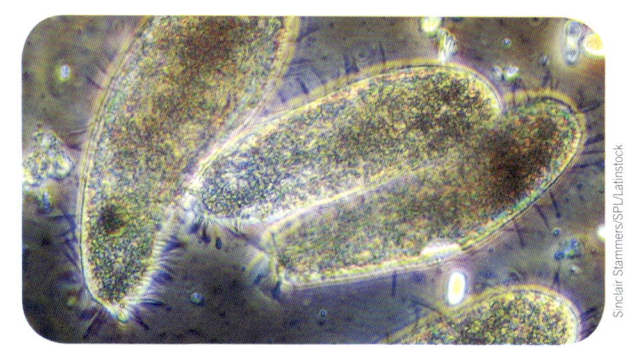

▲ Protozoários ciliados que vivem na água entre as partículas do solo. (Aumento aproximado de 200 vezes e colorido artificial.)

A diversidade e a quantidade de microrganismos do solo variam com a temperatura, a umidade, a quantidade de restos orgânicos e a composição química e física das partículas. Um grama de solo pode conter 10 bilhões de microrganismos. São conhecidas mais de 110 mil espécies de microrganismos de solo e milhares ainda são desconhecidas.

Seres decompositores, como fungos e bactérias, colaboram no processo de decomposição de restos de animais, plantas e outros seres mortos. Nesse processo, seres que morreram, ou suas partes, sofrem a ação dos decompositores, que aproveitam a matéria orgânica contida nos seres vivos e o restante, já transformado em sais minerais, permanece no solo. Os vegetais absorvem os sais minerais e a água do solo, incorporando-os. Nesse processo, ocorre a fertilização do solo. Esses materiais são conhecidos como substâncias húmicas, ou apenas húmus.

A produção de húmus depende de vários fatores: a quantidade de restos orgânicos, a umidade, a aeração e o calor (temperatura elevada).

Os agricultores procuram manter a fertilidade da terra de diversas maneiras: com fertilizantes químicos e com adubação orgânica. Vários materiais orgânicos são considerados bons adubos, como a torta de mamona, o bagaço de cana e o esterco bovino. A torta de mamona é o resíduo sólido da prensagem das sementes da mamona para a extração de óleo.

Analise o gráfico que compara a rapidez com que a decomposição ocorre em solos com três tipos diferentes de adubação orgânica (bagaço de cana, esterco bovino e torta de mamona).

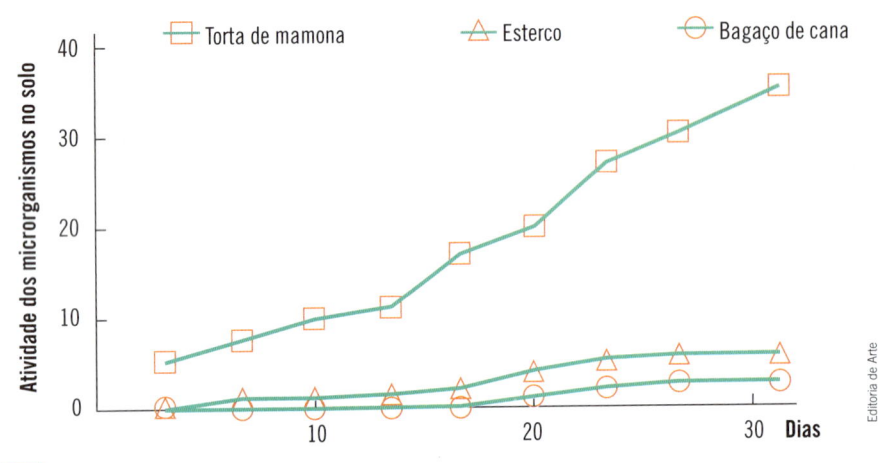

Pense e responda

- Se você fosse um agricultor e precisasse fertilizar o solo o mais depressa possível, quais dos três tipos de materiais orgânicos usaria? Justifique.

Resíduos sólidos

Resíduo sólido (ou lixo) é o conjunto dos produtos não aproveitados das atividades humanas (domésticas, comerciais, industriais, de serviços de saúde). A sociedade produz grande quantidade desses resíduos e boa parte acaba sendo descartada no solo, alterando a sua composição. Os resíduos sólidos que produzimos são de diversos tipos e cada um deles deve receber o tratamento adequado para não contaminar o solo.

A matéria orgânica que compõe os resíduos sólidos (restos de alimentos, por exemplo) eliminados pela sociedade pode ser transformada por microrganismos em húmus, que pode ser usado como adubo em plantações.

No Brasil, aproximadamente 60% dos resíduos sólidos descartados são de matéria orgânica, o que se configura como grande desperdício. A transformação desse material em adubo pode ser feita em uma usina de compostagem. O composto produzido é comercializado como adubo para nutrir as plantas cultivadas e melhorar a estrutura do solo.

Durante o processo de produção do composto é necessário eliminar os possíveis ovos de vermes ou microrganismos patogênicos existentes nos resíduos para não haver contaminação do solo que vai receber esse material.

@ Explore

É possível produzir composto orgânico em casa?

Assista aos vídeos dos *links* <http://ftd.li/kcdecy> e <http://ftd.li/nyrvui> (acessos em: 24 abr. 2014) e responda às questões.

1. Quais as vantagens de ter uma composteira em casa?

2. Que cuidados devem ser tomados para que a composteira não traga transtornos, tais como atrair animais indesejados?

▲ Compostagem caseira.

Poluição do solo

Nas grandes cidades, os resíduos sólidos produzidos pelos moradores e pelas indústrias são um problema de responsabilidade de cada cidadão, das empresas e da administração pública.

É importante que todos os envolvidos na produção de rejeitos, no seu transporte, no seu tratamento e na sua disposição no solo conheçam os riscos e estejam atentos para diminuir o perigo que ele pode oferecer.

O resíduo sólido coletado pode conter componentes que representam perigo para a saúde humana e animal ou para o ambiente. Embalagens de produtos corrosivos, tóxicos, inflamáveis, drogas e medicamentos, curativos e utensílios como agulhas e seringas, alimentos contaminados, rejeitos industriais como mercúrio, chumbo, arsênio são apenas alguns exemplos de resíduos considerados perigosos.

A coleta hospitalar (humana e animal) deve ser realizada por profissionais treinados, pois contém resíduos de medicamentos, microrganismos patogênicos, objetos perfurantes e material radioativo.

Tome nota

Em 2 de agosto de 2010 foi instituída, pela Lei nº 12.305, a Política Nacional de Resíduos Sólidos. De acordo com essa lei, todos os setores da sociedade são responsáveis pelo destino dos resíduos sólidos e devem adotar medidas que protejam o ambiente, bem como a saúde da população.

Riscos de materiais descartados	
Material descartado	**Contaminantes e riscos de acidentes**
Infectantes	Agentes biológicos que apresentam riscos de infecção. Restos de curativos e bolsa de sangue, por exemplo.
Químicos	Produtos inflamáveis, corrosivos ou tóxicos. Exemplo: substâncias para revelação de filmes de raios X e medicamentos para o tratamento de câncer.
Radioativos	Materiais radioativos, como os usados em exames de medicina nuclear.
Perfurocortantes	Objetos e instrumentos que podem cortar ou perfurar. Exemplo: agulhas, lâminas, bisturis e ampolas de vidro.
Comuns	Materiais que não tenham sido contaminados. Exemplo: gesso, luvas, gazes e restos de alimentos.

Rejeito: o que não pode ser reaproveitado ou reciclado.

Os resíduos hospitalares podem espalhar agentes infecciosos e devem ser coletados e tratados adequadamente.

Cada tipo de material coletado em hospital humano ou animal tem um destino apropriado. Quando não é possível a reciclagem dos componentes, o material é tratado para o descarte e posteriormente enviado para incineradores ou aterros sanitários. Dessa forma, evita-se que substâncias perigosas e microrganismos patogênicos cheguem ao solo.

Os rejeitos industriais, em geral, são de responsabilidade da empresa geradora do resíduo, a qual é obrigada a tratá-lo e dispensá-lo em aterros sanitários industriais próprios. A legislação brasileira obriga as empresas de tecnologia (responsáveis pelo lixo eletrônico) a recolher e tratar os componentes de computadores, celulares e outros equipamentos tecnológicos que são dispensados pela população.

Resíduos sólidos eletrônicos.

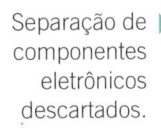

Separação de componentes eletrônicos descartados.

Observe as imagens abaixo e assista ao vídeo <http://ftd.li/v9y6xg> (acesso em: 17 jun. 2014).

▲ Lixão da Estrutural, Brasília (DF), 2011.

▲ Aterro sanitário em Caieiras (SP), 2013.

Pense e responda

- Quais são as principais características que diferenciam o lixão do aterro sanitário?

Destino dos resíduos sólidos

Ainda é muito comum em algumas cidades amontoar os resíduos urbanos recolhidos em um terreno, formando os "**lixões**". Essa prática contamina o solo e a água subterrânea, favorece a proliferação de ratos, baratas, formigas, mosquitos, escorpiões e urubus; além disso, gases malcheirosos são liberados e a área fica com um aspecto desagradável. Os animais que passam pelo lixão se espalham pelo ambiente e podem contaminar alimentos e transmitir doenças à população. As doenças mais comuns relacionadas aos lixões são: cólera, leptospirose, diarreias, hepatite, tétano e dermatite, além de parasitoses.

▲ O lixão representa riscos para a saúde e para o ambiente, pois polui o solo, a água e transmite doenças.

Uma alternativa para a disposição adequada de rejeitos são os **aterros sanitários**, onde os rejeitos são depositados sobre um terreno, cobertos com terra e compactados. Assim dispostos, os rejeitos são transformados por microrganismos. Desse processo sobra uma porção gasosa e uma porção líquida, o **chorume**. A porção gasosa, composta, principalmente, por gás metano e gás carbônico, é queimada nos próprios aterros ou pode ser armazenada e utilizada como combustível. O chorume deve ser drenado e armazenado para tratamento, evitando que contamine os reservatórios subterrâneos de água.

◄ Lixo na rua. O volume nos dá a ideia de quanta matéria-prima desperdiçamos.

Pense e responda

Cada pessoa produz, em média, cerca de 0,7 kg de resíduos por dia (esse valor pode ultrapassar 1 kg em alguns países).

1 Faça as contas: uma cidade com 500 mil habitantes produz, aproximadamente, quantas toneladas de resíduos por dia?

2 O que pode ser feito para reduzir o volume de resíduos depositado no aterro sanitário?

Ilustração produzida com base em: <http://ftd.li/o56gsn>. Acesso em: 24 abr. 2014.

▲ Esquema do processo de uso e destinação final de aterro sanitário. Os aterros sanitários apresentam em geral a seguinte configuração: setor de preparação, setor de execução e setor concluído. Na preparação, a área é impermeabilizada e são feitas as obras de drenagem do chorume, além das vias de circulação. Na execução, os resíduos são separados de acordo com suas características para serem depositados. Ao ser esgotada a capacidade do aterro, ele recebe vegetação e é constantemente monitorado para verificar se os líquidos estão sendo drenados e os gases corretamente destinados.

Um dos graves problemas das grandes cidades é o entupimento das galerias que recolhem a água da chuva. Grande parte dos resíduos que chega nessas galerias é descartada pelo ser humano. A falta de escoamento da água pode provocar enchentes nos locais mais baixos das cidades.

Nós

Cidadão consciente, cidade limpa

- Discuta: que ações e atitudes podem ajudar a manter limpas as ruas das cidades?

Atividades

Reveja

1 Que fatores colaboram para a formação e características dos solos?

2 A camada superficial do solo pode conter microrganismos patogênicos e ovos de parasitas, por isso devemos desenvolver uma técnica para matar todos os seres vivos que o solo abriga, deixando-o livre de microrganismos. Você concorda com essa afirmação? Justifique.

3 Quais os principais problemas que ocorrem em um ambiente de floresta que sofre queimadas?

4 Por que os resíduos dos centros de saúde (hospitais humanos e animais, laboratórios de diagnósticos e tratamento, entre outros) devem ser tratados e incinerados?

5 Por que o aterro sanitário não atrai animais como baratas, ratos e urubus?

Explique

6 Infelizmente, a quantidade de matéria-prima obtida da reciclagem de lixo ainda é muito pequena no Brasil. Essa atividade, no entanto, é muito importante, em termos de sustentabilidade, porque

a) aumenta as áreas de desmatamento de florestas.

b) melhora a qualidade das águas.

c) diminui os efeitos da poluição atmosférica nas cidades.

d) permite que os microrganismos realizem decomposição da matéria orgânica.

e) reduz a utilização de matérias-primas nas indústrias.

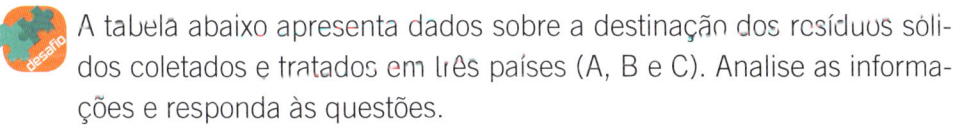

A tabela abaixo apresenta dados sobre a destinação dos resíduos sólidos coletados e tratados em três países (A, B e C). Analise as informações e responda às questões.

Destinação dos resíduos sólidos gerados nos países A, B e C			
	A	B	C
Aterros sanitários	96%	73%	16%
Incineração	0,5%	14%	34%
Reciclagem	0,5%	12%	50%
Compostagem	3%	1%	0%

a) Qual desses países deve ter maior coleta de gás metano?

b) Que país apresenta a menor atividade de mineração para suprir as indústrias de matéria-prima?

2 Reduzir, reaproveitar e reciclar

A principal maneira de diminuir os resíduos é reduzir o consumo de produtos que gerem esses resíduos. As embalagens de produtos industrializados contribuem significativamente para aumentar a quantidade dos nossos resíduos sólidos, por isso devemos reavaliar as nossas ações a fim de gerar benefícios ambientais. Podemos, por exemplo, selecionar os produtos que compramos, dando preferência aos mais duráveis e que gerem menor volume de resíduos; avaliar a possibilidade de doação de um objeto que esteja em condições de uso; considerar e escolher a melhor forma de descartar os resíduos dos produtos consumidos.

Além de evitar o descarte, é interessante a reutilização de materiais que podem ser reaproveitados. O ideal, então, é reduzir o consumo exagerado, reutilizar objetos e reciclar matéria-prima. Reduzindo os resíduos que produzimos estamos também diminuindo as chances de contaminação do solo.

▲ Reaproveitamento: poltrona feita com garrafas PET.

Nas últimas décadas houve aumento da produção e da variedade de produtos que a população consome, tendo por consequência um maior volume de resíduos a ser descartado. Você já prestou atenção na quantidade e variedade de embalagens que acompanham os produtos que consumimos? Será que precisamos de todas elas?

Observe as imagens. Elas mostram maneiras de diminuir o uso de embalagens.

▶ Embalagem com refil.

◀ Utilização de caixas em substituição aos saquinhos plásticos.

Pense e responda

Discuta com o seu grupo e responda.

- Como os consumidores podem colaborar com a redução do volume de resíduos descartáveis?

As embalagens são muito úteis: protegem os produtos contra a sujeira e o ataque de insetos e roedores, conservam os produtos por mais tempo e os deixam mais atraentes, facilitam o transporte e trazem informações importantes para o consumidor. O problema é que, depois de cumprir sua função, elas acabam indo para o lixo.

Muitos dos materiais que descartamos podem ser reciclados. O alumínio é o campeão de reciclagem no país, com índice de 90%, segundo os Indicadores de Desenvolvimento Sustentável de 2010 do IBGE. Para o restante dos materiais, à exceção das embalagens longa vida, os índices de reciclagem variam entre 45% e 55%. A reciclagem reduz o volume de resíduos que chega aos aterros sanitários e aumenta a sua vida útil.

▲ Lote de lixo preparado para reciclagem.

Para viabilizar a reciclagem, é importante que o material reciclável seja separado, recolhido e encaminhado para os locais de processamento.

Papel, vidro, plástico e metais podem ser reciclados transformando-se em matéria-prima para a fabricação de novos produtos. Em muitos locais existem recipientes que recebem materiais para reciclagem, com cores indicativas para cada tipo de material.

Acesse o **objeto digital** desta unidade.

▲ Tipos de recipientes para coleta seletiva.

▶ Recipientes para coleta de resíduos sólidos no Parque Villa Lobos, São Paulo (SP), 2011.

A matéria-prima para a produção de metais, vidro, papel e plástico é extraída do ambiente. Se o material que já foi usado voltar para as indústrias de reciclagem, as retiradas de minério, o corte de árvores e a extração de petróleo serão reduzidos, amenizando a ação do ser humano sobre o ambiente.

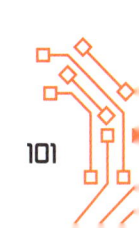

101

@ Explore

Reciclagem no Brasil

Muitos países estimulam e desenvolvem projetos para a coleta e reciclagem de materiais descartados. O Brasil é um dos países que mais reciclam produtos no mundo.

Consulte os *sites*, assista ao vídeo e leia sobre o tema:

Vídeo – Como reciclar seu lixo: <http://ftd.li/nyrvui>. Acesso em: 24 abr. 2014.

Texto – Reciclagem de alumínio: <http://ftd.li/2ce4yr>. Acesso em: 24 abr. 2014.

1. Discuta e proponha uma explicação. Segundo o texto, por que o Brasil é o país que mais recicla alumínio no mundo?
2. De acordo com o vídeo, como a reciclagem pode reduzir a contaminação do solo?
3. O Brasil recicla cerca de 98% das latas de alumínio consumidas. O que pode melhorar, segundo o texto?

Lembre

Não se esqueça dos 3 Rs (Reduzir, Reutilizar e Reciclar)!

Tome nota

Medidas técnicas que reduzem o consumo de matéria-prima no processo de produção industrial e a reciclagem de materiais diminuem a necessidade de extração de matéria-prima do ambiente. As pesquisas científicas e tecnológicas contribuem para que essa redução ocorra.

A reciclagem de materiais permite que a matéria-prima da qual foi feito um determinado objeto seja utilizada para a fabricação de novos objetos. Assim, o alumínio da lata de refrigerante pode, por exemplo, ser utilizado para fazer novas latas. Além disso, é possível reutilizar objetos que seriam descartados, como latas de leite, por exemplo. Elas podem ser utilizadas para guardar parafusos, brinquedos e outros objetos. No entanto, mais importante que reutilizar e reciclar é reduzir a quantidade de produtos usados no dia a dia.

▶ Latas de alumínio podem ser personalizadas para servirem como recipientes para guardar pequenos objetos.

Usos do solo

As características químicas e físicas do solo, associadas às condições climáticas de uma determinada região, garantem a sobrevivência de muitos organismos, bem como impedem a ocorrência de outros. Muitas samambaias, por exemplo, sobrevivem bem nos solos úmidos das regiões quentes do planeta, porém não resistem muito tempo em solo seco e quente ou nos solos gelados dos polos. Entretanto, poucas espécies de seres vivos modificam o ambiente de um modo tão intenso como o ser humano.

Nós interferimos no ambiente com técnicas e equipamentos que movimentam grandes quantidades de terra – um tipo de alteração física –, ou quando adicionamos substâncias que alteram sua composição química. Entre as ações humanas estão o cultivo de alimento, a construção das cidades e estradas e a extração de minérios. A sobrevivência humana depende dos recursos provenientes do solo. Porém, é necessário utilizar tecnologias que interfiram o menos possível no ambiente.

O desmatamento e o cultivo de plantas

Ao longo dos últimos séculos, várias regiões cobertas por vegetação nativa foram desmatadas para dar lugar ao cultivo de plantas e à criação de animais que utilizamos como alimento e nas indústrias.

No Brasil, extensas áreas de mata e campos atualmente estão ocupadas pela agricultura ou servem de pasto para a criação de gado. Para isso, derrubam-se as árvores e outras plantas para deixar a terra livre. A retirada da mata deixa o solo desprotegido e mais sujeito à degradação.

A queimada e o ambiente

Uma das técnicas mais antigas e ainda utilizadas para retirar a vegetação nativa e preparar o terreno para o plantio é a **queimada**.

Em todo o mundo, há muitas florestas nativas sendo desmatadas em ritmo acelerado. Os motivos desse desmatamento variam de região para região, porém a preocupação com as possíveis consequências desse processo é a mesma: o desaparecimento de muitos seres vivos, as possíveis mudanças climáticas de todo o planeta e as alterações do solo, tornando-o impróprio para a prática da agricultura.

Queimada na Amazônia, área rural de Manacapuru, 2010. Extensas áreas têm sido desmatadas para o plantio ou pasto. As queimadas representam grande prejuízo para o ambiente, pois além de exterminar árvores, arbustos e animais, matam os seres vivos que habitam o solo, alguns deles úteis para a decomposição da matéria orgânica em húmus.

Cinzas sobre solo após queimada em vegetação de cerrado, Brasília (DF), 2007. A princípio, as cinzas deixam o solo fértil. Porém, com o tempo, o solo empobrece, já que não há mais matéria orgânica e microrganismos. Além disso, a falta de microrganismos altera a textura do solo, tornando-o compactado.

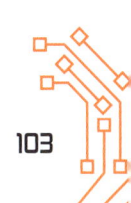

Ciências e História

Mata Atlântica ontem e hoje

A Mata Atlântica era, na época da chegada dos portugueses ao Brasil, a segunda maior formação florestal tropical da América do Sul, ocupando praticamente toda a extensão do litoral brasileiro e áreas de planalto no Sudeste e Sul do país. Hoje, essa floresta permanece apenas em alguns pontos.

Registros históricos mostram que saiu da Mata Atlântica a primeira riqueza a ser explorada pelos portugueses: a madeira.

Estudos científicos mostram que a formação do solo é lenta e demora muito tempo para que o solo degradado tenha as condições necessárias para a recuperação da vegetação e da fauna local. Com a redução da Mata Atlântica, muitas espécies têm a sua sobrevivência ameaçada.

Os mapas abaixo comparam a extensão de território coberto pela Mata Atlântica no passado e atualmente. Hoje, é um ecossistema ameaçado de extinção por causa do estado de degradação e ocupação que sofre. Restam menos de 8% da Mata Atlântica original.

- Compare os dois mapas e identifique, pelo menos, três estados nos quais a Mata Atlântica se extinguiu completamente.

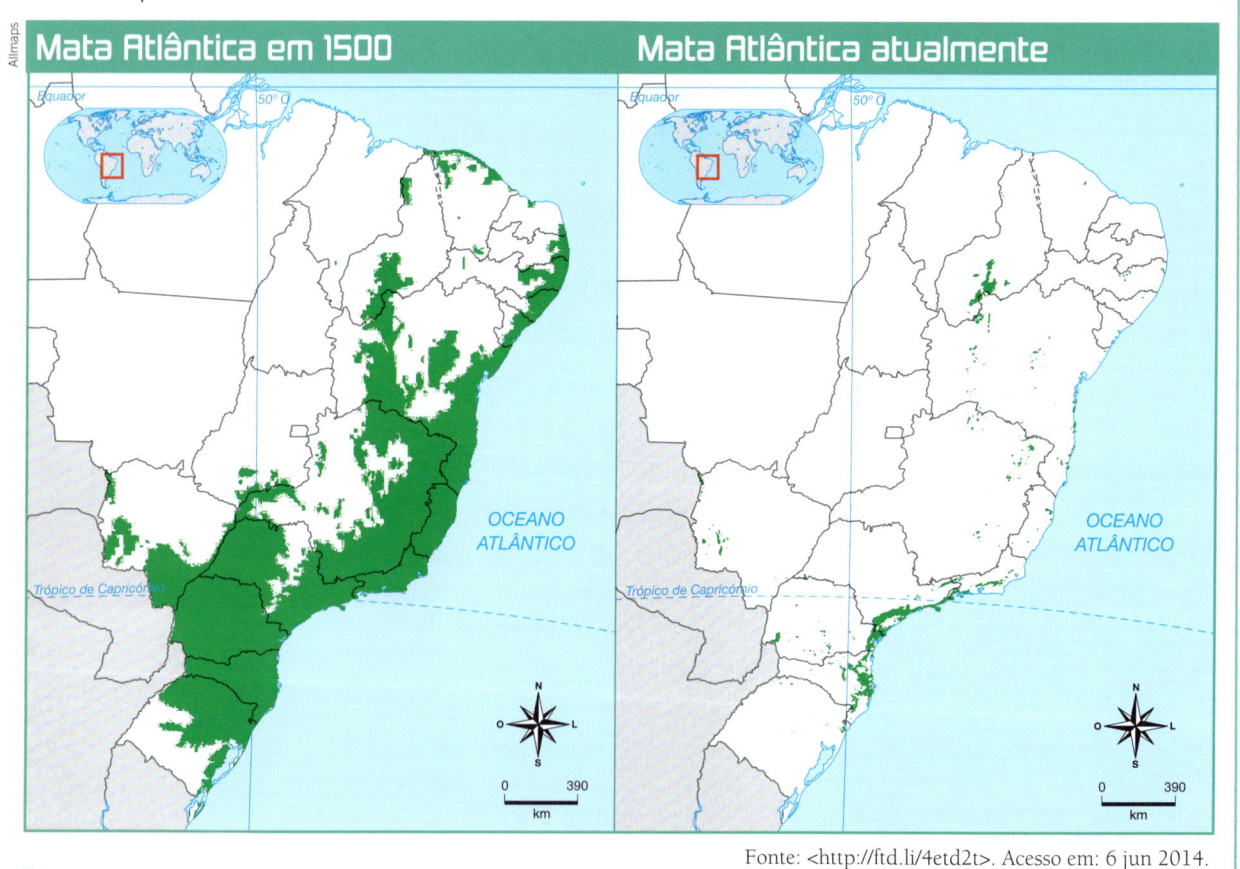

Mata Atlântica em 1500

Mata Atlântica atualmente

Fonte: <http://ftd.li/4etd2t>. Acesso em: 6 jun 2014.

Rede do tempo

Satélite brasileiro

O Inpe (Instituto Nacional de Pesquisas Espaciais) é o principal órgão de monitoramento de desmatamentos e queimadas no Brasil. Em 1993 foi lançado o SCD-1, primeiro satélite brasileiro de coleta de dados. Atualmente, há um programa denominado CBERS (*China-Brazil Earth Resources Satellite*, Satélite Sino-Brasileiro de Recursos Terrestres), que é um convênio entre o Brasil e a China para desenvolvimento e construção de satélites avançados de sensoriamento remoto.

A erosão

O desmatamento e a queimada eliminam a cobertura vegetal, desprotegendo o solo.

As imagens mostram uma das espécies típicas da região de dunas e uma estrada coberta por areia.

Pense e responda

- O que poderia ser feito para diminuir a movimentação da areia das dunas ao lado da estrada?

▲ Vegetação de restinga em Praia de Pina, Recife (PE), 2013. Essa vegetação permite a fixação da areia.

▲ Areia cobrindo estrada em Paracuru (CE), 2008.

Sem a vegetação, a água corre livremente pelo solo, levando consigo grãos e nutrientes para outras regiões. Com a exposição direta da luz do Sol, a temperatura aumenta e o solo resseca, fica compacto e quebradiço, sendo facilmente levado pelas águas das chuvas. Dessa forma, o terreno é erodido, originando-se sulcos profundos.

Ventos e chuvas deslocam a terra que antes era segura pelas raízes das plantas. A todo esse processo de desgaste do solo, que envolve sua lavagem pela água das chuvas ou sua desestruturação pela ação da água e dos ventos, dá-se o nome de **erosão**. Estima-se que a cada ano cerca de 25 bilhões de toneladas de solo agricultável são erodidos em todo o mundo.

Devemos lembrar que sem a exploração do solo a humanidade teria grandes dificuldades de sobreviver. Assim, é preciso pensar em formas de evitar situações desastrosas para o ambiente.

Agricultável: que se pode cultivar.

▼ Quando as erosões são muito intensas, abrem-se enormes crateras, denominadas voçorocas. Cruzeiro (SP), 2010.

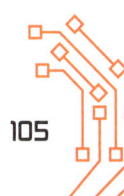

Devemos utilizar os recursos naturais procurando repô-los sempre que possível. É importante que cada vez que ocorra a exploração de um recurso, a área tenha chance de ser recomposta naturalmente ou pelo plantio da vegetação original.

Em alguns casos, os danos causados ao solo pela atividade humana podem ser revertidos por ações que restabeleçam o equilíbrio que hoje está ameaçado. O terraceamento é um exemplo de prática que ajuda a controlar a ação da erosão.

A erosão provocada pela força do vento sobre a areia das dunas acontece constantemente em várias regiões litorâneas do Brasil. A retirada da vegetação fixadora e as construções afetam o equilíbrio dinâmico das dunas. Muitas vezes o interesse econômico de empreendimentos imobiliários desequilibra o ambiente e as consequências aparecem.

Leia a matéria jornalística a seguir sobre uma iniciativa sustentável de atividade pecuária.

▲ Terraceamento em Jequitaí (MG), 2011, prática conservacionista de solo que evita erosão.

Gado orgânico produz carne, bolsas e sapatos sem destruir a Amazônia

Lacir Soares está transformando sua fazenda em um modelo de produção de carne na Amazônia, sem desmatar e em dia com as exigências ambientais do recém-aprovado Código Florestal brasileiro. É um exemplo de que as coisas estão mudando na floresta amazônica com o apoio da indústria pecuarista e de ambientalistas, depois de uma década em que o gado foi o principal vetor do desmatamento e quando muitos consumidores se inquietavam diante da possibilidade de estar comprando um produto que devastava a maior floresta tropical do planeta.

Rotação de pasto e melhorias na qualidade genética do gado e das pastagens ajudam Lacir a aumentar a produtividade em sua fazenda Boqueirão, no município amazônico de São Félix do Xingu (PA), sem destruir mais a floresta.

[...]

"O equilíbrio entre a pecuária e a floresta não é só uma obrigação legal, também garante um aumento da produtividade", explicou este pecuarista e advogado, em boa forma aos 69 anos, dedicado à sua fazenda, cujo entorno ainda exibe as cicatrizes de décadas de destruição.

Soares sabe que sem garantias ambientais, a indústria não vai comprar sua carne. [...]

GADO orgânico produz carne, bolsas e sapatos sem destruir a Amazônia. **Folha de S.Paulo**, São Paulo, 22 ago. 2013. Disponível em: <http://ftd.li/tw8t7z>. Acesso em: 11 dez. 2013.

Sobre a matéria jornalística

Entre tantos problemas apontados ao longo desta unidade, em relação às agressões ao ambiente, surgem iniciativas, como a descrita na matéria jornalística. Nela é descrito um exemplo que pode e deve ser seguido para que os recursos do ambiente possam ser utilizados de modo sustentável.

Fórum

◀ As queimadas causam: degradação do solo, redução da visibilidade, fechamento de aeroportos, aumento de acidentes nas estradas, destruição da flora e da fauna, restrição das atividades de lazer e de trabalho, infecções e distúrbios nos sistemas respiratório e cardiovascular. Queimada em Santarém (PA), 2013.

A Lei Federal nº 4.771 estabelece que "é proibido o uso de fogo nas florestas e demais formas de vegetação". O proprietário só pode realizar uma queimada controlada mediante a autorização dos órgãos ambientais. Em caso de queimada não autorizada, os danos causados ao ambiente, às pessoas e à economia devem ser cobrados do responsável pela área.

Consulte o *site* do Instituto Nacional de Pesquisas Espaciais (Inpe). Ele inclui o monitoramento em tempo real de focos de queimadas e de incêndios florestais detectados por satélites: <http://ftd.li/nkqrur> e <http://ftd.li/zzv9zu>. Acessos em: 24 abr. 2014.

- Discuta com o grupo: as queimadas devem ser um direito dos fazendeiros ou devem ser controladas por leis federais? Justifique a sua posição com argumentos legais e com argumentos científicos/ambientais.

@multiletramentos

De olho nos resíduos sólidos

Você já descobriu a responsabilidade de cada um de nós na questão dos resíduos sólidos e o quanto é importante que modifiquemos nossas atitudes quanto ao seu descarte.

Então, que tal desenvolver uma campanha de conscientização, descrevendo de forma criativa esse grave problema, produzindo animações sobre os diferentes temas relacionados a esse assunto?

Sua turma poderá fazer uma divulgação para toda a escola em uma "Mostra de Curtas Metragens", por exemplo.

Vale filmagem e animação feitas com editor de vídeos, ou mesmo recursos do seu celular.

O importante é abordar vários assuntos para conscientizar de maneira eficiente o público a que se destinará essa campanha.

A animação produzida deverá durar no máximo 3 minutos, ser dinâmica e interessante. O objetivo é produzir no expectador o desejo de mudança de seus hábitos em relação ao meio ambiente, de modo que ele queira passar a coletar corretamente resíduos produzidos por ele e sua família.

Para fazer a animação, forme grupos com até três colegas, busque informações, estabeleça, dentro do tema escolhido, qual será a história e construa um roteiro numerando as suas partes, respeitando o início, o meio e o fim (ápice).

Em seguida, liste cenários, personagens e decida se serão utilizadas fotos e/ou filmagens. É possível diversificar, usando massa de modelar ou construção com sucata, por exemplo, para compor as cenas. No espaço virtual **@multiletramentos** da plataforma **FTD Digital** você encontrará mais orientações sobre o trabalho, além de *links* para algumas animações que podem servir de inspiração.

Atividades

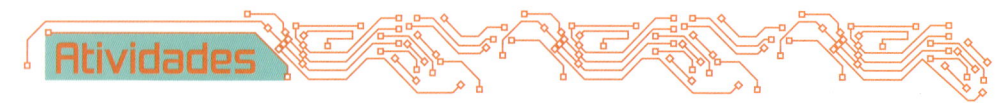

Reveja

1 Que condições tornam um solo sujeito à erosão?

2 Que efeitos têm para o solo a derrubada das árvores de uma floresta?

3 Qual das ações a seguir prejudica a fertilidade do solo agricultável ao longo do tempo?

   a) Sempre queimar os restos do cultivo.

   b) Fazer adubação orgânica com esterco.

   c) Manter o solo coberto com vegetação ou restos de cultura.

   d) Plantar espécies que recuperem a fauna da camada superficial do solo.

4 Quais são os principais agentes da natureza que causam a erosão dos solos?

Explique

Leia o texto a seguir e responda às questões **5** e **6**.

Em uma região, todas as árvores foram retiradas para a exploração de madeira. Chuvas fortes levaram grandes quantidades de solo para as baixadas e para o rio que corre próximo dessa área desmatada. O terreno limpo foi utilizado como área agrícola, mas após alguns anos a área foi queimada por causa da presença de muitas plantas daninhas.

5 O que aconteceu com a camada rica em nutrientes para os vegetais após o desmatamento e as chuvas?

6 Escreva três problemas característicos de solo desgastado que o terreno pode apresentar.

7 Escreva algumas ações que os agricultores e os pecuaristas podem realizar para recuperar o solo degradado.

8 Em casa, nas escolas e nas empresas, utiliza-se muito papel que pode ser reaproveitado ou reciclado. Explique por que contribuímos para a preservação do meio ambiente quando reutilizamos e reciclamos papel.

9 Considere a seguinte afirmação: "As queimadas reduzem a biodiversidade". Você concorda com ela? Justifique.

Queimada em Lagoa da Confusão (TO), 2013, para plantio de soja.

Sistemas de manejo

É crescente a preocupação com o aumento da concentração de gases na atmosfera, especialmente aqueles que têm a capacidade de reter parcialmente a radiação solar que é refletida pela Terra. Entre esses gases, o principal é o dióxido de carbono (CO_2) que, desde a revolução industrial, teve sua concentração aumentada em 35%. Este fenômeno tem sido apontado como a principal causa do aquecimento da Terra (efeito estufa), o qual poderá provocar mudanças climáticas nas próximas décadas, alterando a qualidade da vida no planeta. Entre as alternativas discutidas para enfrentar este problema ambiental destacam-se: o controle das emissões de gases [...] e a adoção de medidas compensatórias. Estas últimas compreendem, por exemplo, a preservação de florestas nativas e o incentivo ao reflorestamento, que durante a fase inicial de desenvolvimento são responsáveis pela retirada de grande quantidade de CO_2 da atmosfera, através do processo de fotossíntese.

[...] Resultados de pesquisa têm confirmado que, com a adoção de práticas conservacionistas, é possível recuperar, pelo menos parcialmente, o teor de MO (matéria orgânica) desses solos. Para tanto, faz-se necessário a combinação de várias práticas de manejo tais como: utilização de pastagens, fertilização, mínima mobilização do solo, rotação de culturas [...] e o emprego de culturas de cobertura que aportem grande quantidade de raízes e resíduos ao solo.

[...] Além do armazenamento de carbono na MO há necessidade de considerar as emissões diretas e indiretas de outros gases de efeito estufa liberados durante o processo produtivo.

[...] Assim, também é importante a valorização de opções de manejo que privilegiam a redução de emissões de gases através de práticas como, por exemplo, a substituição do diesel por biocombustíveis. O fato relevante é que de maneira geral, as práticas [...] também conduzem ao aumento gradual do potencial produtivo do solo, com reflexos positivos para o agricultor, em específico, e a sociedade, em geral.

AMADO, Telmo J. C.; LOVATO, Thomé; SPAGNOLLO, Evandro. **Trabalho apresentado no XXIX Congresso Brasileiro de Ciência do Solo**. Ribeirão Preto, jul. 2003.

1 Quais as principais ideias que os autores defendem?

2 Em que consiste o manejo do solo proposto pelos autores?

Para ler o texto científico

Muitas vezes, para compreender um texto é necessário conhecer alguns conceitos científicos. Por exemplo, matéria orgânica, efeito estufa e manejo.

No texto, matéria orgânica diz respeito aos restos de seres vivos e os próprios seres vivos do solo. São compostos, principalmente, por carbono.

Efeito estufa refere-se à capacidade de retenção de calor pela atmosfera terrestre. O gás carbônico, o metano e o vapor de água são gases que têm essa capacidade. O efeito estufa é um fenômeno natural.

Manejo são técnicas e práticas que visam o uso (comercial ou não) de algum elemento natural do solo, por exemplo.

Os autores do texto discutem a relação entre a matéria orgânica (MO) presente no solo e o aumento da taxa de gás carbônico na atmosfera. A MO do solo corresponde à quantidade de carbono armazenada temporariamente nesse ambiente. Os processos biológicos naturais fazem a circulação do carbono pelo ambiente, ou seja, o carbono da MO é liberado para a atmosfera e depois volta para formar nova MO. Segundo os autores, o uso do solo pelo ser humano tem alterado o equilíbrio do sistema de tal modo que a quantidade de carbono na atmosfera tem aumentado e a do solo diminuído.

No laboratório

Composição do solo de dois terrenos diferentes

- Que características podem distinguir o solo de áreas diferentes?

Quando analisamos diversas amostras de solo de uma mesma região, encontramos muitas semelhanças e também várias diferenças entre elas.

Neste experimento você vai trabalhar em grupo. Vai coletar amostras e conhecer algumas características de solos de locais diferentes. Um deles deve ser de um solo que recebeu bastante pisoteio, como o pátio de sua escola ou os arredores de um campo de futebol. A outra amostra deve ser de um terreno de cultivo de plantas, como uma horta ou um jardim. Peça ajuda a um adulto para coletar as duas amostras de solo.

Material

- dois sacos plásticos
- duas amostras de terra de dois locais diferentes
- dois frascos iguais, transparentes, de boca larga, com tampa (volume mínimo de 300 mL)
- fita adesiva ou etiquetas
- água
- lupa de mão
- uma colher (de sopa)
- uma régua
- duas folhas de papel (pode ser papel usado)
- luvas

Dicas para o trabalho de coleta

É fundamental preservar os locais das coletas para que o ambiente sofra o mínimo de alteração. Para tanto, não retire material em excesso; procure não arrancar plantas nem cortar suas raízes; peça ajuda a um adulto caso seja necessária a utilização de alguma ferramenta (enxada, por exemplo). A maioria dos microrganismos presentes no solo não causa problemas à nossa saúde, porém alguns podem provocar doenças, por isso todos os cuidados com a higiene devem ser tomados: utilize luvas (ou saquinhos plásticos), não coloque a mão suja na boca e sempre lave as mãos com água e sabão após a coleta.

Procedimento

A. Providencie amostras da camada superficial de solo (até 15 cm de profundidade) retiradas de dois locais diferentes. Cada amostra deve ter, aproximadamente, dois copos de terra.

B. Coloque as amostras em saquinhos plásticos, identificando-os com os seguintes dados: número da amostra (1 ou 2), local da coleta e data.

C. Misture a terra de cada uma das amostras balançando o saquinho plástico.

D. Coloque a terra da amostra 1 em um dos frascos até atingir 5 cm de altura. Identifique-o.

E. Coloque a terra da amostra 2 no outro frasco até alcançar também 5 cm de altura. Identifique-o.

F. Acrescente água aos frascos até a altura de 10 cm. Com a colher, misture bem o conteúdo e tampe os frascos. Deixe-os em local plano para que o material sólido, isto é, as partículas de areia, silte, argila e outros materiais, possa se depositar no fundo dos frascos. Espere pelo menos 20 minutos.

G. Enquanto aguarda o resultado do teste 1, coloque uma colher de sopa de cada uma das amostras de solo em folhas de papel separadas.

H. Analise-as com a ajuda da lupa de mão.

I. Utilize a lupa e a régua para medir o tamanho de alguns grãos das amostras.

Compartilhe

1. Qual das amostras possui grãos maiores?

2. Há seres vivos em algumas das amostras de solo?

3. Qual das amostras está mais úmida?

4. Qual a cor de cada amostra?

Retome os frascos com água e terra. Evite retirá-los do local plano em que estão. Observe-os.

5. Quantas camadas de material sólido são perceptíveis no fundo de cada frasco?

6. Qual dos frascos apresenta a água mais turva?

7. Qual dos frascos apresenta uma camada inferior mais espessa?

8. Qual das amostras apresenta maior quantidade de material flutuando na superfície da água?

O frasco contendo amostra de solo com maior quantidade de argila costuma apresentar água mais turva, pois as partículas de argila são muito pequenas e ficam em suspensão por mais tempo.

Podemos classificar os tipos de solo que existem segundo as características que apresentam, tais como composição física, formato, cor, consistência e formação química. Alguns tipos de solo são: arenoso (rico em partículas de areia); argiloso (rico em partículas finas, a argila); humoso (rico em matéria orgânica em decomposição).

Às vezes é difícil classificar um determinado tipo de solo se houver uma distribuição equitativa de argila e de areia, por exemplo.

Nesta unidade

- Importância do ar.
- Pressão e elasticidade do ar.
- Pressão atmosférica.
- Movimentos do ar.

O ar: propriedades e movimentos

Observe a imagem. Ela mostra um antigo moinho de vento, no qual funciona atualmente a sede administrativa de um parque público, localizado no bairro Moinhos de Vento, em Porto Alegre (RS).

1 O que é o vento?

2 Você já viu, na Unidade 2, que as rodas-d'água podem ser usadas para triturar grãos. Que comparação pode ser feita entre as rodas-d'água e as hélices dos moinhos de vento?

3 No Brasil, atualmente, praticamente toda a moagem de grãos para a produção de farinhas é feita com o uso de máquinas que funcionam à custa de energia elétrica. Por que não são utilizados moinhos de vento?

> **@mais**
>
> A cidade de Taquarituba, em São Paulo, sofreu em setembro de 2013 com a ventania que destruiu prédios e arrastou veículos.
> Acesse a página a seguir e responda à questão. <http://ftd.li/u8kn8y>. Acesso em: 24 jan. 2014
> Observando as imagens de satélite disponíveis no *link*, percebe-se a formação de nuvens na região limite entre a massa de ar frio (tom branco) e a massa de ar quente (tom escuro). Sabendo que a massa de ar frio diminui a temperatura da região por onde passa, como você explicaria a formação das nuvens como resultado desse fato?

O nome "Moinhos de Vento" foi atribuído ao bairro em virtude da existência, em sua área, de moinhos que transformavam o trigo em farinha. O Rio Grande do Sul foi o maior produtor de trigo no Brasil no fim do século XVIII e na segunda década do século XIX.

◂ Moinho de vento no bairro Moinhos de Vento, em Porto Alegre (RS), 2006.

1 Importância do ar

Assim como os peixes, que vivem cercados por água nos rios, nos lagos ou nos oceanos, nós vivemos cercados por uma enorme massa de ar.

Todos os seres vivos da superfície da Terra dependem, entre outros fatores, de um ou mais componentes do ar para sobreviver. Atividades do nosso dia a dia, aparentemente simples, não ocorreriam se não houvesse a presença do ar, como encher balões de borracha, boias ou pneus, tomar refrigerante de canudinho, acender uma velinha de aniversário, viajar de avião e, claro, respirar.

Muitas vezes percebemos ou lembramos que o ar está ao nosso redor somente quando sentimos o seu efeito: uma brisa refrescante em um dia de calor intenso, por exemplo.

O ar tem propriedades e características que nos ajudam a entender fenômenos dos quais ele participa, como os fenômenos atmosféricos.

Pense e responda

Observe as fotos dos pneus, a seguir, e responda.

1. Qual é a diferença entre um pneu e o outro?
2. Quem está sustentando o peso do carro?
3. Você conhece outra situação semelhante?

Acesse o **objeto digital** desta unidade.

▲ O ar em movimento balança as folhas da árvore.

▲ Carro com pneu murcho.

▲ Carro com pneu cheio de ar.

Pressão e elasticidade do ar

A capacidade que os materiais têm de sofrer compressão e descompressão e voltar ao seu estado inicial é chamada **elasticidade**. O ar também apresenta essa propriedade, que pode ser visualizada pelo exemplo dado a seguir.

Imagens fora de escala de tamanho.

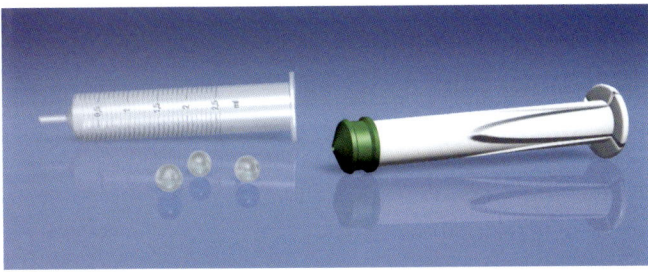

◀ Seringa e bolinhas de plástico bolha em situação de igual pressão dentro e fora.

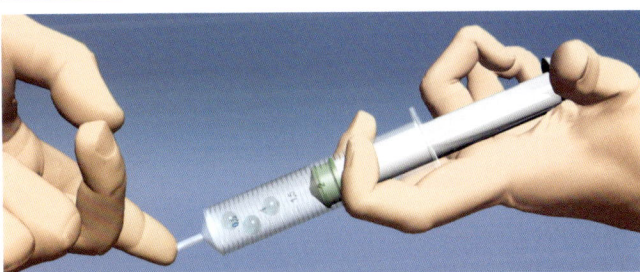

◀ Ao pressionarmos o êmbolo de uma seringa com o bico tampado, a pressão do ar dentro do tubo aumenta e as bolinhas de plástico bolha diminuem de tamanho.

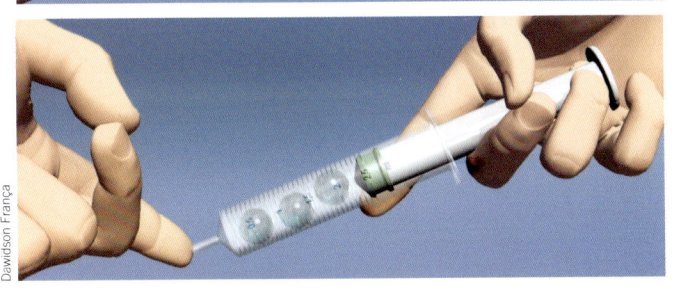

◀ Quando o êmbolo é puxado, o ar dentro do tubo ocupa volume maior e, com isso, a pressão do ar dentro da seringa diminui, e as bolinhas de plástico aumentam de tamanho.

Quando o ar é comprimido pelo êmbolo dentro do tubo de uma seringa com o bico tampado, ele passa a ocupar volume menor e exerce força maior nas paredes do tubo. Nessa situação, podemos dizer que a pressão do ar dentro do tubo aumenta. Percebemos esse aumento de pressão quando colocamos dentro dela algumas bolinhas de um plástico bolha e observamos o que acontece com elas ao empurrar o êmbolo: elas diminuem de tamanho, isto é, se comprimem.

O contrário acontece quando o êmbolo é puxado. O ar dentro do tubo passa a ocupar volume maior do que antes. Com isso, a pressão do ar dentro da seringa diminui, e as bolinhas de plástico aumentam de tamanho.

Portanto, o volume de ar diminui quando o ar é comprimido. O contrário também é verdadeiro: quanto menor for a pressão exercida sobre essa mesma quantidade de ar, maior será o seu volume.

Todos os gases ou misturas de gases, como o ar, apresentam essas características. A relação entre volume e pressão não é propriedade exclusiva do ar, mas sim uma propriedade que caracteriza a fase gasosa da matéria.

Pressão atmosférica

O ar que nos rodeia forma uma camada de centenas de quilômetros de espessura.

Essa camada é chamada **atmosfera**. A distribuição de ar na atmosfera não é uniforme. À medida que aumenta a altitude, em relação ao nível do mar, o ar vai se tornando cada vez menos concentrado, isto é, **rarefeito**.

O ar que constitui a atmosfera também exerce pressão sobre os corpos imersos nela. Essa pressão é chamada de **pressão atmosférica**.

Não é só na Terra que há pressão atmosférica. Qualquer astro celeste (planeta, satélite) que possua camada gasosa ao seu redor terá pressão atmosférica. Na Lua, por exemplo, praticamente não há atmosfera e, consequentemente, a pressão é muitíssimo baixa.

Experimento da hora

Percebendo o efeito da pressão atmosférica

A pressão atmosférica participa de algumas das nossas atividades cotidianas. Como podemos perceber os efeitos da pressão atmosférica sobre os corpos? Vamos ao experimento para descobrir.

Material
- uma garrafa plástica de 250 mL a 600 mL com tampa plástica de rosca;
- água;
- prego fino.

Procedimento

A. Peça a um adulto que faça um furo de, aproximadamente, 3 mm de diâmetro no centro da tampinha da garrafa plástica. O furo pode ser feito com o prego.

B. Encha a garrafa com água e feche-a com a tampa furada.

C. Sobre uma pia ou um balde, emborque a garrafa em um suporte (um copo, por exemplo) e segure-a com cuidado. Atenção: Não aperte a garrafa.

1. O que aconteceu com a água que estava dentro da garrafa emborcada?
2. Proponha uma explicação para o que aconteceu.

D. Com a ajuda de um adulto, faça um pequeno furo no fundo da garrafa emborcada. Pode-se usar o prego.

3. O que aconteceu com a água quando a garrafa cheia de água ficou com dois furos (na tampa e no fundo)?

Emborcar: colocar de boca para baixo.

Pressão atmosférica e sustentação de líquidos

Quando uma garrafa plástica com um pequeno furo na tampa é emborcada em um copo, por exemplo, a quantidade de água que escoa é muito pequena. Em poucos instantes, a pressão atmosférica consegue segurar a coluna de água que está na garrafa, pois equilibra a pressão exercida pelo líquido.

Se apertarmos essa garrafa plástica, a pressão no seu interior aumentará, isto é, ficará maior do que a pressão atmosférica, e a água escoará para o suporte.

Se na garrafa, cheia de água e emborcada, for feito um furo no fundo, o contato que se estabelece entre o ar do seu interior e a atmosfera igualará a pressão do ar dentro da garrafa com a pressão atmosférica. Nesse caso, a coluna de água da garrafa exercerá uma pressão maior do que a pressão atmosférica e o líquido escoará pelo furo da tampa.

O ser humano sempre sentiu os efeitos da pressão atmosférica. Entretanto, uma questão que intrigava os cientistas era se ela variava de um lugar para outro ou se era sempre a mesma. Somente no século XVII foi dada uma resposta a essa questão, graças aos trabalhos do cientista chamado Torricelli.

A pressão atmosférica impede que uma porção da água saia da garrafa, mesmo com a tampa furada.

Intrigar: despertar a curiosidade.

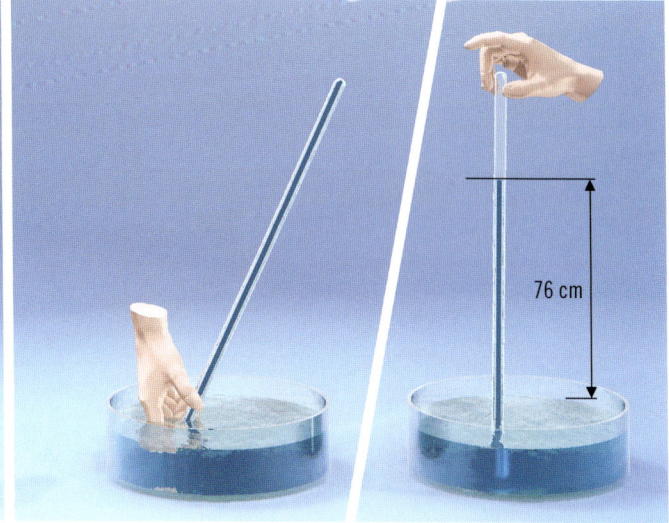

A experiência de Torricelli

Evangelista Torricelli (1608-1647), cientista italiano, conseguiu experimentalmente medir a pressão atmosférica.

Torricelli pegou um tubo de vidro, com aproximadamente 100 cm (1 000 mm) de comprimento, fechado em uma extremidade, e encheu-o completamente de mercúrio líquido.

Após tampar a abertura, emborcou o tubo de vidro cheio de mercúrio em um recipiente que também continha mercúrio. Esse metal é líquido nas condições do ambiente.

Ao destampar o tubo, verificou que o mercúrio dentro dele sempre descia até o mesmo nível, cerca de 76 cm (760 mm).

Imagens fora de escala de tamanho. As cores não correspondem aos tons reais.

Experiência de Torricelli.

Depois de realizar o experimento diversas vezes, observou que os resultados eram bem semelhantes. Torricelli concluiu, então, que o mercúrio não descia completamente até esvaziar o tubo porque a pressão atmosférica que atuava na superfície do líquido do recipiente equilibrava a coluna de mercúrio, impedindo que ele descesse pelo tubo.

É importante chamar a atenção para o fato de a experiência de Torricelli ter sido realizada ao **nível do mar**. Ao repetir essa experiência no alto de uma montanha, outros cientistas observaram que a altura da coluna de mercúrio atingia um valor menor do que 76 cm de mercúrio. Com isso, concluíram que a pressão atmosférica diminuía à medida que a altitude aumentava.

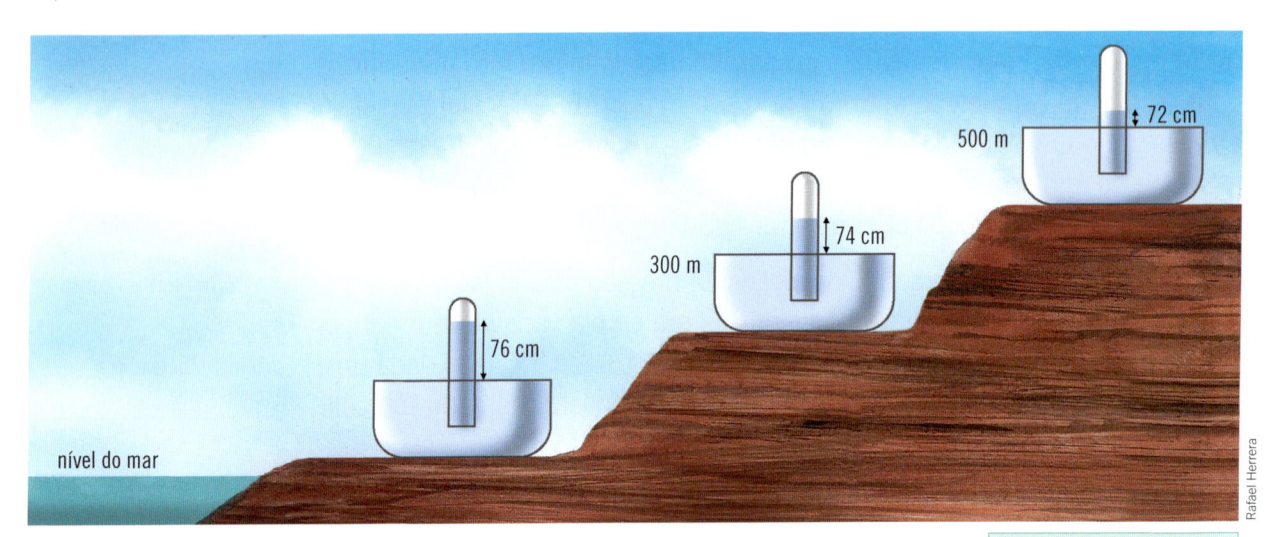

▲ Pressão atmosférica e altitude. Quanto maior a altitude, menor a pressão atmosférica.

A imagem está fora de escala de tamanho. As cores não correspondem aos tons reais.

A tabela seguinte mostra como a pressão atmosférica varia com a altitude.

Variação da pressão atmosférica com a altitude	
Altitude (m)	Pressão atmosférica (cmHg)
0*	76
500	72
1 000	67
2 000	60
3 000	53
4 000	47
5 000	41
6 000	36
7 000	31
8 000	27
9 000	24
10 000	21

* Nível do mar.

Pense e responda

- Se você fizesse o experimento da página 116 com a garrafa plástica no nível do mar e no alto de uma montanha, em que situação a quantidade de água dentro da garrafa ficaria maior? Justifique.

Rede do tempo

Evangelista Torricelli

[...] Ingressou na faculdade Jesuíta de Faenza em 1624 e depois foi estudar na Universidade de Roma – La Sapienza. [...] Durante vários anos subsequentes, Torricelli foi secretário de outros importantes professores, dentre eles, Galileu. Torricelli sucedeu Galileu assumindo o posto de matemático da corte do Gran Duque de Toscana Ferdinando II em 1642, em Florença, posto que ocupou até a sua morte.

Torricelli descobriu o princípio do barômetro e foi o primeiro homem a criar o vácuo. Em 1643, propôs uma experiência que foi executada posteriormente pelo seu colega Vincenzo Viviani. Tal experimento conduziu ao desenvolvimento do barômetro. [...] Através de sua habilidade na construção de lentes, equilibrava suas finanças. Fabricava telescópios e um tipo de microscópio. Devido à sua morte prematura, aos 39 anos, no dia 25 de outubro de 1647, em Florença, Itália, muitas de suas ideias foram divulgadas postumamente através de seus colegas ingleses Isaac Barrow e James Gregory, que viveram algum tempo na Itália. Dessa forma, os métodos de Torricelli contribuíram também para o desenvolvimento da Matemática na Inglaterra.

Disponível em: <http://ftd.li/5xgjwt>. Acesso em: 10 nov. 2013.

▲ Evangelista Torricelli.

- Além da contribuição para os conhecimentos científicos, Torricelli auxiliou no desenvolvimento da Matemática na Inglaterra. Leia o texto completo no *link* <http://ftd.li/5xgjwt> (acesso em: 24 abr. 2014) e explique quais foram as contribuições matemáticas de Torricelli.

Interpretando os resultados de Torricelli

Se a experiência de Torricelli fosse realizada no alto do monte Everest, com cerca de 9 000 m de altitude, o mercúrio dentro do tubo ficaria na marca de 24 cm. Podemos dizer, então, que a pressão atmosférica exercida pela camada de ar no pico do Everest seria de, aproximadamente, 24 cm de mercúrio.

No alto de uma montanha, a pressão atmosférica é menor do que ao nível do mar. Dessa forma, quando viajamos de um local montanhoso para o litoral, a pressão atmosférica exercida sobre o nosso corpo e sobre todos os objetos aumenta.

O monte Everest tem 8 850 m de altitude. Nesse caso, o experimento de Torricelli marcaria 24 cm. ▶

Explore

Orelha e o aumento da pressão atmosférica

A variação de pressão atmosférica é percebida por muitas pessoas quando elas sobem ou descem uma serra, pois ficam com uma sensação auditiva diferente. Isso ocorre por causa da variação de pressão atmosférica entre o topo e o pé da montanha. Ao descer uma montanha, a pessoa está indo para um local de maior pressão atmosférica, a qual age sobre as membranas timpânicas que existem no interior das orelhas. O organismo de algumas pessoas demora mais tempo para equilibrar a pressão do interior da orelha com a pressão atmosférica, por isso elas têm sensação de surdez e incômodo na orelha quando descem rapidamente uma serra.

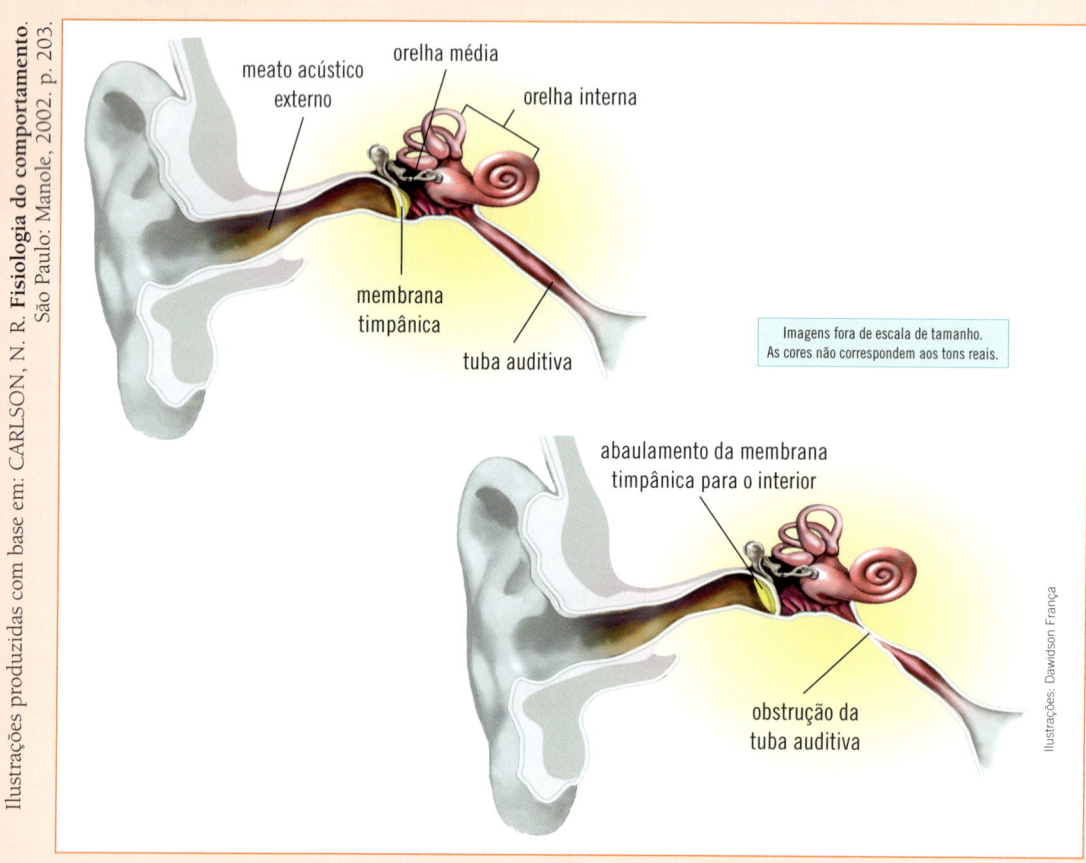

Ilustrações produzidas com base em: CARLSON, N. R. **Fisiologia do comportamento**. São Paulo: Manole, 2002. p. 203.

Imagens fora de escala de tamanho. As cores não correspondem aos tons reais.

Ilustrações: Dawidson França

▲ Representações esquemáticas da orelha humana. Na ilustração da esquerda, observamos uma pressão atmosférica de mesma intensidade nos dois lados do tímpano. Ao descermos a serra ou ao viajarmos em alguns tipos de aviões, a pressão atmosférica aumenta do lado de fora do tímpano e sentimos certo desconforto. Isso acontece porque a pressão na orelha externa fica maior do que na orelha interna. Ao aumentarmos a pressão na orelha média, colocando ar para dentro dela por meio da tuba auditiva, a qual está ligada à garganta, estabilizamos a pressão dos dois lados da membrana timpânica e voltamos a ouvir normalmente.

O valor da pressão atmosférica ao nível do mar é normalmente utilizado como uma unidade de pressão, denominada 1 atmosfera ou 1 atm. Essa unidade corresponde à pressão exercida por uma coluna de mercúrio de 76 cm de altura. Podemos, portanto, estabelecer a seguinte relação: 1 atm = 76 cm de mercúrio. A pressão atmosférica de um lugar é causada pelo peso da coluna de ar existente sobre ele. No topo de uma montanha de 3 000 m de altitude, a coluna de ar, medida desse ponto até o limite superior da atmosfera, exerce menor pressão do que uma coluna de ar que vai desde a praia até o mesmo limite da atmosfera.

Tome nota

Quanto maior a altitude, mais rarefeito é o ar atmosférico e, portanto, menor é a pressão que ele exerce.

A imagem está fora de escala de tamanho.
As cores não correspondem aos tons reais.

▲ Neste esquema, a coluna de ar está representada pelas setas. Podemos observar que na praia a coluna de ar é maior do que nas montanhas.

O instrumento utilizado para medir a pressão atmosférica é chamado de **barômetro**. Existem barômetros de diversos tipos. A medida da pressão atmosférica é utilizada para auxiliar os meteorologistas a prever chuvas ou tempestades e, também, para determinar a altitude de um lugar.

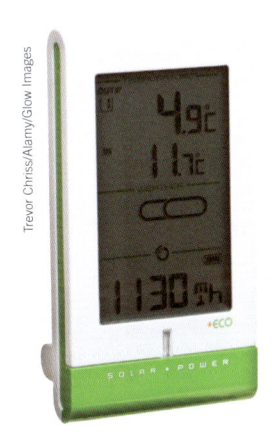

▶ Barômetro analógico. Nota-se que há duas escalas numéricas, uma em milímetros de mercúrio (mmHg) e outra em hectopascals (hPa). Hectopascal é uma unidade internacional de medida de pressão; 760 mmHg correspondem, aproximadamente, a 1 013 hPa.

◀ Barômetro digital. Além de fornecer a pressão atmosférica em diferentes unidades de medida, registra a pressão máxima e a pressão mínima que ocorrem durante o período de tempo em que estiver acionado.

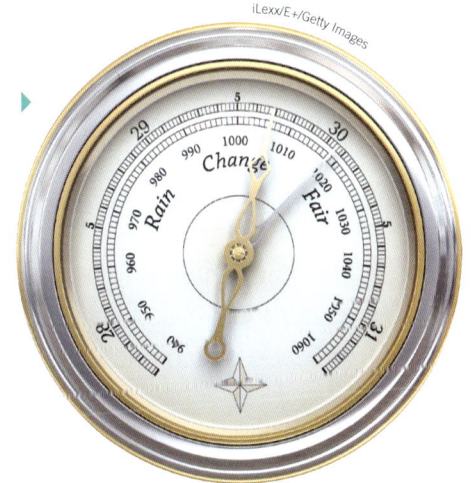

@ Explore

Curiosidades sobre o alpinismo

O alpinismo é uma prática esportiva que consiste em escalar montanhas muito altas. Essa atividade exige boa condição física e equipamentos especializados de segurança. Um item utilizado por alpinistas é o barômetro, que os auxilia na busca de informações importantes para sua segurança.

Entre no *link* a seguir e descubra uma série de curiosidades sobre o alpinismo: <http://ftd.li/5jy2az>. Acesso em: 24 jan. 2014.

- De onde vem o nome "alpinismo"? Quem foram os primeiros alpinistas? Quais são os maiores desafios dos alpinistas?

▲ Alpinista.

Atividades

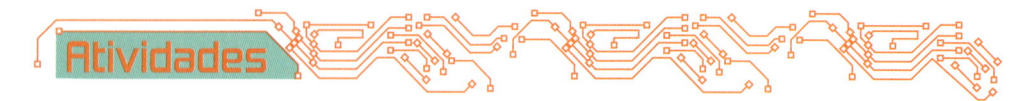

Reveja

1 Uma bexiga cheia de ar é colocada em um recipiente fechado. Se a pressão do ar ao redor da bexiga aumentar, ela:

a) ficará menor. b) explodirá. c) ficará maior.

2 Considere a figura a seguir, que mostra uma bola de futebol em três condições diferentes, **A**, **B** e **C**, e responda às questões.

a) Em que condição a pressão do ar dentro dessa bola é maior?
b) Em que condição a pressão dentro da bola é igual à pressão atmosférica?
c) De que maneira podemos deixar a pressão do ar dentro da bola da condição **B** igual à pressão do ar dentro da bola da condição **C**?

Explique

3 Uma equipe de jogadores de futebol de uma cidade localizada ao nível do mar pode passar mal quando vai disputar uma partida em local de altitude muito elevada em relação à de sua cidade de origem. Pelo fato de seus jogadores cansarem-se rapidamente, a equipe pode ser prejudicada. Explique por que isso acontece.

4 Um caminhão, ônibus, automóvel ou até avião pode ter seus pneus estourados, caso leve uma carga que exceda o limite máximo de peso indicado pelo fabricante. Justifique.

5 Um balão de aniversário enchido em uma cidade que está ao nível do mar tem seu volume aumentado quando é levado para uma cidade cuja altitude é de 1 700 m. Justifique.

6 Uma criança colocou água em um bebedouro de aves e notou que, apesar de a água estar em um nível muito superior ao da saída, ela se mantinha sempre no mesmo nível no local em que as aves bebiam. Explique por que a água não sai toda de uma vez do bebedouro, embora haja uma abertura no frasco.

desafio Considere um saquinho plástico cheio de água, com um furo embaixo e suspenso. O que acontecerá com a água desse saquinho plástico? Ela vai vazar ou a pressão atmosférica vai sustentá-la, não permitindo que escoe?

▲ Bebedouro para aves.

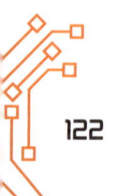

Capítulo 2 - Movimentos do ar

Um pássaro que voa sem bater as asas e ainda assim consegue elevar-se na atmosfera pode ser algo intrigante. Um praticante de voo com asa-delta também pode utilizar o mesmo recurso para permanecer mais tempo no ar. Esses fatos podem ser observados em dias em que o ar está aparentemente "parado".

▲ Algumas aves são capazes de usar correntes de ar quente para se manterem planando, ou seja, podem voar sem bater as asas.

Já as tempestades e os furacões são fenômenos violentos na atmosfera que sempre assustaram a humanidade. Para os povos antigos, eram considerados símbolos do poder dos deuses.

Explicar os fenômenos da natureza por meio da relação com alguma divindade poderosa é muito comum na mitologia de diversos povos. O vento confirma essa regra, pois entre os antigos gregos sua manifestação era atribuída ao deus Éolo.

Sejam os ventos simples, como as brisas que nos refrescam nos dias quentes, sejam os violentos, como os furacões que arrastam muito do que encontram pela frente, hoje a Ciência tem explicações para a sua origem.

▲ Às vezes, a força do vento pode ser arrasadora. Destruição após a tempestade Sandy, na costa de Nova York, nos Estados Unidos, em 2012.

Ciências e Mitologia

Éolo, rei dos ventos

Vivia em Eólia, uma ilha flutuante. Zeus tinha lhe dado o poder de acalmar e despertar os ventos. Quando o herói grego Odisseu (ou Ulisses) visitou Éolo, foi recebido como um convidado de honra. Como presente de Éolo, ao partir, Odisseu recebeu dele um vento favorável e uma sacola de couro repleta de todos os ventos. Os marinheiros de Odisseu, pensando se tratar de uma sacola com ouro, abriram-na e a costa foi imediatamente varrida pelos ventos. Depois disso, Éolo recusou-se a ajudá-los e expulsou-os da ilha. Em algumas versões do mito, Éolo era um sábio, grande conhecedor de todos os ventos.

- A habilidade de controlar os ventos daria ao portador a capacidade de navegar embarcações facilmente e o poder destrutivo das tempestades. Dentro de um contexto real, qual é a importância de conhecer e compreender a dinâmica dos ventos?

As correntes de convecção

Quando certa porção de ar é aquecida, por exemplo, por uma lâmpada, um ferro de passar ligado, uma vela, uma fogueira ou qualquer outra fonte de calor, ocorre a movimentação dessa porção de ar: o ar quente sobe e seu lugar passa a ser ocupado por um ar mais frio, que por sua vez se aquece e sobe, e assim por diante. Correntes de ar verticais que se formam desse modo são denominadas **correntes de convecção**.

Cessando a fonte de calor, como ao desligar a lâmpada ou o ferro de passar ou, ainda, ao apagar a vela ou a fogueira, após algum tempo o ar ao seu redor se resfria, deixando de existir diferença de temperatura. Com isso, cessam também as correntes de convecção que eram geradas pela fonte de calor.

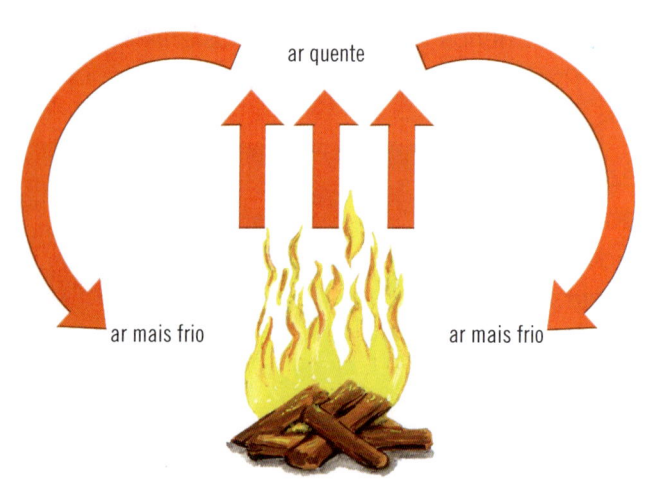

> **Ciência divertida: ar**
> WAPOLE, Brenda. Melhoramentos, 1998. Aproveite os vários experimentos simples para saber um pouco mais sobre o ar.

▲ Esquema de correntes de convecção em uma fogueira. O ar aquecido pela fogueira sobe, resfria e desce, em um movimento constante, enquanto a fogueira estiver acesa.

Na natureza, as correntes de convecção atmosféricas também são formadas pela diferença de temperatura entre duas áreas. Aquela que está mais quente fornece energia (calor) para o ar, que sobe, enquanto, no nível do solo, o ar mais frio de outras regiões desloca-se para o local quente. As correntes de convecção que se formam na atmosfera costumam ser aproveitadas por alguns pássaros, por planadores e por praticantes de voo com asa-delta para ganhar altura com o ar quente ascendente. Após a subida, os pássaros, os planadores ou as asas-deltas planam e vão perdendo altura até encontrar novamente outra corrente de convecção ascendente. Dessa forma, é possível percorrer grandes distâncias com pequeno gasto energético ou de combustível.

Ascendente: que sobe; que se movimenta de baixo para cima.

@ Explore
Observação de correntes de convecção

Assista ao vídeo do *link* a seguir e veja exemplos de correntes de convecção. Note que os corantes nos ajudam a observar o comportamento de líquidos ao serem aquecidos.
<http://ftd.li/rgnxu4>. Acesso em: 24 jan. 2014.

- O que acontece com as sombras do ar aquecido?

Ciclones tropicais, furacões ou tufões

Tempestades como a da imagem acima, que foi captada via satélite, causam muito medo às pessoas, pois podem trazer inúmeros prejuízos para as vítimas que fazem pelo caminho.

Ciclones, tufões ou furacões são sistemas de tempo severo que se formam em regiões de baixa pressão e águas quentes. A diferença entre eles é basicamente de nomenclatura, que varia de acordo com a região onde se formam. Os furacões ocorrem em Cuba, no Golfo do México, na Flórida, no Caribe e na Costa Oeste americana. Os tufões ocorrem no Japão, na China e nas Filipinas; e os ciclones tropicais ocorrem no Oceano Índico (desde a Índia até a Costa Oeste da Austrália).

Esses sistemas são formados por uma gigantesca massa de ar que realiza um movimento giratório muito rápido, acompanhada de ventos fortes, variação da pressão atmosférica e chuvas torrenciais.

Existe uma área central no ciclone denominada olho. É quase circular, com ventos, em geral, relativamente calmos, na qual há pouca ou nenhuma chuva e em que, muitas vezes, o céu é claro. O seu tamanho varia de 8 km a 200 km de diâmetro, mas em média tem entre 30 km e 60 km.

O olho do ciclone é cercado por uma área semelhante a um círculo, denominada parede do olho. O movimento do ar dentro do olho é levemente direcionado para baixo, enquanto a camada de ar da parede tem um fluxo para cima, criando fortes correntes de convecção. A convecção da parede do olho é fundamental na formação e na manutenção do ciclone ou furacão.

▲ Ciclones, tufões ou furacões são tempestades tropicais que causam enormes prejuízos, pois devastam grandes áreas extensas.

Torrencial: muito abundante.

🔔 Lembre

A formação de correntes de convecção é favorecida pela diferença de temperatura entre duas áreas.

Como se forma um furacão?

Para que se forme um furacão, deve existir uma série de condições específicas. Entre elas, podemos citar:

- águas quentes na superfície do oceano;
- uma camada de ar que favoreça as correntes de convecção;
- camadas relativamente úmidas de ar, com até 5 km de altura;
- uma distância mínima de 500 km da linha do equador;
- pouca mudança na direção e na velocidade vertical do vento entre a superfície e a alta atmosfera.

Os tornados são menores do que os furacões, tanto em dimensões quanto em tempo de duração. Têm diâmetros que vão de cerca de 30 m a até próximo de 2,5 km. A trajetória seguida por um tornado é muito irregular. Quando seu funil de ar toca o solo, ele pode mover-se em linha reta ou descrever um trajeto sinuoso. Ele pode duplicar-se, pular lugares ou formar vários funis.

@ Explore

Furacão, ciclone, tornado ou tufão

Veja as informações no *link* a seguir e compare-as com o que leu neste capítulo. <http://ftd.li/6xbjzj>. Acesso em: 24 jan. 2014.

- Qual é a diferença entre furacão, ciclone, tornado e tufão?

Imagens fora de escala de tamanho.
As cores não correspondem aos tons reais.

1 Ciclones e furacões têm a mesma formação. Sua origem é no mar, quando as águas atingem 27 °C na superfície e evaporam.

2 O vapor de água aquecido sobe para as camadas mais frias, condensa-se e forma nuvens densas de tempestade.

3 A condensação libera muita energia e cria uma zona de baixa pressão no topo, atraindo correntes ascendentes de ar.

4 Todo o ar ao redor tende a ser atraído para o centro (ou olho) do furacão e ocupa o espaço do ar que subiu, reforçando o fenômeno.

vapor de água

▲ Tornado no município de Forquilhinha (SC), 1999. Os tornados são ventos que giram com uma velocidade muito grande, em volta de um centro de baixa pressão; porém são menos intensos que os sistemas de tempo severo. Quando a coluna de ar carrega muita poeira, forma-se o que é chamado funil de nuvem, indicando que a sua base se liga à nuvem.

▲ Cena de destruição causada por tornado em Taquarituba (SP), 2013. Os tornados devastam uma área relativamente menor que os furacões, mas também podem ser muito destruidores.

Veja a escala utilizada por meteorologistas para avaliar a intensidade dos tornados na tabela a seguir.

Classificação da intensidade dos tornados		
Escala Fujita	**Velocidade do vento**	**Poder destrutivo**
F0	Até 110 km/h	Pequeno – galhos de árvores quebrados
F1	111 – 180 km/h	Moderado – árvores quebradas
F2	181 – 250 km/h	Considerável – grandes árvores arrancadas
F3	251 – 330 km/h	Severo – caminhões arrastados e virados
F4	331 – 420 km/h	Devastador – casas destruídas
F5	421 – 510 km/h	Incrível – quase nada sobrevive

Fonte: <http://ftd.li/hmz36z>. Acesso em: 25 abr. 2014.

Nós

Defesa Civil

[...] A atuação da proteção e defesa civil tem o objetivo de reduzir os riscos de desastre e compreende ações de prevenção, mitigação, preparação, resposta e recuperação, e se dá de forma multissetorial e nos três níveis de governo federal, estadual e municipal – com ampla participação da comunidade. [...]

Disponível em: <http://ftd.li/mypfdu>. Acesso em: 25 abr. 2014.

- Leia mais informações sobre o papel da Defesa Civil, procure informações sobre esse setor da sociedade em seu estado e discuta com os colegas a sua importância diante dos desastres naturais.

Escala Fujita: mede a intensidade de tornados; foi batizada com esse nome em homenagem ao cientista estudioso de tornados Dr. Ted Fujita, da Universidade de Chicago.

Mitigação: ação ou resultado de mitigar ou atenuar.

Leia o texto jornalístico a seguir.

> Você pode até ter suas dúvidas se isso é culpa do homem ou não (as evidências científicas indicam que sim)... mas que o clima da Terra está esquentando, não há dúvida.
>
> Segundo um relatório publicado no início deste mês pela Organização Mundial de Meteorologia (WMO, em inglês), a década de 2001 a 2010 foi a mais quente registrada nos últimos 150 anos, desde o início das medições sistemáticas em 1850. Vários recordes que não gostaríamos de quebrar foram quebrados: de calor, precipitação, derretimento de gelo, emissão de gases do efeito estufa, eventos climáticos extremos e mortes relacionadas a eles.
>
> A temperatura média do planeta entre 2001 e 2010 foi estimada em 14,47 °C, quase meio grau acima da média de 1961 a 1990 e 0,21 °C acima da média da década anterior (1991-2000). Todos os anos desta década, com a exceção de 2008, entraram para a lista dos 10 anos mais quentes já registrados desde 1850. O mais quente de todos foi 2010, com uma temperatura média estimada em 14,54 °C, cerca de meio grau acima de média histórica global. [...]
>
> Em termos de tempestades tropicais (furacões e ciclones), a década também foi a mais mortífera de que se tem notícia: foram 511 tempestades, que causaram um prejuízo econômico de US$ 380 bilhões, deixaram cerca de 170 mil pessoas mortas e impactaram a vida de outras 250 milhões.
>
> Juntando tempestades, enchentes, secas, ondas de calor e outros eventos extremos, a conta de mortos pelo clima entre 2001 e 2010 chega a 370 mil — 20% a mais do que na década anterior. Ou seja: mudança climática não é só uma questão científica, política nem econômica, é uma questão de sobrevivência. Imagine só!

ESCOBAR, Herton. Clima: uma década de extremos. **O Estado de S. Paulo**. São Paulo. 15 jul. 2013. Disponível em: <http://ftd.li/hmz36z>. Acesso em: 25 abr. 2014.

Sobre a matéria jornalística

A matéria de jornal traz dados sobre a elevação da temperatura do planeta, sem apontar uma causa responsável.

Fórum

Em grupo, discuta com seus colegas que ações a Defesa Civil do seu município poderia realizar para prevenir catástrofes, caso haja aumento de tempestades em razão do aquecimento global em um futuro próximo.

multiletramentos

Apresente o ar

Nesta unidade, você estudou as propriedades e características do ar, ao mesmo tempo que reconheceu a importância do ar em diversas atividades do nosso dia a dia. O ar é indispensável para os seres vivos. Vamos então aprimorar ainda mais esses conhecimentos assistindo a dois vídeos de desenho animado que auxiliarão no desenvolvimento da atividade da sessão Fórum, acima. Acesse "Natureza sabe tudo: O ar está em todo lugar – Parte 1", disponível em <http://ftd.li/wmvb56>, e "Parte 2", disponível em <http://ftd.li/jqmd9o>. Acessos em: 25 abr. 2014.

Agora, vamos colocar em prática esses conhecimentos! Em grupo, faça uma pesquisa para descobrir o que há em comum no uso do ar para o funcionamento de alguns aparelhos. Após a pesquisa, deverá ser elaborado um resumo ilustrado do funcionamento de cada um dos aparelhos, com destaque para o papel do ar, utilizando-se um apresentador de *slides*. Dessa forma, você poderá soltar a criatividade e elaborar uma apresentação de qualidade!

No espaço virtual **@multiletramentos** da plataforma **FTD Digital** você conhecerá recursos interessantes por meio de tutoriais que poderão ajudá-lo a elaborar e incrementar a sua apresentação.

Atividades

Reveja

1 Quais são as diferenças entre os furacões e os tornados?

2 Um furacão, na década passada, atingiu o estado de Louisiana, nos EUA. Postes de luz e grandes árvores foram derrubados, carros e barcos foram arremessados uns contra os outros e muitas casas ficaram completamente destruídas. Que velocidade devem ter atingido os ventos nessa região?

3 Por que um aquecedor, desses com resistência elétrica que fica incandescente, provoca correntes de ar mesmo sem um ventilador acoplado a ele?

Explique

4 Os aparelhos de refrigeração de ar são normalmente instalados na parte superior dos ambientes. Dê uma explicação possível para esse fato.

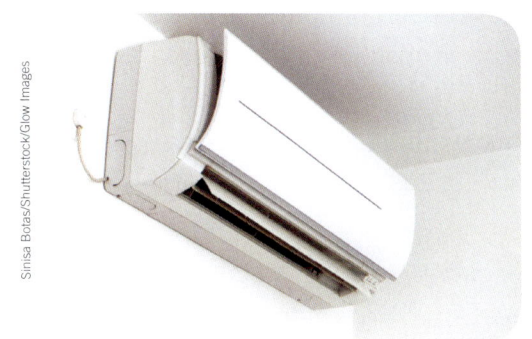

◀ Aparelho de ar condicionado.

5 Mesmo com tempo bom, sem nuvens ou tempestades, os aviões podem balançar durante o voo, em razão da chamada turbulência de céu claro, que ocorre principalmente quando sobrevoam regiões montanhosas. Como explicar tal fato?

6 Dê uma explicação para o fato de os voos de asa-delta e de planador serem realizados em determinados dias e horários e não a qualquer momento.

Asa delta sobrevoando a Praia de São Conrado, Rio de Janeiro (RJ), 2012.

Para ler o texto científico

Ideias sobre o vazio

[...] no século IV a.C., Aristóteles já pensava em conceitos como o de vazio (vácuo). Para ele, não se podia conceber na natureza um espaço vazio, ou seja, "a natureza tem horror ao vácuo". (Bassalo, 1996, p. 97).

[...]

Sextus Empiricus [...] ao contrário de Aristóteles, defendia a existência do vácuo para que pudesse haver movimento, como relatado num trecho de seu livro [...]:

"[...] pois se o vazio não existisse, o movimento também não deveria existir, pois o móvel não teria um lugar por onde passar, se todas as coisas estivessem cheias e compactadas". (Sextus Empiricus, Contra os lógicos, livro I, 213-4, apud, Martins, 1989, p.11).

[...]

Para Aristóteles, não era preciso aceitar a existência de espaços vazio, para que houvesse deslocamentos, pois, se os corpos poderiam trocar-se mutuamente de lugar, como parece ocorrer quando um peixe nada na água:

"O peixe passa a ocupar um local onde havia água; aquela água se desloca e o local onde o peixe estava é ocupado por água". (Martins, 1989, p.12).

[...]

[...] a frase "a natureza tem horror ao vácuo" não era, no contexto da época, absurda como pode parecer nos dias atuais. De certa forma, "essa ideia explicava adequadamente certo número de fenômenos, como, por exemplo, a ação das bombas de elevação, a adesão de um pedaço de mármore molhado a outro, a ação de um fole, a impossibilidade de se fazer um 'buraco' num líquido como se faz em um sólido, e assim por diante" [...].

Hoje sabemos que o vácuo é possível e a explicação sobre o movimento dos corpos é muito diferente daquela que Aristóteles e Sexto Empírico defendiam.

Sexto Empírico relacionava o movimento dos objetos à existência do vazio, pois, se o vazio não existisse, o movimento também não existiria.

Note que há uma diferença de mais de 600 anos entre o período de vida de Aristóteles e de Sexto Empírico.

O debate de ideias é uma característica do processo de produção da Ciência moderna.

Muitas pessoas (sábios e pensadores) do passado explicaram os fenômenos da natureza procurando as suas causas. Muitas dessas explicações não são hoje aceitas pela Ciência. Assim como hoje, as controvérsias e as discordâncias eram comuns e as crenças e argumentações eram diferentes.

▲ Sexto Empírico (160 d.C.-210 d.C.).

Aristóteles (384 a.C.-322 a.C.). ▶

Pascal, Torricelli e a consolidação do conceito de pressão atmosférica

Foi, portanto, devido à experiência de Torricelli que a pressão atmosférica pôde ser medida pela primeira vez. Em sua experiência, constatou-se que o nível de mercúrio no tubo descia, deixando no alto um espaço aparentemente vazio, enquanto a altura da coluna de mercúrio se estabilizava em torno de 76 cm. Torricelli, para explicar esse resultado, dizia que o mercúrio se deslocava devido ao peso do ar que o pressionava na cuba. Coube então a ele o título de ser a primeira pessoa a produzir um vácuo [...]. Mais tarde, este veio a receber o nome de vácuo torricelliano.

▲ Blaise Pascal (1623-1662).

Fonte: Origens históricas e considerações acerca do conceito de pressão atmosférica, de Marcos Daniel Longuini e Roberto Nardi, publicado no **Caderno Brasileiro de Ensino de Física**. v. 19. n. 1, p. 67-68, abr. 2002. Disponível em: <http://ftd.li/2fgzcf>. Acesso em: 25 abr. 2014.

Em outubro de 1646, Blaise Pascal repetiu a experiência de Torricelli e mostrou que a pressão atmosférica varia com a altitude: em locais de altitude maior, a altura da coluna de mercúrio era menor e o espaço vazio maior.

Os resultados dos experimentos de Torricelli e de Pascal sobre a pressão atmosférica só podiam ser interpretados com a aceitação do vácuo (vazio). A ideia do "horror ao vácuo" tinha de ser abandonada.

Uma das principais características da Ciência é o seu dinamismo: "o que é verdade hoje pode não o ser amanhã". O texto apresentado ilustra essa característica.

Sua vez

1 Os experimentos de Torricelli e Pascal com o mercúrio podiam ser explicados com a teoria do "horror ao vácuo"? Por quê? Veja a ilustração da p. 117, "A experiência de Torricelli".

2 Identifique no texto a explicação proposta por Torricelli para a coluna de mercúrio não descer totalmente para o recipiente.

3 Como é chamada hoje a força que sustenta a coluna de mercúrio em 76 cm quando o experimento de Torricelli é realizado ao nível do mar?

4 Faça um desenho para representar o resultado obtido por Torricelli, dando destaque à coluna de mercúrio e ao espaço vazio resultantes desse experimento.

5 Por que a ideia do horror ao vácuo tinha de ser abandonada após os resultados obtidos por Torricelli?

No laboratório

Movimentando o ar

Você já deve ter notado que, em um fogão a lenha ou em uma churrasqueira, a fumaça sai pela chaminé e não invade o ambiente.

Não é estranho que a fumaça "saiba" qual caminho deve seguir? Por qual motivo ela se dirige para a chaminé e não para o ambiente no qual se encontram o fogão ou a churrasqueira?

Este experimento ajudará você a responder a essas questões.

Material

- um quadrado de papel-alumínio, papel-cartão ou cartolina (8 cm × 8 cm)
- uma régua
- um abajur com cúpula e uma lâmpada incandescente de 40 W
- tesoura escolar de ponta redonda
- compasso ou outro objeto para furar o papel
- fita adesiva
- 1 m de linha de costura

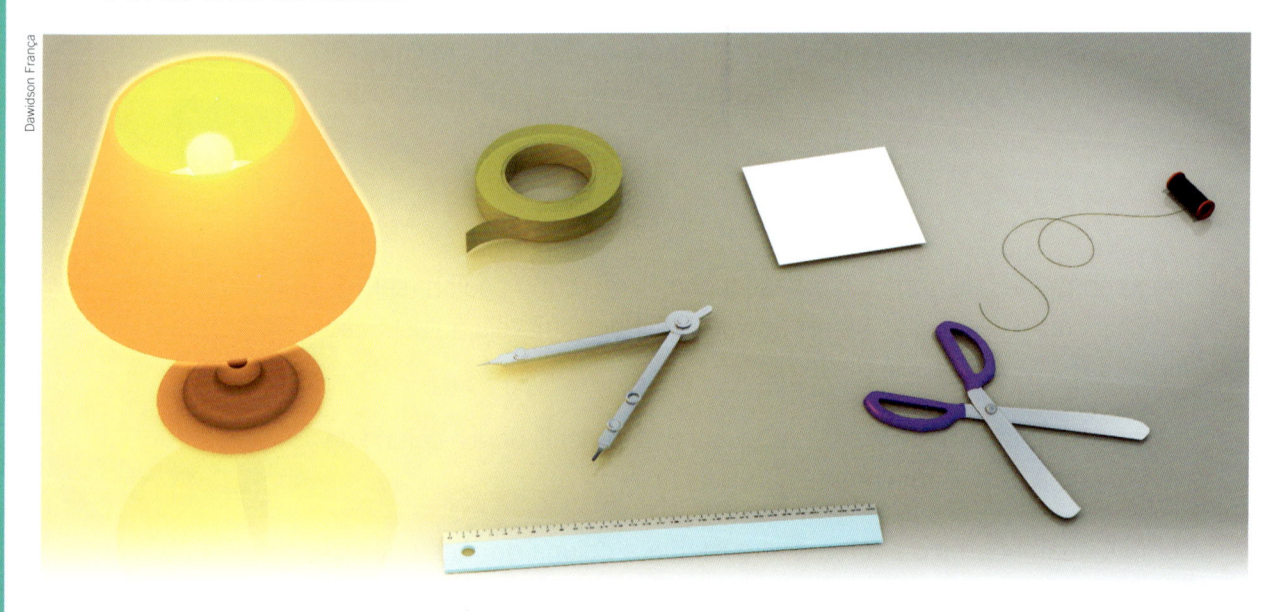

Procedimento

A. Com cuidado, trace quatro retas diagonais no quadrado de papel.

B. Faça cortes ao longo das retas (de mais ou menos 4 cm) sem chegar até o centro, todos com a mesma distância do centro do quadrado.

C. Dobre as quatro partes do quadrado de maneira que formem um cata-vento.

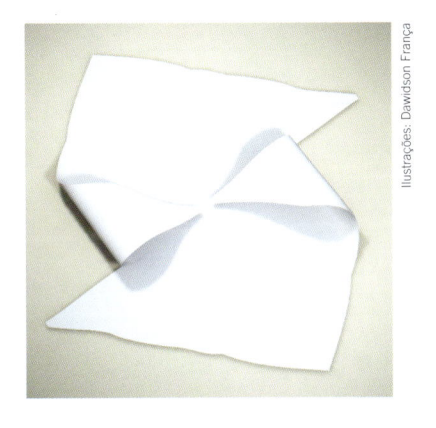

Ilustrações: Dawidson França

D. Faça um pequeno orifício no centro do cata-vento com a ponta de um compasso e passe a linha por ele, prendendo-a com um pedaço de fita adesiva ou outro material que impeça o fio de escapar.

E. Acenda a lâmpada do abajur e, segurando o cata-vento pela linha, coloque-o em diversas posições: ao lado do abajur, na altura da lâmpada; ao lado do abajur, abaixo da altura da lâmpada; acima do abajur e afastado da lâmpada; e, finalmente, acima do abajur e próximo da lâmpada, como mostra a imagem abaixo. Tome sempre o cuidado de manter a linha esticada, não deixando que ela fique enrolada ao colocá-la nas diversas posições solicitadas.

> **ATENÇÃO:** Evite acidentes. Ao realizar o procedimento, não coloque as mãos na lâmpada acesa ou logo após ser apagada.
> Não olhe diretamente para a lâmpada acesa, pois isso pode prejudicar os olhos.

Registre

1. Em quais posições o cata-vento não girou?
2. Em quais posições o cata-vento começou a girar?
3. Ele girou sempre com a mesma velocidade?

Compartilhe

- Dê uma explicação para o fato de o cata-vento ter girado.

133

INPE/CPTEC/DSA   NOAA   GOES-13   CPTEC   AMER

Unidade

Nesta unidade

- Extensão da atmosfera.
- Camadas da atmosfera.
- Fenômenos meteorológicos.
- Previsão do tempo.
- O ar e o voo.

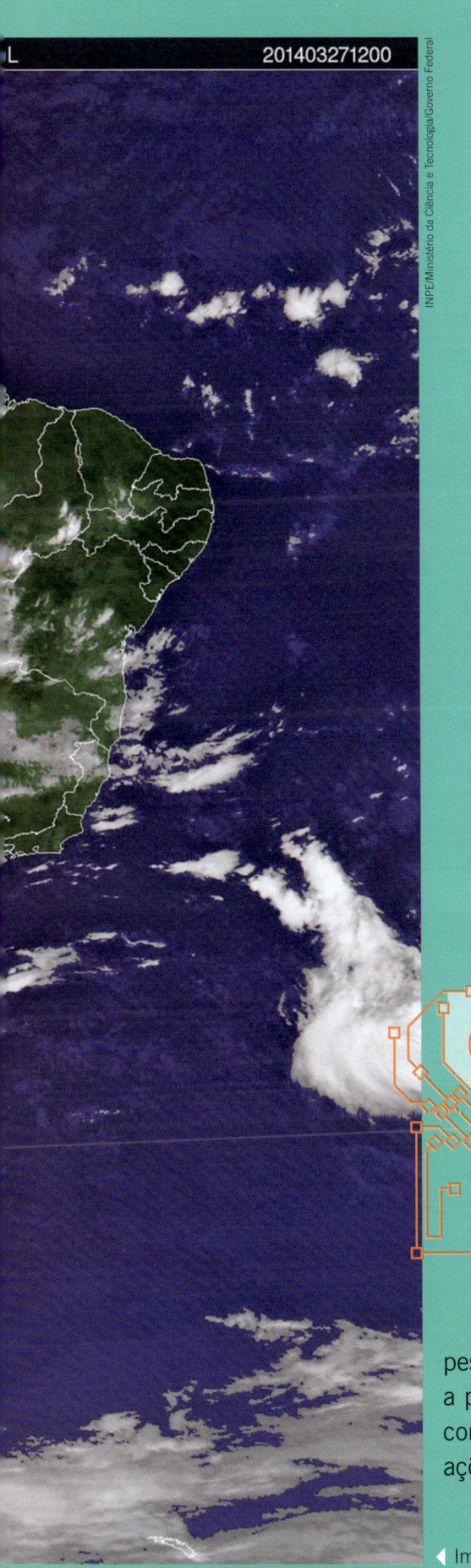

Atmosfera terrestre e tecnologia

Observe a imagem da América do Sul obtida pelo Satélite Ambiental Operacional Geoestacionário (GOES). O principal objetivo do GOES é monitorar as condições meteorológicas na Terra. Responda às perguntas abaixo.

1 Quais regiões do Brasil estão encobertas por nuvens?

2 Qual previsão do tempo você daria para a região do Nordeste? De sol ou céu encoberto?

3 O estudo das imagens do GOES ajuda a fazer a previsão do tempo com maior precisão. O satélite GOES não evita a ocorrência de fenômenos meteorológicos perigosos, mas evita muitas das mortes que seriam causadas por eles. Por quê?

> **@ mais**
>
> A página do Centro de Previsão de Tempo e Estudos Climáticos (CPTEC) do Instituto Nacional de Pesquisas Espaciais (INPE), além de imagens de satélites, traz diversos mapas de previsão do tempo, de temperaturas máximas e mínimas e muitas outras informações: <http://ttd.li/ruakdw> (acesso em: 07 jun 2014).
> Explore essa página e procure:
> 1. Qual é a previsão do tempo para amanhã na região em que você mora?
> 2. Quais estados brasileiros apresentarão a maior temperatura máxima e a menor temperatura mínima?

Imagens via satélite e informações obtidas por institutos de pesquisas espaciais e climáticas são importantes não só para a previsão meteorológica na Terra, mas também para estudos constantes da atmosfera que, como já se sabe, é afetada por ações do ser humano realizadas na superfície terrestre.

◂ Imagem de satélite da América do Sul.

Capítulo 1 — A atmosfera terrestre

Chama-se **atmosfera** a porção de ar, de aproximadamente 500 km de espessura, que envolve o nosso planeta. Ela contém gases essenciais para a existência de vida na Terra.

A atmosfera tem a capacidade de absorver e refletir uma parte da radiação solar, impossibilitando que ela chegue totalmente à superfície terrestre, o que garante a vida no planeta.

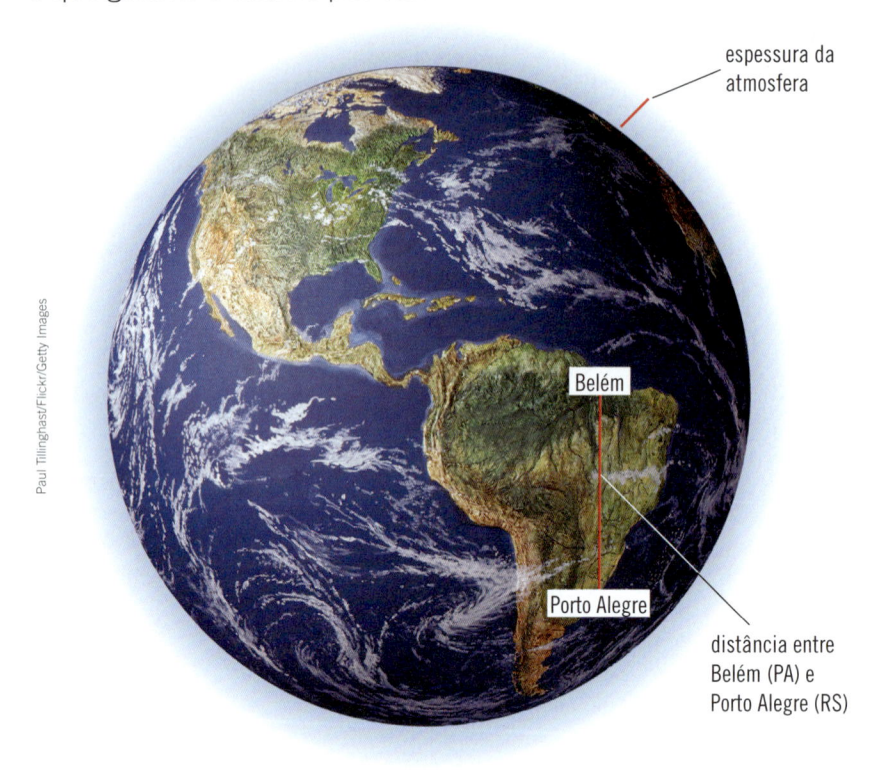

espessura da atmosfera

Belém

Porto Alegre

distância entre Belém (PA) e Porto Alegre (RS)

Pense e responda

Observe a espessura da atmosfera da Terra e a distância entre duas cidades brasileiras na imagem ao lado.

- Em qual das situações você percorreria maior distância? Saindo da superfície da Terra e indo até o fim da atmosfera ou viajando de Belém até Porto Alegre?

Muitos fenômenos estão relacionados com a atmosfera: chuva, vendaval, frente fria, estiagem, poluição, chuva ácida e, muitas vezes, essas condições interferem diretamente na nossa vida.

Frente fria: uma das bordas da massa de ar frio que se desloca sobre determinada área.

Estiagem: falta de chuva.

As camadas da atmosfera

Uma característica marcante da atmosfera é a sua variação de temperatura, que não é uniforme em todas as altitudes. Quando o ar da superfície é aquecido, ele sobe em direção às camadas mais altas da atmosfera, nas quais é resfriado. Um critério utilizado para a divisão da atmosfera em camadas é a variação vertical de temperatura.

Observe a figura a seguir, que mostra a temperatura média em toda a extensão da atmosfera.

CAMADAS INTERMEDIÁRIAS

Mesopausa: camada de transição entre a mesosfera e a termosfera. Como na tropopausa e na estratopausa, a temperatura fica constante (−290 °C) antes de começar a se elevar novamente. Tem, em média, 10 km de espessura e marca o início da termosfera.

Estratopausa: camada de transição que marca o fim da estratosfera e o início da mesosfera. Nela, a temperatura também se mantém constante, próxima de 0 °C. Sua espessura média é de 5 km.

Tropopausa: camada de transição entre a troposfera e a estratosfera. Apresenta pouca ou nenhuma variação vertical de temperatura. Sua espessura varia de 8 km a 15 km, conforme a estação do ano e a região do planeta. Ela é mais fina nos polos e mais espessa nos trópicos.

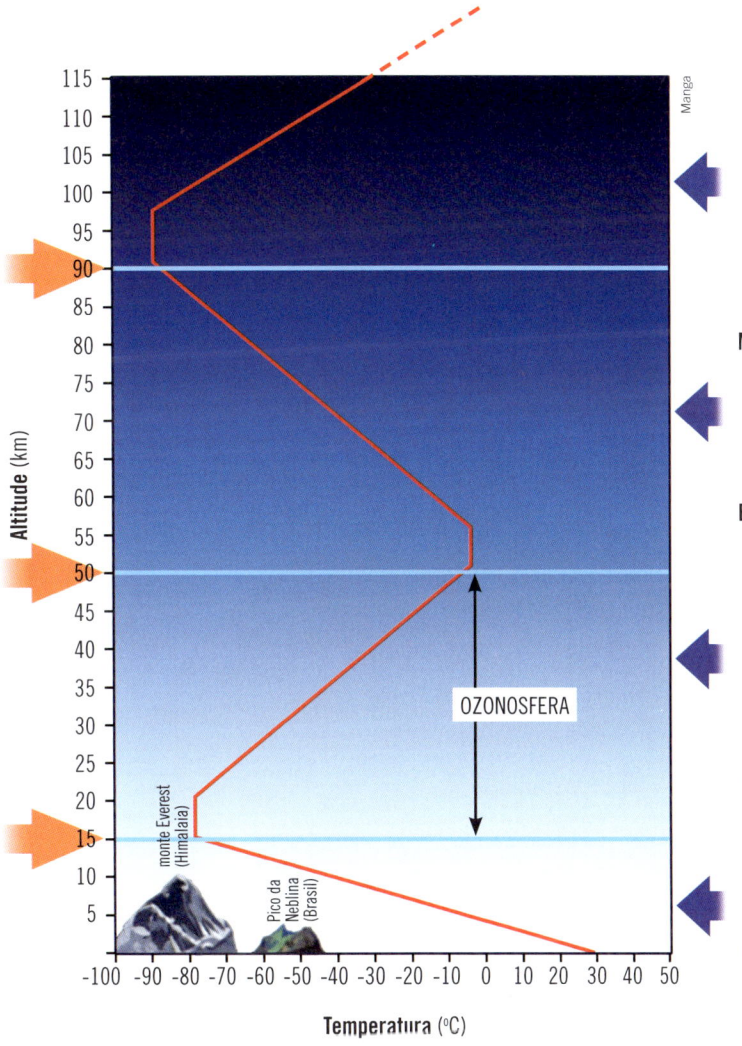

CAMADAS

Termosfera: também chamada de ionosfera. Nessa camada há pequena quantidade de matéria e a pressão atmosférica é muito pequena, pois o ar é muito rarefeito. Localiza-se entre 90 km e 500 km de altitude, e a temperatura atinge 2 000 °C.

Mesosfera: localiza-se entre 50 km e 90 km do solo. Na mesosfera, a temperatura volta a baixar, variando de 0 °C a −290 °C.

Estratosfera: nessa camada, a temperatura (−280 °C) aumenta continuamente até valores próximos de 0 °C. É nela que encontramos a camada de ozônio (ozonosfera). Localiza-se entre 16 km e 50 km de altitude, no equador. Essa camada inclui a tropopausa.

Troposfera: camada em que vivemos e onde ocorrem praticamente todos os fenômenos meteorológicos (formação de nuvens, chuvas, furacão, neve, entre outros). Cerca de 90% dos gases que compõem a atmosfera se encontram nessa camada. Próximo à linha do equador, a troposfera pode atingir 16 km de altitude e uma temperatura de até −280 °C.

Ilustração elaborada com base em: TEIXEIRA, W. et al. Decifrando a Terra. São Paulo: Oficina de textos, 2000. p. 75.

▲ Representação das camadas da atmosfera terrestre. A temperatura constante nas camadas de transição dificulta a circulação vertical do ar de uma camada inferior para uma superior e vice-versa. As temperaturas e espessuras das camadas variam conforme a estação do ano e a latitude da região considerada.

Camada de ozônio

Entre 15 km e 30 km de altitude, na zona temperada, e entre 20 km e 50 km de altitude, na linha do equador, existe uma alta concentração de ozônio (camada de ozônio ou ozonosfera). Essa camada funciona como um filtro, retendo grande parte da radiação ultravioleta proveniente do Sol.

A ozonosfera recebe esse nome por causa da sua composição química e não pela variação vertical da temperatura. Nesse sentido, a ozonosfera está incluída na camada chamada de estratosfera.

- Que problemas poderiam ocorrer se essa camada fosse completamente destruída?

É muito frequente as pessoas acharem que a atmosfera da Terra é mais extensa do que a parte sólida do próprio planeta. Essa concepção é reforçada não somente pela nossa vivência, uma vez que não "entramos" na Terra da mesma forma como "entramos" na atmosfera, com aviões, foguetes, satélites, mas também pelo desenho da camada de ar que rodeia o planeta feita pela maioria das ilustrações em revistas, jornais e livros. Dizemos que um desenho está em escala quando mantém todas as proporções de tamanhos, partes, distâncias e formas daquilo que está reproduzido. Por exemplo, um modelo em miniatura de um automóvel mil vezes menor do que o automóvel que está reproduzido, para que esteja em escala deve ter todas as partes, como carroceria, para-lamas, rodas, faróis, também mil vezes menores do que as existentes no automóvel real.

Concepção: ideia; representação; modo de pensar.

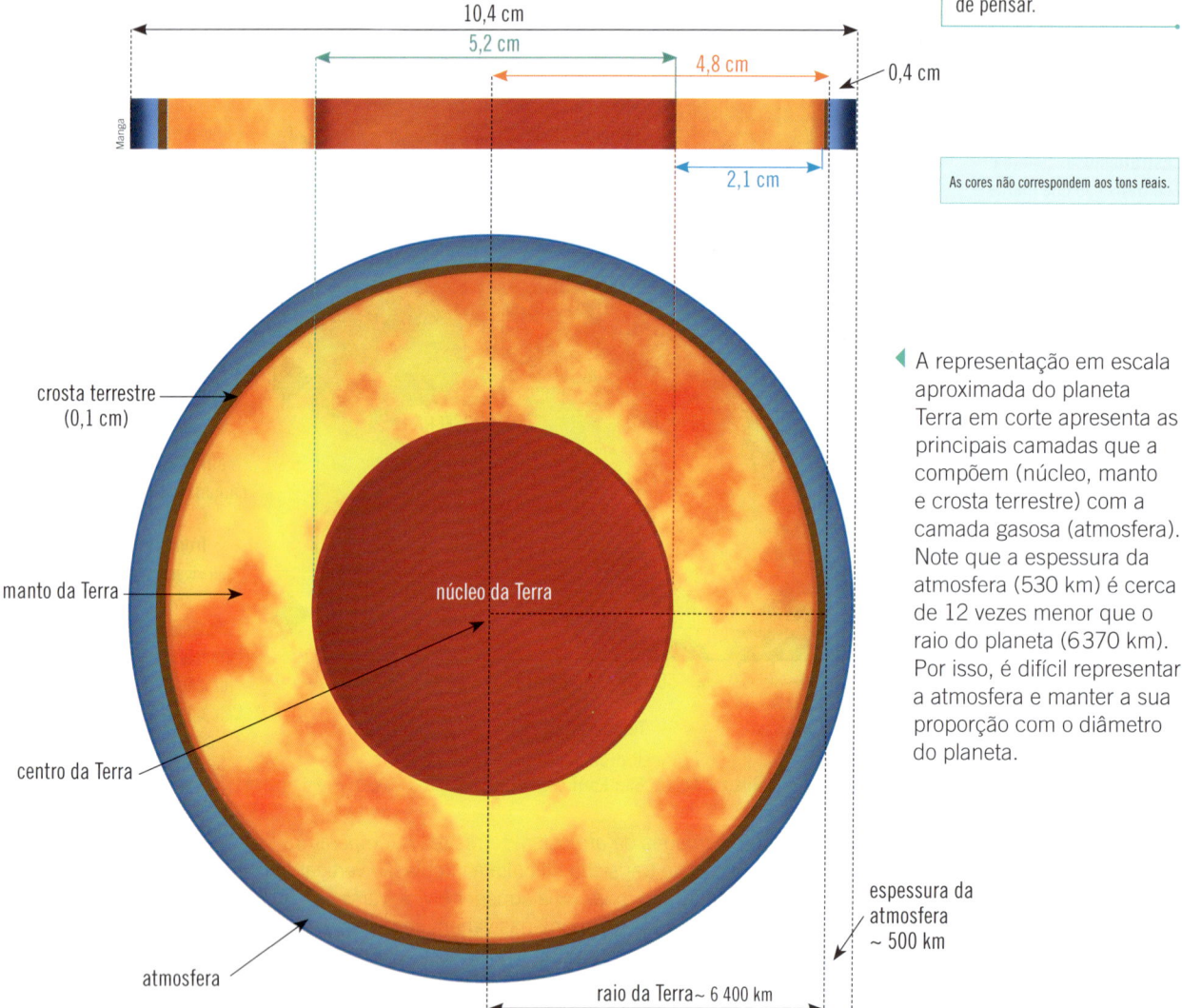

As cores não correspondem aos tons reais.

◀ A representação em escala aproximada do planeta Terra em corte apresenta as principais camadas que a compõem (núcleo, manto e crosta terrestre) com a camada gasosa (atmosfera). Note que a espessura da atmosfera (530 km) é cerca de 12 vezes menor que o raio do planeta (6 370 km). Por isso, é difícil representar a atmosfera e manter a sua proporção com o diâmetro do planeta.

Chuva, neve e granizo: água que cai do céu

Uma parte do ciclo da água ocorre na atmosfera. O processo de transformação da água gasosa (vapor de água) em nuvens (água líquida ou sólida) ocorre na troposfera e integra um dos fenômenos naturais mais importantes do planeta.

As nuvens são formadas pela evaporação da água dos rios, lagos, oceanos e pela água da transpiração de animais e plantas, que também evapora. Esse processo (ciclo da água) é facilitado quando a temperatura é mais alta, a umidade do ar é baixa e o vento sopra continuamente. Por sua vez, a água gasosa se transforma em água líquida ou mesmo sólida quando a temperatura diminui e a umidade do ar é alta.

Pense e responda

Observe as fotos ao lado.

1. Quais diferenças você consegue perceber entre os dois ambientes?

2. Existe uma relação entre o tipo de ambiente e a presença de nuvens no céu?

◀ Paisagem de um lago após tempestade.

◀ Paisagem no deserto.

As condições atmosféricas mudam continuamente durante o dia. Na maioria das vezes, a superfície da Terra recebe a luz solar, cuja energia pode gerar duas situações:

a) se houver um corpo d'água ou vegetação no local, a energia da luz favorecerá a evaporação tanto do corpo d'água quanto da água da vegetação, aumentando a umidade do ar naquela região;

b) se não houver água nem vegetação no local, o calor vai aquecer a areia, o cimento, a terra, as pedras ou outros elementos existentes na superfície e grande parte dessa energia térmica será transferida para o ar, aquecendo-o. Nesse caso, o ar estará mais quente do que nos locais onde há água e vegetação.

Quando o ar é resfriado, o vapor de água se condensa em gotículas que ficam suspensas na atmosfera. É desse modo que as nuvens se formam. Esse fenômeno geralmente ocorre nas altitudes mais elevadas da troposfera.

Para começar a chover em determinado local, não basta a presença de nuvens. Outros fatores também influenciam, como a umidade do ar e a temperatura – caso a umidade do ar no local esteja muito baixa e a temperatura muito alta, a probabilidade de chover é mínima. É o que acontece no sertão nordestino na época de seca. Caso a umidade do ar esteja alta e a temperatura baixa, a probabilidade de chuva é grande. Isso explica por que ocorrem chuvas, muitas vezes torrenciais, quando uma massa de ar quente e úmida encontra uma massa de ar frio e seco. A queda da temperatura, a presença de nuvens e a redução da pressão atmosférica provocam as chuvas.

Nuvens, granizo e neve

▲ A água pode ser encontrada em diferentes estados físicos na natureza.

Lembre
Em grandes altitudes as temperaturas são mais baixas.

Pense e responda

1 Entre as imagens, você consegue identificar qual apresenta granizo, qual apresenta neve e qual mostra nuvens?

2 Quais são os estados físicos em que a água se encontra em cada imagem?

3 Você sabe como a água chega a essas formas?

As nuvens são o resultado da condensação do vapor de água em torno de partículas sólidas microscópicas, como a poeira. As gotas minúsculas se unem e formam gotas maiores. Quando essas gotas se tornam pesadas demais para serem sustentadas pelas correntes de ar, caem em forma de chuva.

Quando as gotas de chuva se formam em grandes altitudes, elas podem se congelar e se transformar em pequenas pedras de gelo. Quando caem e chegam ao solo, temos a chuva de granizo.

Às vezes as gotas minúsculas, formadas nas partículas microscópicas, congelam (solidificação) e dão origem a pequenos cristais de gelo. Se o vapor de água encontrar esses cristais, pode haver a formação de flocos de neve.

Tome nota
Conhecer a distribuição de chuvas durante o ano em regiões agrícolas é importante para a organização do calendário das plantações. Em áreas urbanas, o poder público (municipal ou estadual) utiliza as informações meteorológicas para planejar ações contra o excesso de chuva, que pode causar enchentes.

A previsão do tempo

As estações meteorológicas são equipadas com instrumentos de medição para registrar informações sobre o tempo. São utilizados programas de computador para analisar os dados obtidos e fazer a previsão do tempo. Alguns dos instrumentos de medição são: anemoscópio, anemômetro, higrômetro, psicrômetro, pluviômetro, termômetro e barômetro.

Acesse o **objeto digital** desta unidade.

Pluviômetro.

O pluviômetro

O pluviômetro é um aparelho simples, utilizado para medir a quantidade de chuvas em dada região. Ele é composto de um tubo, normalmente metálico, com o fundo reto. A chuva é captada por um funil e medida em milímetros. Cada milímetro de chuva que cai corresponde a 1 litro de água por metro quadrado (1 mm de chuva = volume de 1L /m^2).

Desastres comuns registrados no Brasil são decorrentes de inundações, alagamentos, enxurradas, deslizamentos, estiagens, secas e vendavais. Em áreas urbanas, onde se concentra a maior parte da população brasileira, as inundações, as enxurradas e os deslizamentos de solo ou de rochas são os eventos que causam grandes impactos. Os pluviômetros são importantes ferramentas para fazer previsões e prevenir a ocorrência de desastres.

Nós

O uso do pluviômetro na prevenção aos desastres naturais

O projeto "Pluviômetros nas Comunidades", executado pelo Cemaden (Centro de Monitoramento e Alertas de Desastres Naturais), prevê a distribuição de pluviômetros para serem instalados em áreas de risco e utilizados pela comunidade local, após treinamento, promovendo a participação dos moradores.

Visite o *link* para saber mais sobre o projeto: <http://ftd.li/h9hyk5> (acesso em: 09 jun. 2014).

1. Por que a instalação de pluviômetro pode ajudar as comunidades situadas em áreas de risco?

2. Por que é importante o engajamento dos moradores das comunidades nesse projeto?

◀ Técnicos instalando pluviômetro em Almirante Tamandaré (PR), em setembro de 2013.

O psicrômetro: medindo a umidade relativa do ar

A medida da umidade relativa do ar é muito importante para a previsão do tempo, pois quanto maior for o valor dessa medida, maior será a probabilidade da ocorrência de chuva. Um instrumento utilizado para medir a umidade relativa do ar é o **psicrômetro**.

O psicrômetro é um instrumento constituído por dois termômetros, um dos quais com o bulbo envolvido por um tecido que está sempre úmido. Com a evaporação da água que umedece o tecido, há a diminuição de temperatura, e o termômetro do bulbo úmido apresentará temperatura menor do que o outro termômetro, que está seco. Quanto mais seco está o ar, mais facilmente ocorre a evaporação da água que molha o bulbo do termômetro e menor é a temperatura por ele registrada. A umidade relativa do ar é calculada com base na diferença de temperatura registrada nos dois termômetros, também chamada depressão psicrométrica: quanto maior a diferença, mais seco está o ar e, quanto menor a diferença, mais úmido ele está.

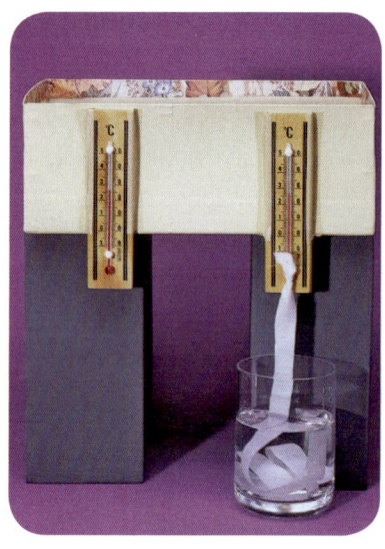

▲ Psicrômetro simples.

As correntes de ar

Os fatores físicos que determinam a formação de correntes de ar na troposfera já foram estudados. A movimentação do ar na atmosfera transfere energia térmica (calor) de uma região para outra. Esse processo se dá, principalmente, por meio dos movimentos verticais do ar (chamados de correntes de convecção) e dos movimentos horizontais do ar (chamados de correntes de advecção).

Na superfície, os ventos são resultantes do aquecimento diferenciado das massas de ar. São chamados de massas de ar imensos volumes da atmosfera em que as variações de temperatura e pressão são relativamente pequenas. As massas de ar são formadas sobre superfícies extensas e relativamente uniformes, como florestas, oceanos e áreas com gelo.

Os deslocamentos de massas de ar na superfície vão dos locais de maior pressão (ar frio) para os de menor pressão (ar quente). É assim que se forma a brisa marítima. No continente, por causa do aquecimento mais rápido do solo e, consequentemente, do ar sobre ele, forma-se uma zona de baixa pressão. Isso faz com que o ar que está no oceano se desloque para o continente por diferença de pressão.

A imagem está fora de escala de tamanho. As cores não correspondem aos tons reais.

▼ Esquema da formação de correntes de ar.

corrente horizontal

corrente vertical

baixa pressão

alta pressão

As brisas marítima e terrestre são exemplos de movimentos horizontais de massas de ar.

▲ Esquema da brisa marítima.

Imagens fora de escala de tamanho. As cores não correspondem aos tons reais.

Durante a noite acontece o inverso, ou seja, a terra se resfria mais rapidamente do que o mar. Isso determina a formação de uma região de alta pressão no continente, causando o deslocamento do ar da terra para o mar. Assim, forma-se a brisa terrestre.

▲ Esquema da brisa terrestre.

As correntes verticais ascendentes são determinadas pela diferença de temperatura das massas de ar. Quando o ar da superfície do solo é aquecido, ele fica menos denso e sobe.

Menos denso: diz-se do objeto (matéria) que apresenta pouca massa, quando comparado com o volume que ocupa.

O anemômetro: medindo a velocidade dos ventos

Os **anemômetros** são aparelhos que medem a velocidade do vento e, para isso, normalmente utilizam quilômetros por hora (km/h) como unidade de medida. A foto ao lado apresenta o anemômetro fixo, como os utilizados em torres de controle dos aeroportos. A velocidade do vento é calculada convertendo o número de giros da ventoinha por unidade de tempo em km/h ou em outra unidade de medida de velocidade, tal como metros por segundo (m/s).

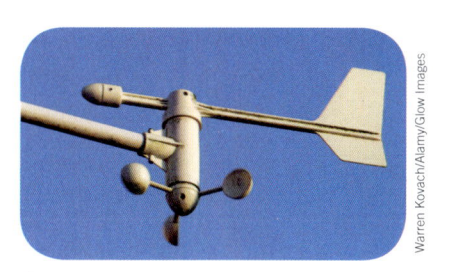

▲ Anemômetro fixo utilizado em aeroportos.

A velocidade e a direção do vento sofrem influência de vários fatores, tais como a quantidade de energia solar que atinge a superfície, o relevo da região, a rotação da Terra. Quanto mais dados os meteorologistas conseguem obter, melhor é a previsão do tempo.

Biruta.

O anemoscópio: a biruta

O aparelho que determina a direção do vento é chamado de **anemoscópio** e pode ter várias formas. Um tipo característico de anemoscópio é a biruta. A direção do vento é uma informação útil para avaliar se as condições atmosféricas vão mudar ou não, e também para os pilotos das aeronaves (helicópteros e aviões) fazerem pousos e decolagens com segurança. Os meteorologistas usam informações como a direção e a velocidade do vento para calcular em quantos dias ou em quantas horas uma massa de ar vai atingir determinada região.

A biruta é um instrumento simples, composto de um funil de pano leve que gira livremente. A corrente de vento entra pela boca do funil e sai pela extremidade oposta. Se o vento mudar de direção, a biruta vira na mesma direção. Observe a biruta da foto acima. Para que lado o vento está soprando?

Hoje, além das estações meteorológicas localizadas em terra, há os satélites, como o satélite GOES citado no começo da unidade, que conseguem registrar grande número de dados sobre temperaturas e vapor de água, entre outros, de áreas extensas. Os satélites facilitam o trabalho dos meteorologistas e garantem previsões do tempo mais precisas.

@multiletramentos

Como ocorrem as precipitações?

A atmosfera terrestre interfere diretamente na vida de cada um de nós e, por isso, há tanta pesquisa na área de Meteorologia. Se você observar, as previsões nos são oferecidas a todo instante pela mídia e pelos *sites* especializados. Para compreender bem as precipitações a que o nosso planeta está sujeito, precisamos entender a ação do vento e as variações das temperaturas.

Nesta unidade você tem acesso à explicação científica de como se formam as nuvens, as chuvas, o granizo e a neve.

Que tal fazer uma animação com essas informações e explicar como acontecem as formações que provocam as precipitações?

Você e seus colegas devem se dividir em grupos de três e poderão usar desenhos produzidos pelo grupo e/ou imagens obtidas nos *sites* especializados e, fotografando quadro a quadro, produzirão uma animação utilizando ferramentas como o JellyCam e o Movie Maker.

No espaço virtual **@multiletramentos** da plataforma **FTD Digital** você encontrará mais informações sobre como realizar esta atividade e terá acesso aos tutoriais que explicam como fazer as animações.

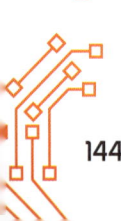

Atividades

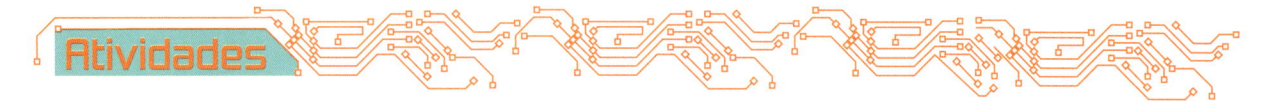

Reveja

1 Quantas vezes o raio do planeta é maior que a espessura da atmosfera?

2 Cite duas condições atmosféricas necessárias para que se inicie uma precipitação.

3 Qual é a diferença entre chuva e chuva de granizo?

4 A brisa marítima que sentimos durante o dia em uma praia é ocasionada:

   a) pela baixa pressão do ar (ar quente) no continente e maior pressão do ar (ar frio) no mar.
   b) pela baixa pressão do ar (ar quente) no mar e maior pressão do ar (ar frio) no continente.
   c) pelo fato de a pressão do ar no continente ser igual à pressão do ar no mar.
   d) pela alta pressão do ar (ar quente) no continente e baixa pressão do ar (ar frio) no mar.

5 Analise o esquema abaixo e responda às questões a seguir.

   a) Onde a pressão atmosférica é maior: no continente ou no mar?
   b) Onde a corrente de convecção é ascendente (do nível do solo para o alto)? Onde ela é descendente (do alto para o solo)?
   c) Onde a temperatura é maior: no mar ou no continente?

Explique

6 Escreva três motivos (científicos, sociais ou econômicos) para a realização da previsão do tempo.

7 Procure justificar por que as previsões meteorológicas sobre a ocorrência ou não de chuvas em uma localidade, principalmente aquelas previsões feitas com antecedência de muitos dias, nem sempre se confirmam.

8 Um jardim tem 30 m² de área (6 m x 5 m). Em época de seca, que volume de água, em litros, deve ser utilizado para irrigar esse jardim em substituição a uma quantidade de chuva de apenas 10 mm?

9 Na troposfera, a cada 100 m de altitude que subimos a temperatura do ar cai em média 0,65 °C. Supondo que em um local ao nível do mar a temperatura fosse de 28,5 °C, qual seria a temperatura esperada a 1 000 m de altitude?

capítulo 2 — O ar e o voo

▲ Avião em voo.

▲ Ave em voo.

A força do ar já foi observada inúmeras vezes pelo ser humano. Ela é capaz de destruir construções bem sólidas. Da mesma maneira, essa força é utilizada, há bastante tempo, para movimentar barcos ou moinhos.

Uma ideia antiga, perseguida por muitos pensadores, é a de conseguir imitar os pássaros e se deslocar no ar "batendo asas", embora artificiais. Desenhos do século XV, realizados por Leonardo da Vinci (1452-1519), mostram esse sonho. Somente no século XIX os primeiros objetos voadores tripulados foram inventados.

Voar como as aves é um sonho que faz parte da história. Afinal, o ser humano ainda não conseguiu decolar do chão com a própria força muscular. Mesmo com a invenção de asas-deltas e de paraquedas, o que conseguimos até hoje foi pular de algum local alto e, então, controlar o voo até descer.

Pense e responda

Observe a forma do corpo da ave e a do avião e responda:

1 Quais são as semelhanças entre elas?

2 Você acha que essas semelhanças são importantes para que eles sejam capazes de voar?

Decolar: levantar ou alçar voo.

◀ Modelo de máquina voadora construída com base nas ilustrações de Leonardo da Vinci, no Museu Nacional de Ciência e Tecnologia em Milão, na Itália.

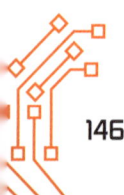

Sobre a imagem

Leonardo da Vinci projetou aparelhos mecânicos para voo, movidos por energia humana. Supostamente, Da Vinci utilizou como inspiração aves, morcegos e pipas.

A inspiração na estrutura das asas de morcegos fica evidente na construção das asas da máquina.

Morcego. ▶

O que é necessário para voar?

Para que um voo ocorra, são necessários três requisitos: propulsão, sustentação e dirigibilidade.

▲ **Propulsão:** é a força que permite a decolagem, a subida e o deslocamento no ar.

No caso das aves, é o bater de asas (força muscular). No caso dos aviões, os motores são responsáveis pela propulsão. Após a decolagem e a subida, a propulsão no ar pode ocorrer apenas pela ação do vento – é o que acontece no voo dos planadores e de algumas aves que aproveitam as correntes de ar quentes e frias para se locomover.

Imagens fora de escala de tamanho.
As cores não correspondem aos tons reais.

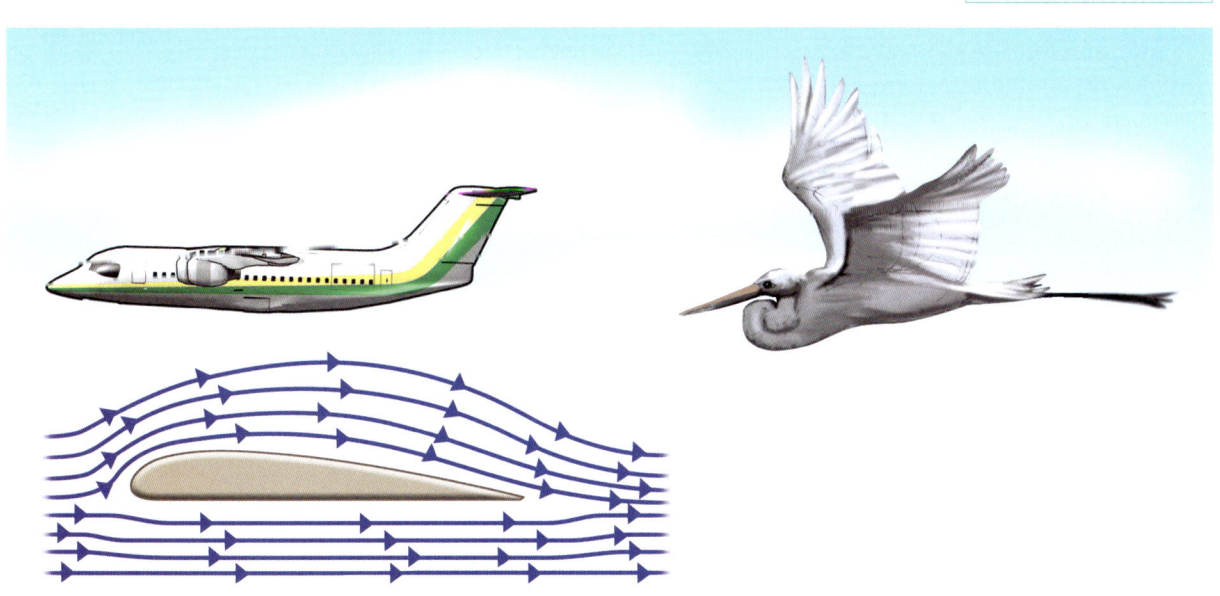

▲ **Sustentação:** permite que máquinas e aves voadoras se sustentem no ar. As asas são as principais responsáveis por essa permanência. O tamanho delas é fundamental para isso, pois deve ser proporcional ao que devem sustentar. O formato das asas também é importante. Um aspecto a considerar é que, para haver sustentação da maioria das aves ou dos aviões, deve haver deslocamento no ar. O formato da asa permite que a distância percorrida pelo ar na parte inferior seja menor que na parte superior, exercendo maior força na parte inferior, garantindo, assim, a sustentação.

Imagens fora de escala de tamanho.
As cores não correspondem aos tons reais.

▲ **Dirigibilidade:** como o próprio nome diz, é o que permite as diferentes manobras em um voo – para cima, para baixo e para os lados. Ela é obtida, principalmente, pela movimentação adequada de partes das asas e da cauda, sejam elas de uma ave ou de um avião.

Rede do tempo

Os trabalhos de Santos-Dumont

Os primeiros avanços na tentativa de alçar voo só foram possíveis quando o ser humano buscou outros meios para conseguir voar, abandonando a ideia de imitar as aves. No decorrer do tempo, muitas tentativas foram feitas, quase sempre sem sucesso imediato. Isso não significa que foram inúteis, pois contribuíram para o aprimoramento de outras experiências, evitando-se os erros anteriores. Dois fatos, entre outros, se tornaram marcos históricos: a descoberta da dirigibilidade e o voo do mais pesado que o ar.

▲ Alberto Santos-Dumont (1873-1932).

A descoberta da dirigibilidade

A dirigibilidade foi conseguida por um brasileiro, Alberto Santos-Dumont. Ele desenvolveu estudos sobre a dirigibilidade e a demonstrou publicamente contornando, em 1901, a Torre Eiffel, em Paris, em um balão construído por ele mesmo, com motores e partes móveis que funcionavam como leme de direção.

O voo do mais pesado que o ar: o 14-Bis

Santos-Dumont tornou-se famoso por ter sido o primeiro a conseguir uma grande façanha: a decolagem do primeiro voo de um aparelho mais pesado que o ar. Esse voo realizou-se em 13 de setembro de 1906, no Campo de Bagatelle, em Paris, com o avião chamado 14-Bis, construído pelo próprio Santos-Dumont.

Façanha: ato notável, de grande importância.

Santos-Dumont morreu em 23 de julho de 1932, com o descontentamento de ver o avião ser utilizado, na própria pátria, para matar seres humanos que lutavam pelo restabelecimento da ordem legal (Revolução Constitucionalista de 1932).

◀ Voo do avião 14-Bis.

@ Explore

Que tal ver o que se passa na cabine de comando durante um voo?

Na internet há diversos vídeos que mostram pousos e decolagens vistos das cabines de comando de diferentes modelos de aviões, em vários aeroportos do Brasil e do mundo. Para encontrar esses vídeos, pesquise em *sites* de busca com as palavras "voo visto da cabine". Escolha o voo que considerar mais interessante, assista-o, sinta-se "nas nuvens" e, principalmente, note toda a tecnologia e o trabalho das pessoas envolvidas nesse voo.

Você também pode instalar no seu computador um simulador de voo gratuito. O programa Google Earth permite a visualização de qualquer parte da Terra com imagens de satélites e possui um modo de simulação de voo. Você pode encontrar o programa no *link*: <http://ftd.li/x456pv>. As instruções e suporte do programa podem ser encontrados no *link*: <http://ftd.li/ycdruv>. (Acessos em: 09 jun. 2014.)

As viagens de avião estão cada vez mais presentes na vida dos brasileiros. A cada dia, milhares de passageiros embarcam nos aeroportos do país para os mais diferentes destinos, nacionais e internacionais. Tanto os passageiros quanto as empresas aéreas têm direitos e deveres, muitos deles diretamente ligados à segurança dos voos. No Brasil, a Anac (Agência Nacional da Aviação Civil) é o órgão federal que regula e fiscaliza o transporte aéreo no país.

Para esclarecer quais são esses direitos e deveres, a Anac distribui gratuitamente, em todos os aeroportos do país, o livreto *Guia do Passageiro*, que também está disponível em: <http://ftd.li/iodie8> (acesso em: 09 jun. 2014).

Nós

Os passageiros e a segurança no transporte aéreo

Discuta com seus colegas e responda:

1. Por que é importante que sejam estabelecidos e respeitados os limites de tamanho e peso para a bagagem de mão?

2. Por que os passageiros devem permanecer com os cintos de segurança durante a viagem, mesmo que o tempo esteja bom?

Fórum

▲ Construção de aeroporto em São Gonçalo do Amarante (RN), 2012.

Observe a foto acima, que mostra o início da construção de um aeroporto em São Gonçalo do Amarante. Em torno desse aeroporto há alguma área urbana próxima? Qual foi o impacto ambiental? Quais devem ser as condições climáticas nessa região? Agora que você aprendeu diversos aspectos da atmosfera terrestre e do transporte aéreo, reúna-se com seus colegas de grupo e analisem a seguinte situação: um novo aeroporto deve ser construído para atender às necessidades de uma grande cidade. Lembre-se do que você sabe sobre o ambiente e sua cidade.

- O que deve ser levado em conta para a escolha do local mais adequado para a construção de um novo aeroporto?

Entendendo como voam os aviões

Observe atentamente a imagem seguinte, que representa um avião moderno e as suas principais partes.

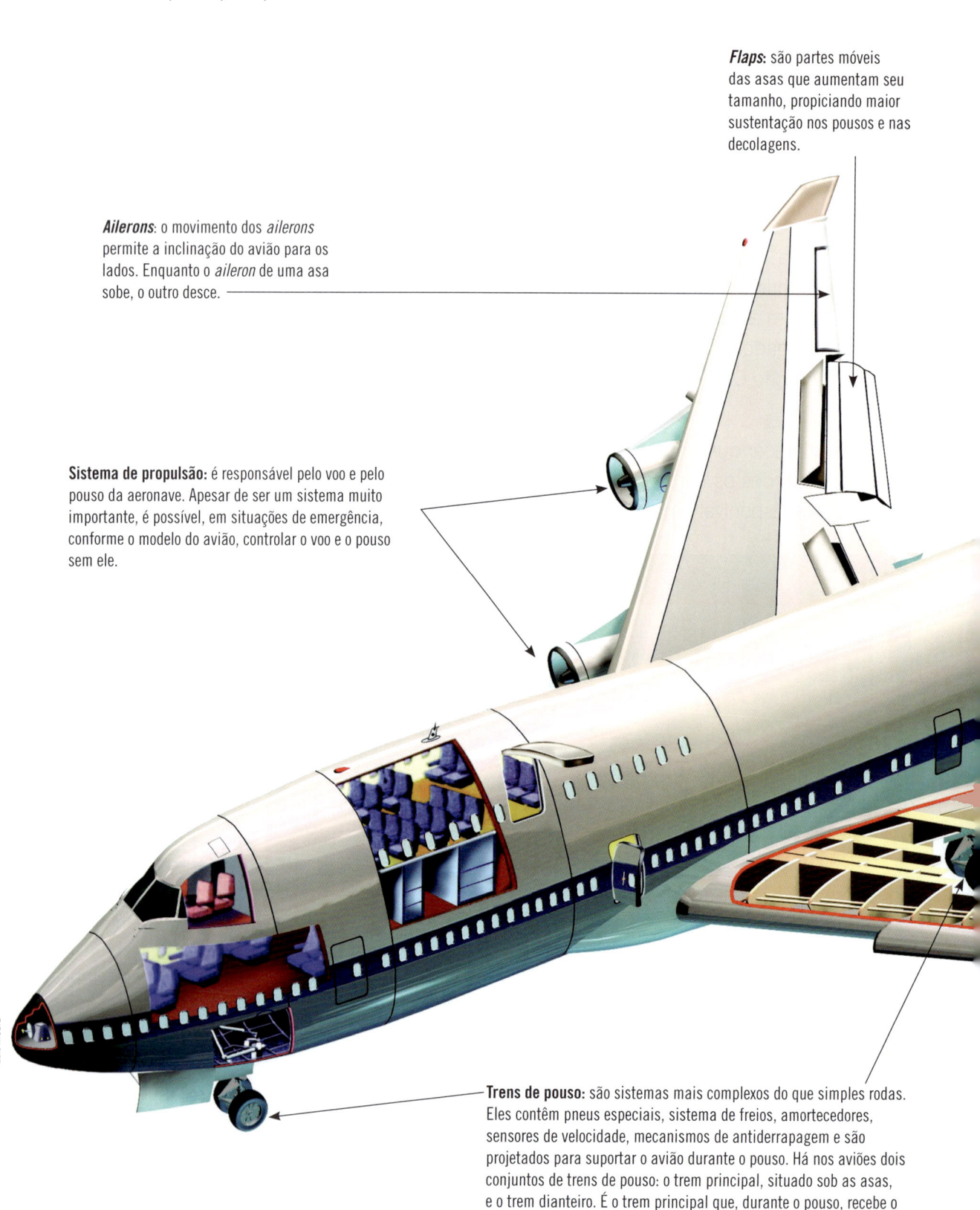

Flaps: são partes móveis das asas que aumentam seu tamanho, propiciando maior sustentação nos pousos e nas decolagens.

***Ailerons*:** o movimento dos *ailerons* permite a inclinação do avião para os lados. Enquanto o *aileron* de uma asa sobe, o outro desce.

Sistema de propulsão: é responsável pelo voo e pelo pouso da aeronave. Apesar de ser um sistema muito importante, é possível, em situações de emergência, conforme o modelo do avião, controlar o voo e o pouso sem ele.

Trens de pouso: são sistemas mais complexos do que simples rodas. Eles contêm pneus especiais, sistema de freios, amortecedores, sensores de velocidade, mecanismos de antiderrapagem e são projetados para suportar o avião durante o pouso. Há nos aviões dois conjuntos de trens de pouso: o trem principal, situado sob as asas, e o trem dianteiro. É o trem principal que, durante o pouso, recebe o primeiro impacto do avião com a pista.

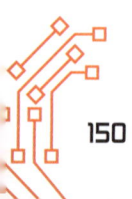

Essas mesmas partes estão presentes em qualquer avião, seja qual for o seu tamanho. O que muda é o tipo de sistema de propulsão (pode ser a hélice ou a jato) e a sofisticação do funcionamento das demais partes.

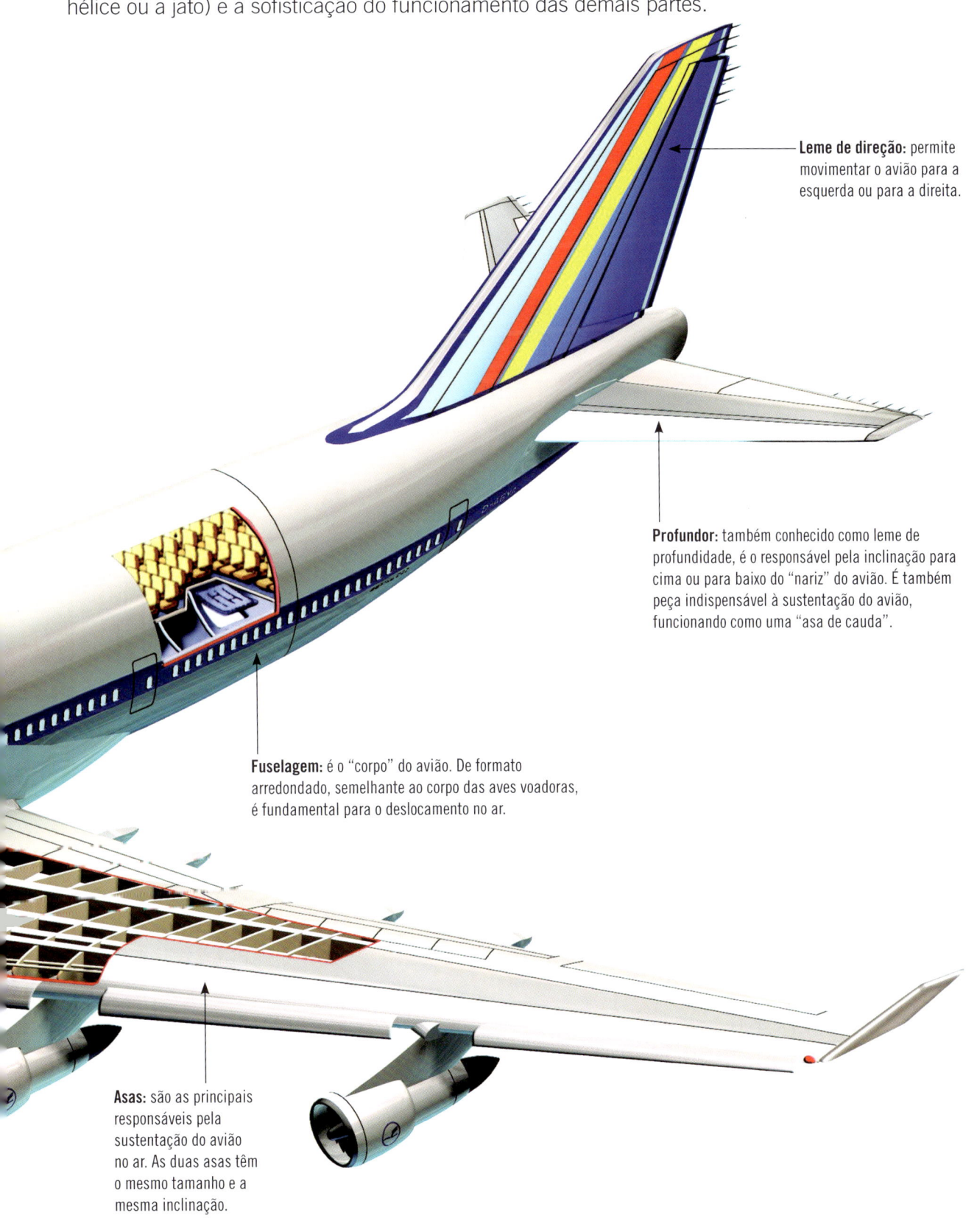

Leme de direção: permite movimentar o avião para a esquerda ou para a direita.

Profundor: também conhecido como leme de profundidade, é o responsável pela inclinação para cima ou para baixo do "nariz" do avião. É também peça indispensável à sustentação do avião, funcionando como uma "asa de cauda".

Fuselagem: é o "corpo" do avião. De formato arredondado, semelhante ao corpo das aves voadoras, é fundamental para o deslocamento no ar.

Asas: são as principais responsáveis pela sustentação do avião no ar. As duas asas têm o mesmo tamanho e a mesma inclinação.

Experimento da hora

Você é o piloto

Nesta atividade, você vai construir um avião feito de isopor e observar a atuação de algumas de suas partes: *flaps*, leme de direção, *ailerons* e profundor. Vai também experimentar a dirigibilidade do modelo do avião construído.

Material

- duas bandejas de isopor de aproximadamente 15 cm x 22 cm (dessas utilizadas para embalar alimentos);
- tesoura escolar de ponta redonda;
- régua.

Procedimento

A. Para construir o avião que você vai pilotar, acompanhe as imagens seguintes. Usando a bandeja de isopor, pode-se aproveitar a inclinação das laterais na construção da asa.

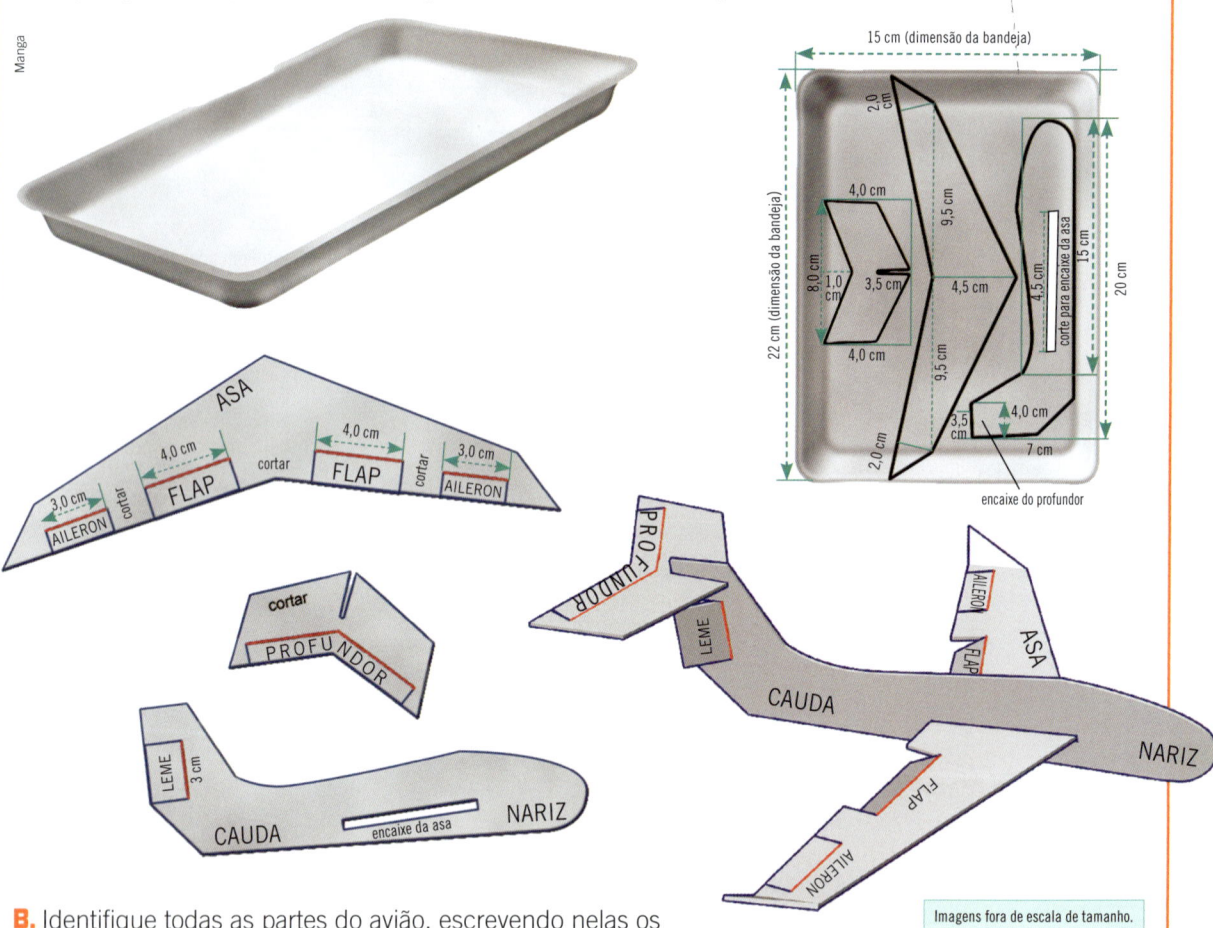

B. Identifique todas as partes do avião, escrevendo nelas os nomes correspondentes: *ailerons*, *flaps*, profundor, asas, lemes de direção.

Agora que o seu avião ficou pronto, experimente a sensação de fazê-lo voar.

C. Faça um movimento de lançamento do seu avião para que ele atinja o máximo de distância.

Em geral, quem o lança com muita força não é bem-sucedido.

Experimente colocar em diferentes posições cada parte do avião e faça testes para ver o que acontece. Descubra quais manobras você consegue fazer com ele. Proponha desafios para os seus colegas e compartilhe o que descobriu.

Ciências e Mitologia

A lenda de Dédalo e Ícaro

Ícaro e seu pai, Dédalo, foram presos na ilha de Creta pelo rei Minos. Enquanto estavam na ilha, Dédalo fez dois pares de asas com penas de aves marinhas e colou-as com cera de abelha. Dédalo instruiu seu filho a voar alto o suficiente para não molhar as asas com água do mar e não subir muito para se manter longe do Sol. Assim, conseguiriam voar em direção a uma ilha vizinha. No entanto, Ícaro, entusiasmado com a experiência, ignorou as orientações de seu pai e voou cada vez mais alto. O calor do Sol derreteu a cera de suas asas e Ícaro caiu no mar, onde morreu afogado. Dédalo só pôde observar e chorar a morte do filho.

Uma interpretação desse mito trata do que acontece com pessoas que têm ambições muito grandes, não medem as consequências para alcançar seus objetivos e, no final, não têm o sucesso desejado. Da mesma forma Ícaro, que tentou voar alto demais e teve suas asas derretidas.

- Com o auxílio do livro sugerido para leitura e outros livros ou *sites*, pesquise a história completa de Ícaro. Faça no caderno uma história em quadrinhos para ilustrar essa lenda.

Ícaro e Dédalo, de Frederic Leighton (1830-1896).

Frederic Leighton. c. 1860. Óleo sobre tela. Coleção particular

Sobre a pintura

O termo "mitologia" pode ser usado para se referir a um conjunto de mitos ou ao estudo dos mitos que pertencem a uma religião ou cultura. Um mito é uma narrativa, uma série de eventos conectados em uma história, que conta como o mundo e a humanidade tiveram origem. Lendas e folclores também podem ser considerados parte da mitologia. Fazem parte da mitologia brasileira, por exemplo, o Saci e a sereia Iara.

Os mitos sempre foram fonte de inspiração para os artistas. Referências à mitologia abrangem poemas compostos em homenagem a deuses, peças de teatro e obras de arte como pinturas e esculturas. O mito de Ícaro serviu de inspiração para muitos artistas, como na tela. Além disso, esse mito representa um desejo antigo dos seres humanos de voar, tentar conquistar o céu como as aves.

📖 O voo de Ícaro

GUASCO, Luiz. São Paulo: Scipione, 2007. Reconta o mito de Ícaro e Dédalo na ilha de Creta.

Editora Scipione

Atividades

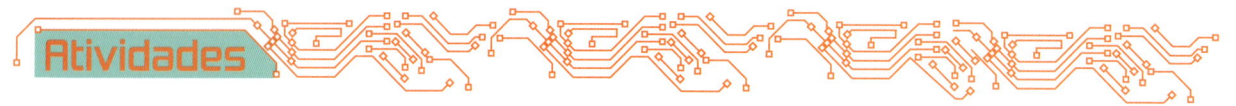

Reveja

1 Dê o nome que identifica cada uma das definições abaixo.

a) Capacidade do ar de se comprimir e descomprimir e depois voltar ao estado inicial.

b) Força que os gases da atmosfera exercem sobre os corpos que estão imersos nela.

c) Aparelho utilizado para medir a quantidade de chuvas em dada região.

d) Aparelho utilizado em estações meteorológicas para determinar a umidade relativa do ar.

e) Aparelho que mede a velocidade do vento.

2 Que partes do avião são responsáveis pela:

a) propulsão?   b) sustentação?   c) dirigibilidade?

3 Em que situação a ocorrência de defeitos nos motores de um avião traz mais risco de queda: logo após a decolagem ou durante o voo em altitude de cruzeiro? Justifique.

4 Quais são os requisitos básicos para que um avião possa executar um voo com segurança?

Explique

5 Leia o diálogo representado nos quadrinhos a seguir.

- Explique a afirmação da menina e responda à questão do menino.

(Menina: Descobri que a água da chuva vem das nuvens.)

(Menino: Ué! Então por que não está chovendo agora que o céu está cheio de nuvens?)

desafio Dê uma explicação possível para o fato de a chuva de granizo ocorrer em dias muito quentes, em várias regiões do Brasil, enquanto a neve se forma apenas em dias muito frios e somente em poucas localidades da região Sul do país.

Para ler o texto científico

Viajando a 10 000 m de altitude

Muitos passageiros que viajam em um jato moderno, a 10 000 m de altitude, nem imaginam quais são as condições atmosféricas lá fora. A quantidade de gás oxigênio está muito reduzida em comparação com aquela encontrada ao nível do mar. O frio é brutal: a temperatura do ar chega a -50 °C. A umidade relativa do ar não chega a 10%, e a pressão atmosférica é muito baixa.

Entretanto, dentro da aeronave o ar que se respira é filtrado, e o teor de gás oxigênio é apenas um pouco menor do que o respirado ao nível do solo. A temperatura é agradável, podendo ser regulada entre 18 °C e 25 °C. O ar rarefeito aspirado pelas turbinas modernas é comprimido (pressurizado) e uma parte é enviada para o interior da aeronave, no qual se encontram os passageiros. Esse engenhoso sistema garante a quantidade de gás oxigênio e a pressão do ar ideais para o conforto das pessoas. A pressão do ar dentro de um Boeing-747 ou um Boeing-737 corresponde à pressão atmosférica a uma altitude entre 2 000 m e 2 300 m. A diferença entre a pressurização do ar interno e a do exterior da aeronave a 10 000 m de altitude provoca a dilatação da fuselagem, a qual chega a aumentar até 26 cm em circunferência, como se fosse um balão inflável. Esse fenômeno não é percebido pelos passageiros.

O ar aspirado pelas turbinas tem baixa umidade relativa, o que torna o ar do interior dos aviões a jato um pouco seco. Especialmente em voos de longa duração, alguns passageiros podem sentir irritação no nariz e na garganta ou mesmo ter pequena desidratação. Para esses casos, a ingestão de líquidos é uma forma de contornar o problema.

Note que as condições do lado de fora da aeronave impedem a existência de vida humana. Além da temperatura e da umidade relativa do ar serem extremamente baixas, o ar é muito rarefeito, o que levaria à morte por asfixia.

É a tecnologia aeronáutica que permite o voo nessa altitude.

O ar na cabine de passageiros, embora respirável, é mais rarefeito do que ao nível do mar, pois a pressão do ar é equivalente à de uma altitude de cidade montanhosa, como Campos de Jordão, em São Paulo. É também muito mais seco do que o ideal, que deve ter umidade de 50% a 60%, pois as turbinas comprimem o ar externo e o aquecem, mas não conseguem aumentar significativamente a umidade relativa.

1 Por que ocorre a dilatação da fuselagem em um voo em altitude elevada?

2 Em caso de despressurização súbita da cabine do avião, em casos de defeitos no sistema de pressurização ou eventuais problemas de vedação de portas, por exemplo, máscaras de oxigênio caem automaticamente do teto da aeronave. Em cada voo, há uma demonstração dos comissários ensinando a usar essas máscaras e recomendam: coloque primeiro a sua máscara e só depois auxilie outra pessoa com dificuldade em utilizá-la. Por que essa recomendação é necessária?

3 Em que camada da atmosfera voa o jato de transporte de passageiros mencionado no texto?

4 Os aviões a hélice, de pequeno porte e sem pressurização, geralmente não voam em altitudes superiores a 5 000 m. Por quê?

No laboratório

Construindo um pluviômetro

Você pode montar um pluviômetro e medir o volume de chuva que cai na sua escola ou no bairro onde mora.

Material

- uma garrafa plástica com o tubo e o fundo retos
- um funil aproximadamente com o mesmo diâmetro do fundo da garrafa
- uma régua de 15 cm
- fita adesiva

Procedimento

A. Prenda a régua na parte externa da garrafa com a fita adesiva. O zero da régua deve coincidir com o fundo da garrafa.

B. Prenda também com a fita adesiva o funil no gargalo da garrafa.

C. Agora, fixe o pluviômetro em uma área plana e livre de árvores ou de qualquer outro obstáculo que impeça a passagem da chuva. Não é necessário que ele fique no chão; pode ficar apoiado em uma plataforma de madeira ou outra estrutura.

D. Para aproveitar melhor o pluviômetro, anote diariamente em uma tabela, como a apresentada abaixo, a quantidade de chuva que você observar durante um mês, por exemplo.

Registre

E. Observe a quantidade de chuva e registre o valor em milímetros. Procure realizar a leitura sempre no mesmo horário.

F. Após a leitura e o registro na tabela (modelo abaixo), esvazie a garrafa e reinstale o pluviômetro no local de origem. Em dias que não choveu, registre "zero" na quantidade de chuva.

Data	Período em que é feita a leitura	Quantidade de chuva
20/3	Manhã	10 mm
21/3	Manhã	zero

G. Depois de registrar os dados na tabela por um mês (quanto mais tempo, melhor), construa um gráfico de barras e compare seus dados com os de outra região. Informações sobre outras regiões podem ser encontradas em jornais e sites de meteorologia. Por isso, seria interessante guardar os jornais e o material de consulta durante o período de realização da pesquisa.

H. A construção do gráfico de barras (histograma) deve ser feita da seguinte forma (veja o modelo abaixo):

a) escolha uma escala que seja capaz de abranger o maior valor obtido no pluviômetro;

b) trace duas retas perpendiculares e escreva na horizontal a escala de tempo, em dias, incluindo os dias em que não foram feitos registros e os dias em que não choveu;

c) na linha vertical, represente a escala que escolheu no item *a*.

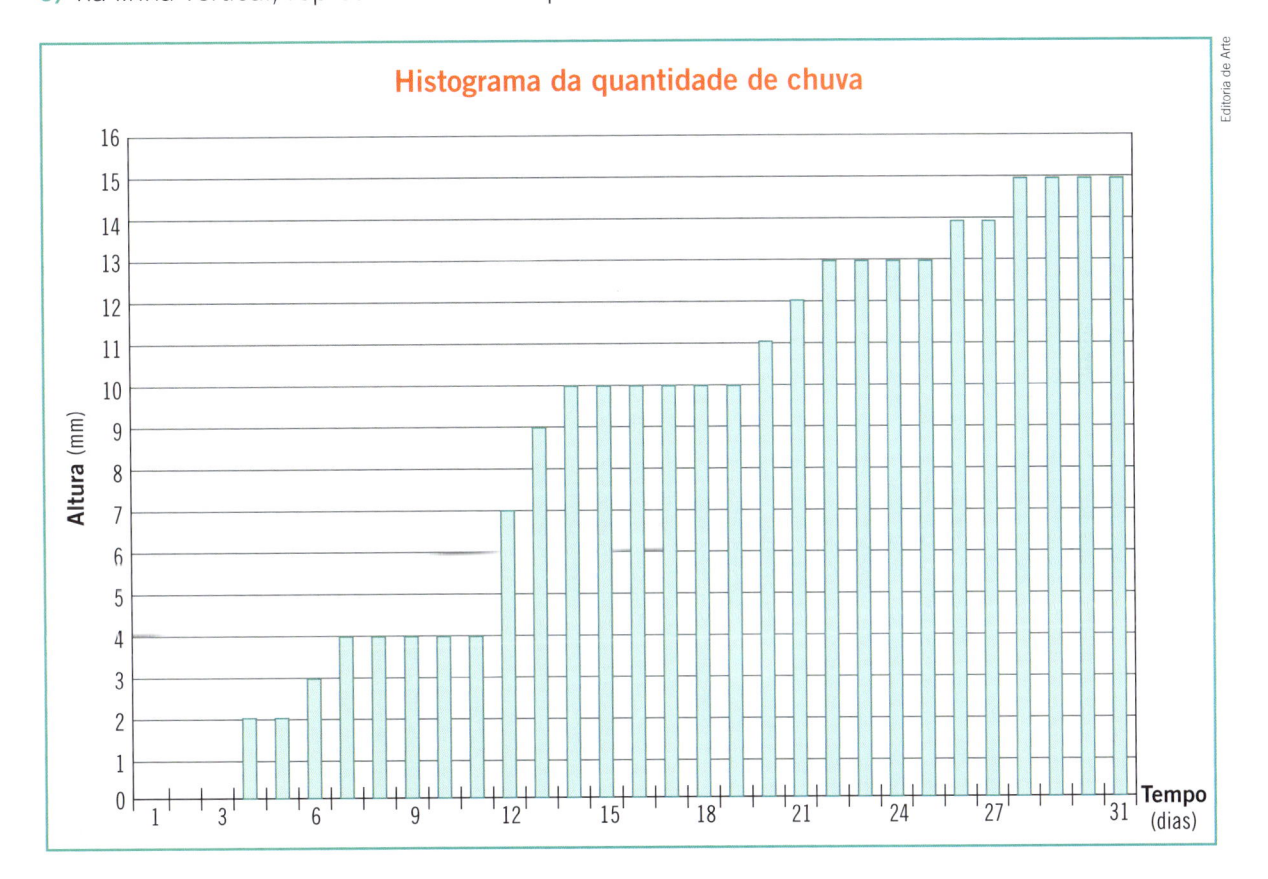

Histograma da quantidade de chuva

Compartilhe

Se os seus colegas fizeram registros em locais diferentes do que você realizou, compare os seus resultados.

1. Em que dia choveu mais no local escolhido?

2. Qual foi a média diária de água de chuvas durante o período em que as anotações foram feitas?

3. O que significa dizer que a quantidade de chuva, medida no pluviômetro, foi de 15 mm?

Unidade 4

Nesta unidade

- Composição natural do ar.
- Funcionamento de motor de explosão interna.
- Causas e controle da poluição atmosférica.
- Efeito estufa e aquecimento global.
- Inversão térmica.
- Contaminação ambiental por DDT.
- Ciclo dos poluentes.

Atmosfera e poluição do ar

Observe a imagem.

1 Você já viu um congestionamento de veículos como esse mostrado na imagem?

2 Você acha que há alterações na composição do ar comparando os locais onde há congestionamentos constantes e os locais onde não há congestionamento?

3 É possível a população utilizar os meios de transporte para se locomover nas cidades sem que eles emitam gases que interfiram na composição do ar? Como?

@mais

Leia a notícia sobre a poluição atmosférica no *link* <http://ftd.li/y36c25> (acesso em: 19 dez. 2013) e responda às questões.
1. Segundo o texto, quais as principais fontes de poluição atmosférica na cidade?
2. Por que o texto diz que "é muito importante que a sociedade entenda e respeite as medidas de preservação da qualidade do ar"?

A mobilidade urbana é uma questão em debate nas grandes cidades. Os veículos automotores que usam combustíveis derivados de petróleo jogam uma grande quantidade de gases na atmosfera.

◀ Vista aérea noturna de cruzamento com trânsito caótico na China.

Capítulo 1 — A composição da atmosfera

Não podemos enxergar o ar que nos cerca, porém temos evidências da sua existência, como, por exemplo, a força das correntes atmosféricas que movimentam planadores ou os ventos que impulsionam as embarcações e as hélices dos aerogeradores nos parques eólicos.

▲ Não enxergamos o ar, mas sentimos a sua presença. O ar é essencial para a prática de *kitesurf*.

Pense e responda

O esquema indica a composição química aproximada da atmosfera. Observe-o e responda.

- Nitrogênio
- Oxigênio
- Outros gases

1 Quais os principais gases que formam a atmosfera atualmente?

2 Qual a taxa percentual de gás nitrogênio na atmosfera? E a de gás oxigênio e outros gases?

A composição da atmosfera é estável há milhares de anos, mas nem sempre foi assim. Pesquisas mostram que a composição da atmosfera terrestre sofreu alterações desde a formação do planeta até hoje. As atividades vulcânicas e os processos biológicos contribuíram para essa alteração.

O ar é formado por vários gases misturados, partículas em suspensão e vapor de água. Os gases presentes em maior quantidade são o nitrogênio, o oxigênio e o argônio. Se separarmos os componentes de uma porção de ar sem poeira e sem vapor de água, portanto limpo e seco, perceberemos que a atmosfera é formada por 78 partes de gás nitrogênio, 21 partes de gás oxigênio e 1 parte de gás argônio, gás carbônico e outros gases atmosféricos.

Explore

A atmosfera primitiva

A Terra tem aproximadamente 4,5 bilhões de anos. Seria pouco provável que nosso planeta tivesse permanecido por todo esse tempo idêntico, na sua forma e na sua composição, ao planeta que hoje habitamos. O mesmo ocorre com a atmosfera terrestre, que nem sempre apresentou a mesma composição química que a atual [...]. Muito embora todos nós tenhamos a ideia de que grandes mudanças devem ter ocorrido nesses bilhões de anos, sempre nos resta uma pergunta: como podemos reconstituir a atmosfera terrestre primitiva [...]? Simplesmente tentando entender as marcas deixadas por essas transformações no nosso planeta através da química, da geologia e da biologia [...]. E à medida que desvendamos as grandes transformações químicas que a atmosfera terrestre vivenciou, procuramos avaliar quais foram as consequências dessas mudanças para a manutenção da vida na Terra. [...]

[...] há aproximadamente 3,5 bilhões de anos [...] estima-se que nosso planeta apresentava uma atmosfera bastante [...] castigada por altas doses de radiação UV [...] e também não havia oxigênio suficiente para atuar como filtro dessa radiação, como ocorre na estratosfera atual [...] conclui-se que a atmosfera primitiva era rica em hidrogênio, metano e amônia. Estes dois últimos [...] muito provavelmente terminavam se transformando em nitrogênio e dióxido de carbono. [...]

[...]

[...] composição química da atmosfera da Terra é fruto da vida que se desenvolveu no planeta há mais de 3,5 bilhões de anos. O oxigênio que hoje compõe a atmosfera é quase todo produto [...] de processos biológicos.

JARDIM, F. W. **A evolução da atmosfera**. Disponível em: <http://ftd.li/hmhtvz>. Acesso em: 27 jan. 2013.

- A atmosfera primitiva da Terra apresentava condições que permitiriam a existência dos seres vivos que conhecemos atualmente? Justifique.

Radiação UV (ultravioleta): um dos espectros da luz do Sol, que é absorvido pelo ozônio existente na atmosfera atual.

Dióxido de carbono: gás carbônico ou CO_2.

A atmosfera terrestre

TOLENTINO, M.; SILVA, R. R. da; ROCHA FILHO, R.C. São Paulo: Moderna, 2004. O livro analisa a estrutura e composição da atmosfera, bem como os gases estranhos que nela se introduzem. Aborda e discute também a poluição e as possíveis alterações, tais como as neblinas químicas.

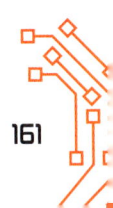

A relação entre o gás carbônico e o gás oxigênio na atmosfera

A maior parte dos organismos elimina gás carbônico no ambiente ao respirar. Nesse processo, os seres vivos absorvem o oxigênio gasoso e liberam gás carbônico continuamente para o ambiente. Embora isso ocorra há muitos milhões de anos, a composição atual da atmosfera é praticamente a mesma.

Esquema da produção de gás carbônico por seres vivos. Tanto plantas como animais eliminam gás carbônico na respiração.

Por que a taxa de gás carbônico não aumenta rapidamente na atmosfera? Além da respiração, existe outro processo, também realizado pelos seres vivos, que equilibra as taxas de gás carbônico (CO_2) e de gás oxigênio (O_2) atmosféricos: é a **fotossíntese**, processo realizado pelas plantas e algas, em que gás carbônico é absorvido do ambiente e oxigênio gasoso é devolvido.

Tome nota

As algas e as plantas realizam a fotossíntese apenas quando há luz no ambiente, mas respiram tanto na presença como na ausência de luminosidade.

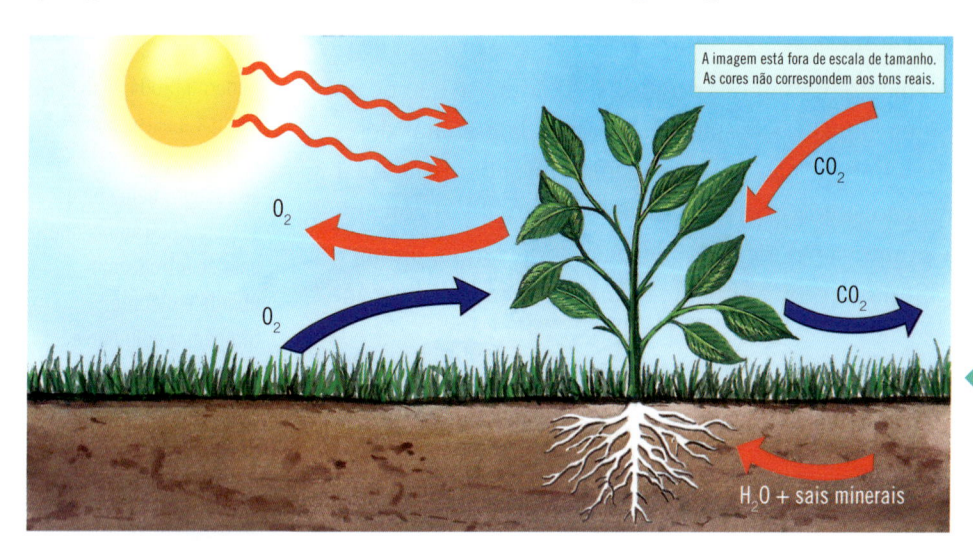

Esquema da fotossíntese: as plantas e algas absorvem o CO_2, sintetizam glicose e eliminam O_2.

Atividades humanas, como as queimadas e o uso de combustíveis pelos motores de explosão, produzem gás carbônico. As queimas de combustíveis e de matéria orgânica, como a madeira, também produzem o **monóxido de carbono** (CO), que, em quantidades elevadas, pode trazer prejuízos ambientais.

Motor de explosão: motor que realiza trabalho queimando uma mistura de vapor de combustível e ar dentro de um cilindro.

A queima de combustíveis e a atmosfera

Há várias substâncias lançadas na atmosfera pela queima dos combustíveis e pelas queimadas que são nocivas ao homem e ao ambiente. O gráfico apresenta a participação das fontes de emissão de gás carbônico no Brasil.

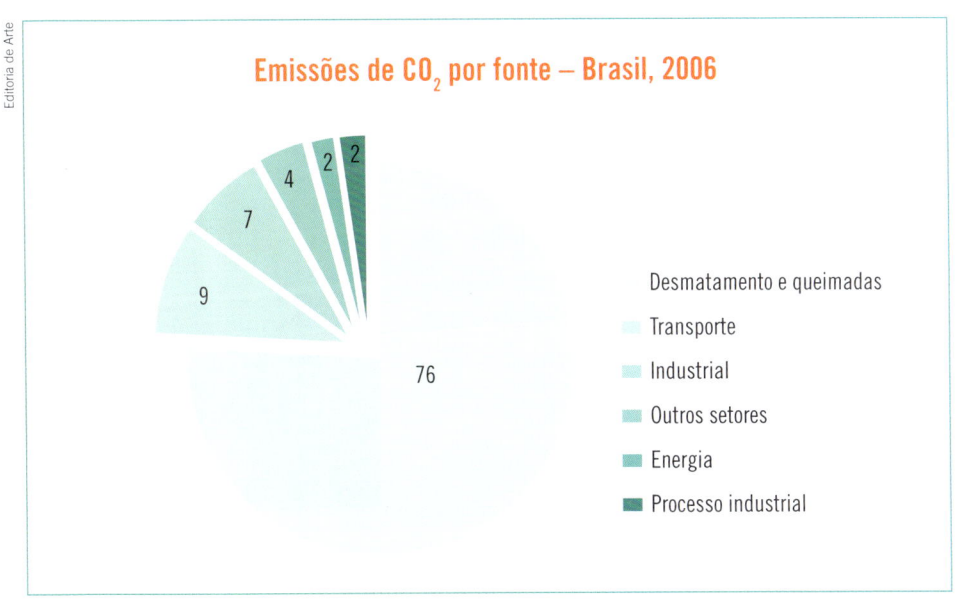

Emissões de CO_2 por fonte – Brasil, 2006

- 76 Desmatamento e queimadas
- 9 Transporte
- 7 Industrial
- 4 Outros setores
- 2 Energia
- 2 Processo industrial

Fonte: IPEA. **Emissões relativas de poluentes do transporte motorizado de passageiros nos grandes centros urbanos brasileiros.** Disponível em: <http://ftd.li/qfu4gf>. Acesso em: 19 nov. 2013.

Sobre o gráfico

O setor de transportes é responsável por 20% das emissões globais de CO_2. Segundo informações do Ministério da Ciência e Tecnologia, no Brasil o setor de transporte responde por cerca de 9% das emissões totais de gás carbônico, e as queimadas e os desmatamentos respondem por mais de 70% delas.

▲ As bicicletas e os veículos movidos a combustível fóssil podem ser utilizados para nos deslocarmos.

Pense e responda

Observe a imagem ao lado e responda.

1. Qual dos veículos não é poluidor?
2. Quais as vantagens e desvantagens desse veículo?

Como acontece a produção de fogo durante a queima? Para isso é necessária a interação entre um combustível e o gás oxigênio. Além disso, é preciso uma fonte de calor. Em uma vela de aniversário, por exemplo, o combustível é a parafina e a fonte de calor pode ser a chama de um palito de fósforo.

A produção de calor (fogo) a partir da interação entre um material combustível e o oxigênio é chamada de **combustão**.

Interação: ação mútua entre duas ou mais coisas.

Quando ocorre a queima de um combustível, formam-se, pelo menos, gás carbônico e água como produtos dessa transformação, além da liberação de energia em forma de calor. As queimadas, por exemplo, caracterizam-se por serem uma combustão que libera outros componentes, além de gás carbônico e água, como o monóxido de carbono, o hidrocarboneto, o óxido nitroso e a fuligem.

No caso de um veículo automotor que queima gasolina para que ele entre em funcionamento, formam-se água, gás carbônico e substâncias como o monóxido de carbono, os óxidos de enxofre, os hidrocarbonetos e a fuligem. Essas substâncias podem ser prejudiciais à saúde quando ultrapassam certo limite de tolerância.

A Organização Mundial da Saúde (OMS) estipula os valores-limites aceitáveis de cada uma das substâncias emitidas na combustão de gasolina, álcool, óleo diesel, biodiesel e gás natural veicular. Acima do limite de tolerância do poluente, muitos seres vivos (inclusive o ser humano) têm a sua saúde prejudicada.

Como diminuir a poluição do ar causada pelos veículos motorizados?

A redução da poluição atmosférica por gases emitidos por veículos à combustão pode ser feita com a produção de motores que não emitam gases para a atmosfera, como os carros com motores elétricos, juntamente com o estímulo ao uso de veículos não motorizados, como a bicicleta. Os carros híbridos, por exemplo, que funcionam com motores movidos à eletricidade ou ao combustível convencional, já estão circulando pelas ruas de vários países, inclusive do Brasil.

O uso de transporte coletivo, como os trens metropolitanos, também é uma alternativa para melhorar o ar das grandes cidades.

A imagem está fora de escala de tamanho. As cores não correspondem aos tons reais.

▲ Queima de combustível: gases produzidos e o gás consumido na combustão.

Tolerância: margem daquilo que é tolerável; aceitável.

◀ O veículo elétrico não produz ruído e não gera gases poluidores.

Os combustíveis fósseis (petróleo, gás natural e carvão), que são fontes não renováveis, ou seja, aquelas que são finitas, respondem por quase 90% da energia gerada no mundo. Nos últimos anos, porém, a exploração das fontes renováveis, como o vento e o sol, tem crescido por causa do esgotamento dos recursos não renováveis e dos agravos à saúde da população.

A geração de energia a partir das fontes renováveis, além de contar com recursos sempre disponíveis no ambiente, provoca danos ambientais bem menores que os recursos não renováveis. Por exemplo, as hélices dos aerogeradores são movidas pelo vento e, a partir desse movimento, é gerada energia, praticamente sem emitir poluentes.

@ Explore

As fontes de energia

Observe as imagens e responda às questões.

▲ Nas situações acima são utilizados diferentes tipos de energia.

1. Consulte o *link* a seguir e identifique o tipo de energia utilizado em cada situação.
   - <http://ftd.li/s268ph>. Acesso em: 15 jan. 2014.

2. Quais tipos de energia causam menos impactos ao ambiente?

Explore

Como funciona o motor de um veículo?

Existem diversos tipos de motores. Os dos veículos que trafegam pelas ruas funcionam com o motor de explosão, também chamado de motor de combustão interna. Para esse motor funcionar, é necessário que haja combustível em seus componentes e que ocorra uma explosão.

Inicialmente é preciso ar. Sem o gás oxigênio presente no ar não existirá explosão. Em segundo lugar, é preciso combustível para haver a queima. E, finalmente, é preciso calor.

Pistão, cilindro, válvulas e **velas de ignição** são componentes comumente encontrados nos motores de explosão.

Observe o esquema e acompanhe a descrição do funcionamento de um motor de combustão interna.

Vela de ignição: dispositivo que produz uma faísca elétrica dentro do cilindro do motor de combustão.

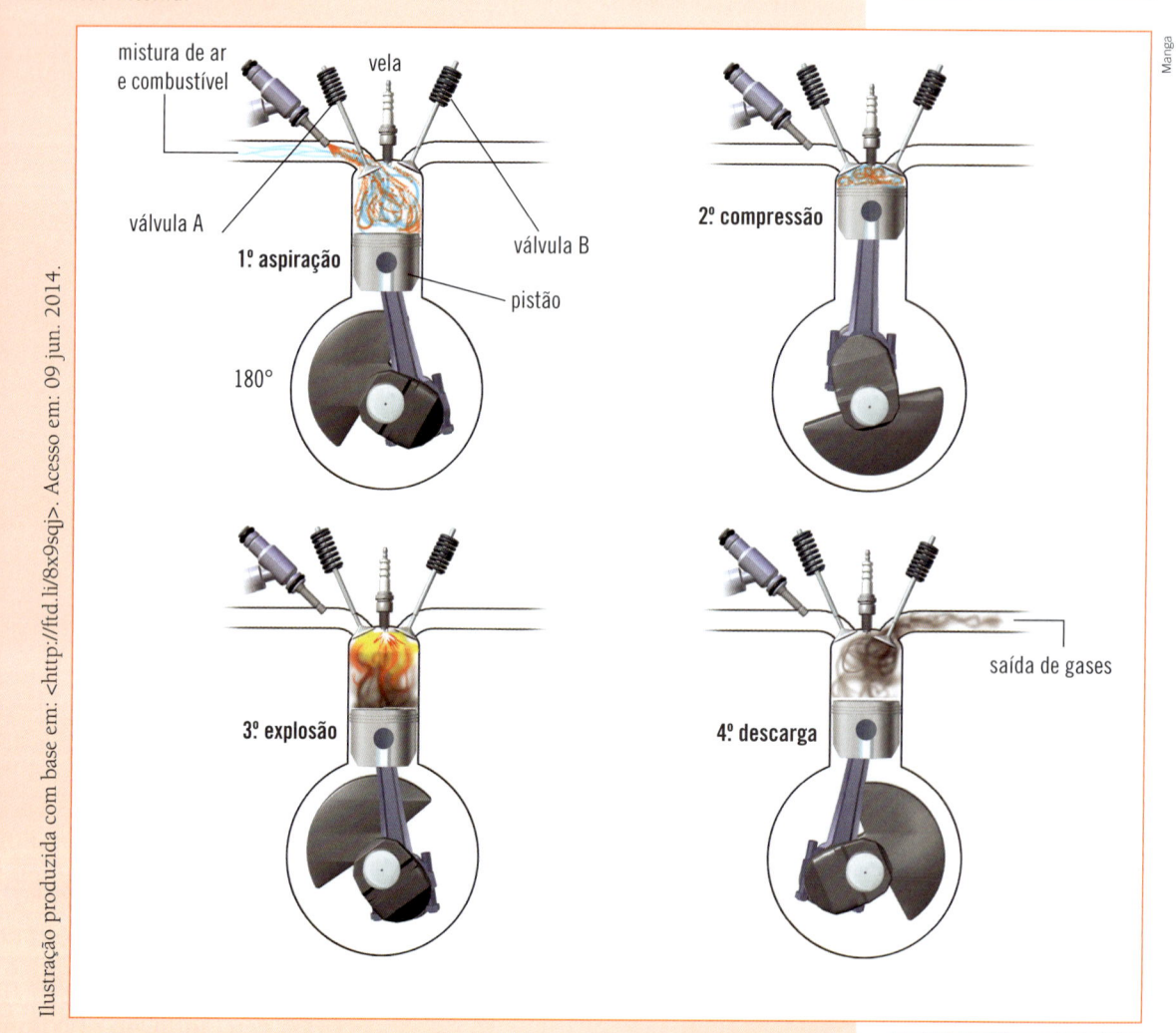

Ilustração produzida com base em: <http://ftd.li/8x9sqj>. Acesso em: 09 jun. 2014.

▲ Motor de explosão.

Imagens fora de escala de tamanho. As cores não correspondem aos tons reais.

Quando um motor de explosão de quatro tempos é posto em funcionamento, a válvula (A) se abre e uma mistura de ar e combustível entra no cilindro. Nesse momento, o pistão se aproxima das válvulas fechadas, comprimindo a mistura de gases no interior do cilindro.

A seguir, as velas produzem uma **centelha**, desencadeando uma explosão. Terminada a explosão, o pistão se afasta das válvulas por causa da expansão dos gases, retornando ao fundo do cilindro e expulsando os gases formados pela válvula de escape (B). Na sequência, o ciclo reinicia.

Centelha: luz viva resultante do choque de dois corpos duros ou de um corpo eletrizado.

- Por que é necessário que ocorra mistura de ar com o combustível para que o motor funcione?

Atividades

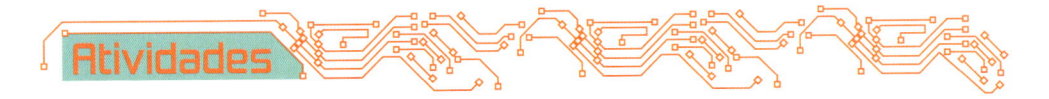

Reveja

1 Leia as frases e corrija as incorretas no caderno.

a) O oxigênio é o componente do ar em maior quantidade.

b) O ar é uma mistura de gases.

c) As queimadas diminuem a quantidade de fuligem no ar.

d) A fotossíntese é um processo que libera gás carbônico no ar.

2 A combustão é uma transformação que necessita de um combustível e de um comburente. Escreva dois exemplos de combustíveis que você aprendeu nesta unidade.

3 Qual é a origem dos combustíveis usados pelos veículos no Brasil: álcool, gasolina ou diesel?

Explique

4 Analise a afirmação. Ela está correta? Caso não esteja, reescreva-a corretamente no caderno.

> Investir no controle da poluição pode ser muito lucrativo, pois resulta na economia de gastos com a saúde, na redução da reposição e manutenção de equipamentos, na preservação dos prédios e dos recursos naturais.

5 Um astronauta prepara-se para uma viagem espacial rumo à Lua. Em seu foguete, ele leva vários materiais necessários à exploração do terreno lunar. Um dos materiais que ele separa para levar é um isqueiro. Seus colegas de viagem dizem que esse material é inútil. Você concorda com o astronauta ou com os colegas dele? Explique a sua escolha.

6 O ar é indispensável para queimar gás de cozinha, álcool, gasolina, lenha ou qualquer outro material combustível. Para verificar a importância do ar para a queima, basta, por exemplo, virar um copo sobre uma vela acesa: em pouco tempo ela se apaga. Mas todos os componentes do ar são indispensáveis para a queima? Observe ao lado o resultado de um experimento no qual foram virados seis copos e, em cada um, foi injetado um componente do ar. Com base no experimento, a que conclusão você pode chegar?

gás oxigênio

gás nitrogênio

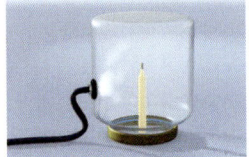

gás neônio

gás carbônico

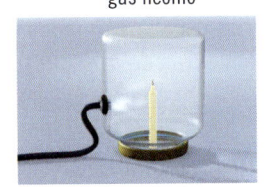

gás argônio

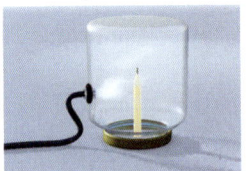

gás hélio

capítulo 2 — Poluição do ar e agravos à saúde humana

Vários profissionais e entidades estão envolvidos na identificação e no controle dos níveis aceitáveis de diversas substâncias que são emitidas no ar.

Pessoas mais sensíveis, como crianças, idosos e aquelas com problemas pulmonares, são as mais atingidas pelos gases poluentes liberados na atmosfera.

Explore

A qualidade do ar e os efeitos à saúde: poluição por dióxido de nitrogênio (NO_2)

O dióxido de nitrogênio (NO_2) é um gás resultante da queima de combustíveis em motores de veículos e usinas termelétricas e da queima de produtos industriais. Os veículos que mais contribuem com a emissão de dióxido de nitrogênio na atmosfera são os caminhões pesados.

Na atmosfera, o NO_2 reage com a água e torna ácida a chuva, que danifica a vegetação nativa e as colheitas, além de corroer alguns materiais usados nas construções de edifícios.

As pessoas também sofrem os efeitos da presença de dióxido de nitrogênio na atmosfera. A tabela mostra os efeitos desse gás quando está em diferentes concentrações.

Efeitos do gás dióxido de nitrogênio	
Concentração de dióxido de nitrogênio na atmosfera $\mu g/m^3$*	Riscos à saúde
0 a 100	Efeitos desprezíveis.
100 a 320	Sintomas como tosse seca e cansaço podem aparecer em pessoas com doenças respiratórias.
320 a 720	Sintomas como ardor nos olhos, no nariz e na garganta, tosse seca e cansaço podem aparecer na população em geral. Pessoas com doenças respiratórias e crianças têm os sintomas agravados.
720 a 1 130	Aumento dos sintomas respiratórios em crianças e pessoas com doenças pulmonares, como asma, e na população em geral.
1 130 a 1 690	Agravamento de sintomas respiratórios na população em geral. Agravamento de doenças pulmonares, como asma, e doença pulmonar obstrutiva crônica.
1 690 a 2 260	Agravamento significativo dos sintomas respiratórios e dificuldade de respirar na população em geral. Risco de mortes prematuras de pessoas com doenças respiratórias.
Maior do que 2 260	Sérios riscos de manifestações de doenças respiratórias. Aumento de mortes prematuras de pessoas com doenças respiratórias.

*$\mu g/m^3$ = micrograma por metro cúbico.

- O que poderá ocorrer com as águas superficiais e subterrâneas se houver um aumento de dióxido de nitrogênio no ar?

Os gases emitidos por veículos em um congestionamento dentro de um túnel podem causar problemas por causa do excesso de monóxido de carbono emitido.

O monóxido de carbono

O monóxido de carbono é um gás incolor, sem cheiro, invisível e extremamente tóxico, produzido pela queima de combustíveis fósseis e outros materiais inflamáveis. A sua eliminação pelo escapamento de veículos automotores torna-o um dos principais poluentes do ar nos centros urbanos. O tráfego intenso e os congestionamentos frequentes acarretam um aumento na concentração de monóxido de carbono nessas regiões em determinadas horas do dia.

A inalação do monóxido de carbono prejudica a captação de oxigênio pela hemoglobina presente no sangue. Casos graves de intoxicação por altas concentrações de monóxido de carbono podem provocar confusão mental, inconsciência, parada das funções cerebrais e morte, uma vez que os órgãos e músculos do nosso corpo não estão recebendo a quantidade de oxigênio suficiente para funcionar normalmente.

Se for afastada rapidamente da fonte poluidora, a pessoa afetada pelo excesso de monóxido de carbono do ar terá um restabelecimento completo. O monóxido de carbono é um poluente que fica pouco tempo na atmosfera, pois se transforma em gás carbônico quando reage com o gás oxigênio.

Hemoglobina: molécula encontrada nos glóbulos vermelhos do sangue responsável pelo transporte de gás oxigênio e gás carbônico.

Em alguns banheiros de apartamentos existem aquecedores de água que utilizam gás liquefeito de petróleo (GLP) como combustível. O fabricante indica que o tubo de ventilação é essencial para a segurança das pessoas, por isso um duto deve ser ligado ao aquecedor. Se ele estiver em perfeitas condições, a combustão eliminará gás carbônico e água. Porém, se a combustão não estiver sendo feita de modo completo, também ocorrerá eliminação de monóxido de carbono. Percebe-se isso ao verificarmos a cor da chama: a coloração azul indica a combustão completa, e a cor amarela indica que a queima do GLP não está sendo completa, condição em que gases poluentes são produzidos.

Pense e responda

1 Que gases podem se formar como resultado da queima de GLP?

2 Caso não seja colocado o tubo de ventilação, o que poderá ocorrer?

3 Quais os riscos que uma pessoa corre ao tomar banho nesse banheiro? Justifique.

Aquecedor a gás instalado sem o tubo de ventilação.

Experimento da hora

Produtos da combustão

Por meio de um experimento simples podemos visualizar um dos subprodutos da combustão sendo lançados no ar.

Material

- uma vela;
- fósforos;
- um prato.

Lembre

Vários subprodutos são gerados na queima de substâncias. Repare que a fuligem foi produzida pela queima da vela.

Procedimento

Com a ajuda do professor, acenda a vela e, em seguida, passe a vela acesa no prato virado para baixo. Apague a vela e espere o prato esfriar. Passe o seu dedo no prato na região onde você passou a vela. Note a fuligem que ficou grudada.

Sempre que há queima existem subprodutos que são lançados no ar. A fuligem que você vê no prato é resultado da queima da vela.

Atenção: evite acidentes. Sempre peça auxílio para um adulto ao realizar experimento com fósforo.

Fórum

Há várias estratégias para evitar o acúmulo e a emissão de poluentes no ar. Algumas cidades fiscalizam o funcionamento e a regulagem de motores dos veículos em circulação; adotam o sistema de rodízio de veículos para diminuir a frota circulante durante o dia e incentivam o uso do transporte público eficiente para tentar diminuir a poluição do ar pela redução do número de carros que circulam nas cidades.

O uso de motores elétricos no transporte coletivo, como trem, metrô e ônibus, colabora com a redução da poluição atmosférica.

- Discuta e proponha sugestões que podem reduzir a poluição atmosférica das cidades.

O efeito estufa

Os gases do efeito estufa funcionam como o vidro de uma estufa de plantas. Dentro dela o vidro retém o calor recebido durante o dia e mantém uma temperatura amena no recinto.

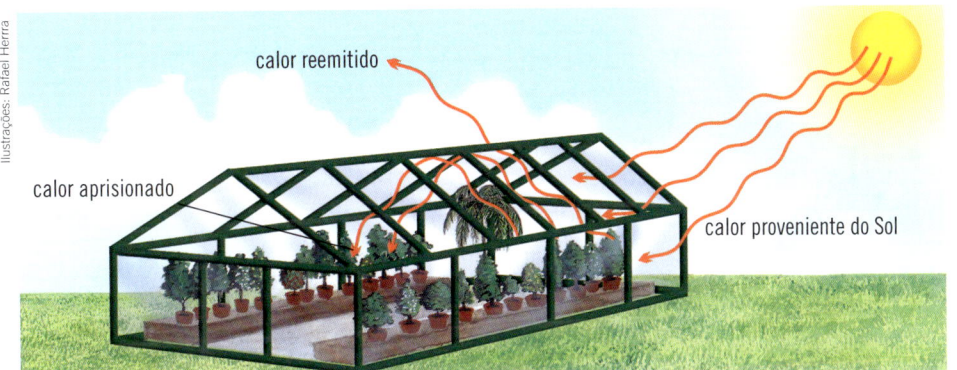

Os gases da atmosfera impedem que uma parte da radiação solar recebida pelo planeta seja refletida para o espaço: esse é o **efeito estufa**. Ao reter o calor na superfície da Terra, a atmosfera garante uma temperatura amena na crosta terrestre (nem muito quente, nem muito fria). Se os gases do ar refletissem toda a luz solar, a Terra seria coberta por uma camada de gelo e teria uma temperatura média de 17 °C negativos. Portanto, o efeito estufa é natural e importante para a vida na Terra.

O gás carbônico (CO_2), o metano (CH_4) e o monóxido de nitrogênio (NO) são gases estufa. O que aconteceria com a temperatura média do planeta se a concentração dos gases estufas na atmosfera aumentasse demais? Essa é uma questão debatida pelos cientistas.

Estudiosos reconhecem que esse aquecimento é importante para a manutenção da vida no planeta e que ele ocorre há milhões de anos. Porém, um grupo que estuda as variações das condições atmosféricas ao longo do tempo defende que a elevação da temperatura média do planeta nos últimos séculos tem como causa o aumento da emissão de gases do efeito estufa gerados por atividades humanas. As principais fontes desses gases são: o uso de combustíveis fósseis, os desmatamentos e as queimadas.

O aumento da temperatura média do planeta nos últimos séculos é chamado de **aquecimento global**.

As estufas têm uma cobertura transparente. A radiação solar ultrapassa a cobertura e parte do calor permanece na estufa.

Esquema do efeito estufa. A radiação solar atinge a Terra e parte do calor fica retido por causa da camada de gases da atmosfera. O aumento da quantidade de gases do efeito estufa leva ao aumento do calor que retorna à Terra.

Ilustração produzida com base em: <http://ftd.li.ph23xh>. Acesso em: 09 jun. 2014.

O debate de ideias divergentes é frequente na Ciência. Em relação às causas e consequências do efeito estufa há posições bem diferentes.

1. A atividade humana é responsável pelo aquecimento global

Cientistas fazem previsões sobre as consequências do aquecimento global dos últimos séculos para os dias atuais: drásticas alterações climáticas em muitas regiões do planeta (mudanças nas correntes de vento, na intensidade das chuvas e no período seco), derretimento das geleiras da calota polar, elevação do nível médio do mar e desertificação permanente de várias regiões da Terra. Segundo eles, a atividade humana é responsável pelo rápido aumento da temperatura da atmosfera e o problema seria minimizado com o controle rigoroso da emissão de gases do efeito estufa.

2. O aquecimento global é um processo natural de longo prazo

Outro grupo de cientistas acha essa visão muito alarmista e defende a redução da emissão de gases do efeito estufa produzidos pelo ser humano como forma de reduzir os problemas ambientais das metrópoles. Mas são categóricos ao afirmar que o aumento da temperatura média do planeta vem ocorrendo há bastante tempo, muito antes de o ser humano começar a usar intensivamente os combustíveis derivados do petróleo e fazer queimadas em extensas áreas do planeta. Para esses cientistas, o aquecimento global não começou no século passado, mas muito antes, e faz parte de um ciclo natural de aquecimento e resfriamento do planeta.

▼ Geleiras derretendo

Nós

Aquecimento global

Discuta e pesquise os argumentos usados pelos dois grupos.

- Com qual dos dois grupos você concorda? Que argumentos você usaria a favor da posição que assumiu?

Só o tempo dirá qual dos lados tem razão. O debate está aberto, e devemos ficar atentos às ações que propiciam melhores condições de sobrevivência ao planeta, além de continuar estudando as condições do passado e as alterações atuais do clima em todo o globo.

▼ Chuvas torrenciais.

São Paulo (SP) em um dia de inversão térmica, em 2009.

A inversão térmica

As massas de ar mais quentes tendem a subir e se resfriar. Essa subida de ar quente é muito importante, pois, quando ela ocorre, carrega os poluentes emitidos para próximo da superfície. Ao se afastar do solo, o ar quente vai resfriando e torna a descer, formando as correntes de convecção, um movimento cíclico de subida de ar quente e descida de ar frio.

Um fenômeno comum durante os meses de inverno, em algumas regiões do planeta, é a chamada **inversão térmica**. Nesse processo, o ar quente sobe, mas não se resfria. As camadas mais próximas do solo também não elevam sua temperatura e, com isso, o ar quente fica acima da camada de ar mais frio.

Se durante a inversão térmica houver grandes quantidades de poluentes na atmosfera, não será possível a dispersão deles pelas correntes ascendentes de ar quente. Isso acontece frequentemente nas grandes cidades.

@multiletramentos

Conscientização sobre a poluição do ar

A poluição do ar é extremamente prejudicial ao ser humano. As suas causas precisam ser combatidas o mais rápido possível.

Você mora em uma cidade grande? Há muita poluição no ar? Ou mora em uma cidade onde há muita atividade agrícola e possível contaminação do solo?

Sua tarefa será fazer um levantamento de todas as atividades que você entende que sejam poluentes no entorno do lugar onde você vive. Para isso, você vai precisar de registros fotográficos. Busque também situações que indiquem práticas de cuidado e valorização do ambiente pela sociedade.

Crie um folheto, no editor de texto do computador, colocando as fotos que você tirou e escreva um texto sobre o que descobriu. Não se esqueça de inserir as fotos, as legendas e o texto, ajustando seu tamanho no folheto. Selecione os fatos mais relevantes e coloque-os em evidência. Os mais positivos podem servir como bons exemplos, e os negativos serão expostos para que a comunidade de sua escola tenha conhecimento desses problemas e se sensibilize quanto a eles. O primeiro passo para uma mudança é a consciência da necessidade de transformação. Exponha os folhetos para a classe e, se possível, para a escola.

No espaço virtual **@multiletramentos** da plataforma **FTD Digital** você encontrará mais informações sobre como criar um folheto.

Avião aplicando defensivo agrícola em uma plantação.

O caminho dos poluentes

Assim como os gases lançados pelos automóveis poluem o ar, outras substâncias, como as utilizadas na agricultura, podem poluir o ambiente.

Os defensivos agrícolas, ou agrotóxicos, são substâncias químicas utilizadas na agricultura para exterminar organismos que podem prejudicar as plantações. O seu uso indiscriminado, no entanto, pode poluir uma área do ambiente muito além do local onde são aplicados. Os defensivos mais comumente utilizados são os inseticidas (contra os insetos), tais como os formicidas (contra as formigas) e os larvicidas (que matam os insetos na fase larval). Há também os herbicidas (contra as ervas daninhas), os fungicidas (contra os fungos) e outros ainda mais específicos.

Esses defensivos não são tóxicos somente para os organismos que visam combater, mas também para muitos outros seres vivos, incluindo o ser humano. Por causa disso, para que a sua utilização ofereça o menor risco possível, muitos cuidados devem ser tomados. Esses cuidados vão desde a escolha do produto a ser usado, a sua quantidade, o modo de aplicação e até a observação do tempo de permanência dele no ambiente.

Técnicas agrícolas que não utilizam defensivos ainda são restritas e muitas vezes resultam em alimentos mais caros para o consumidor. Mas essas técnicas têm sido cada vez mais difundidas, o que tem feito o custo diminuir ano a ano.

Plantação em que não são utilizados agrotóxicos e fertilizantes industrializados, mas apenas adubos orgânicos. Morungaba (SP), 2012.

Rede do tempo

DDT: um exemplo histórico

A sigla DDT é a abreviação de diclorodifeniltricloroetano, nome da substância química que o constitui. O DDT é conhecido desde 1874, mas se popularizou durante a Segunda Guerra Mundial (1939-1945) quando foi utilizado por milhares de soldados e pela população para exterminar piolhos, mosquitos e outros insetos transmissores de doenças, como o tifo, a malária, a febre amarela, entre outras. A importância desse fato foi tal que o químico suíço Paul H. Müller recebeu, em 1948, o Prêmio Nobel de Química pela descoberta das propriedades inseticidas do DDT em 1939.

A partir dessa época, o uso do DDT foi crescente: passou a ser utilizado em larga escala em plantações, residências e estabelecimentos comerciais. Após vários anos de uso do DDT, muitos problemas começaram a aparecer.

Durante a aplicação não eram tomados os cuidados adequados, e as doses utilizadas, muitas vezes, eram superiores às necessárias. Consequentemente, muitos casos de intoxicação na população e morte de peixes, aves e mamíferos foram registrados.

As pesquisas e as denúncias sobre os efeitos nocivos do DDT aconteceram, principalmente, na década de 1960.

Paul H. Müller (1899 - 1965), químico suíço.

Aplicação de DDT em acampamento militar da Segunda Guerra Mundial, em 1944.

Parte do DDT pulverizado no ambiente permaneceu ativa, contaminando o ar, o solo e as águas subterrâneas e superficiais. O vento e a água realizavam o transporte do inseticida para outras regiões distantes do local de aplicação.

Entre 1968 e 1972, Hungria, Noruega, Suécia, Alemanha e Estados Unidos proibiram o uso desse inseticida.

Leia mais sobre a história do DDT no *link* <http://ftd.li/ax8fou>. Acesso em: 16 jan. 2014.

- Qual a importância das obras literárias que abordam temas científicos?

O ciclo dos poluentes no ambiente

Todos os poluentes são produzidos por alguma **fonte**, que pode ser, por exemplo, as indústrias, as residências, os veículos, a agricultura, as usinas geradoras de energia, as queimadas. Depois os poluentes sofrem o **transporte** para outros locais por meio de ventos, chuvas, água de rios, entre outros. E por fim os poluentes chegam a um destino, ou seja, a um **sorvedouro**, que pode ser, por exemplo, o solo, a água superficial ou subterrânea, algum ser vivo, uma construção. Resumindo, podemos representar esse caminho por:

FONTE ⟶ TRANSPORTE ⟶ SORVEDOURO

O caso do DDT foi muito estudado e vale a pena usá-lo como exemplo de como um poluente pode circular pelo ambiente e causar problemas muito tempo depois de ter sido usado. É interessante notar que a palavra **dedetização**, tão comum ainda hoje, tem sua origem no uso do DDT.

Imagine que um ambiente está poluído por DDT. No esquema estão representados a águia, o peixe grande, os peixes pequenos e os microrganismos vivendo nesse ambiente.

Pense e responda

Observe o esquema que mostra a relação alimentar entre os seres vivos de um ambiente. Se esse ambiente está contaminado com DDT:

- em qual desses seres vivos devemos encontrar maior quantidade de DDT? Justifique.

Imagens fora de escala de tamanho. As cores não correspondem aos tons reais.

◀ Esquema de relação alimentar entre organismos no ambiente.

Quando os seres vivos contaminados pelo DDT morrem, parte do inseticida contido neles retorna ao solo, às águas e ao ar. Sendo assim, o processo de contaminação do ambiente por DDT é cíclico e o tempo de degradação do poluente no ambiente é de várias décadas. Resíduos de DDT foram encontrados em ursos polares, mostrando o quanto essa substância pode circular pelo ambiente.

Observe o esquema seguinte.

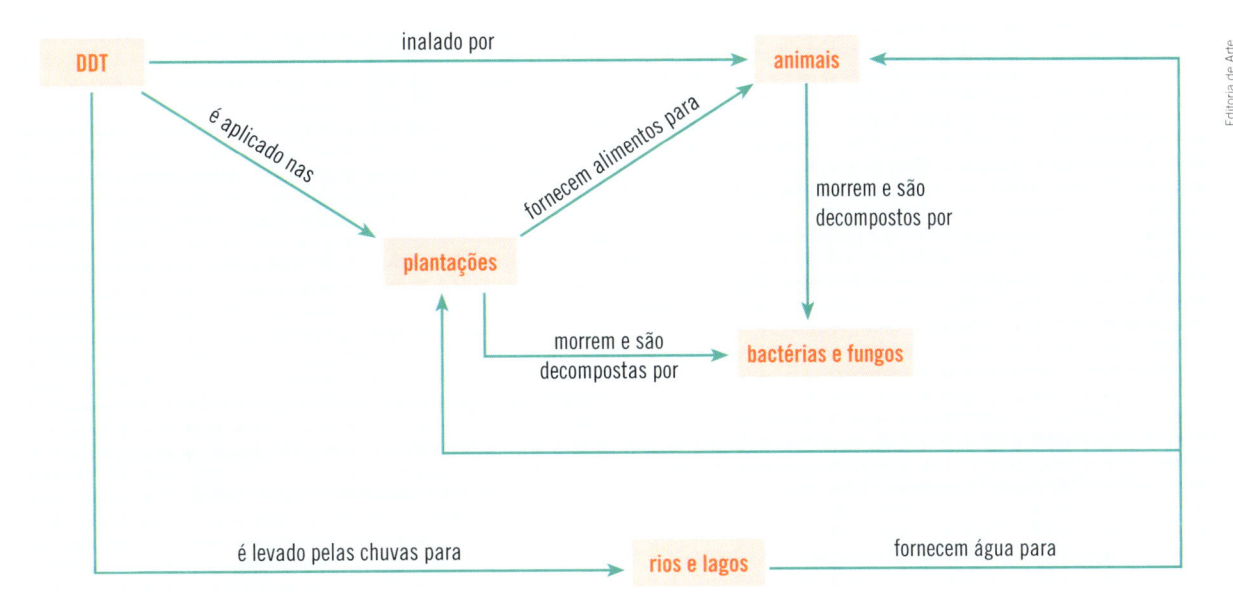

[Esquema: DDT — inalado por → animais; DDT — é aplicado nas → plantações; plantações — fornecem alimentos para → animais; animais — morrem e são decompostos por → bactérias e fungos; plantações — morrem e são decompostas por → bactérias e fungos; DDT — é levado pelas chuvas para → rios e lagos; rios e lagos — fornecem água para → animais.]

▲ Esquema do ciclo do DDT, que só deixará de existir muitos anos depois que seu uso for interrompido definitivamente.

Atualmente, a aplicação do DDT é rigidamente controlada em muitos países. No Brasil, sua fabricação, importação, exportação, manutenção em estoque, comercialização e uso só foram proibidos em 2009.

O sorvedouro do DDT

Os inseticidas dissolvem-se com facilidade nas gorduras, incluindo os tecidos gordurosos de seres vivos. Por causa disso, eles podem ficar armazenados nos corpos dos diversos organismos. O processo de acúmulo começa com a absorção do inseticida pela planta e passa para outros animais por meio da alimentação. Quando um animal come a planta, o inseticida se acumula no seu corpo.

A contaminação do ambiente, seja por produtos químicos ou por organismos causadores de doenças, afeta toda a comunidade. Em muitos casos, a solução desse problema depende de ações individuais e, em outros, depende de uma ação pública, isto é, da participação de toda a sociedade.

Ciências e Tecnologias

Inseticida biológico

Você já ouviu falar sobre o inseticida biológico? Conheça essa nova tecnologia! Assista ao vídeo no *link* <http://ftd.li/45a975>. Acesso em: 16 jan. 2014.

1 Segundo a pesquisadora, como age o inseticida biológico?

2 Qual a vantagem desse inseticida biológico em relação aos inseticidas comuns (aqueles que contêm substâncias químicas)?

Atividades

Reveja

1 Cite uma das razões que levaram muitos países a proibir o uso de DDT.

2 Por que um inseticida aplicado em uma plantação por um avião, por exemplo, deve ser considerado poluente do ar, do solo e das águas?

3 O ser humano pode ser o sorvedouro de poluentes? Dê um exemplo.

4 Existe um fenômeno atmosférico que comumente ocorre durante os meses de inverno em algumas regiões: o ar frio mais próximo do solo não eleva sua temperatura suficientemente para provocar a circulação vertical do ar. Nessa condição, o ar da camada superior é mais quente do que o ar da camada da superfície, impedindo a circulação normal das massas de ar. Esse fenômeno é conhecido como:

a) efeito estufa.
b) inversão térmica.
c) camada de ozônio.
d) correntes de convecção.

5 Cite dois problemas de saúde causados pelo excesso de poluentes no ar.

6 É comum ocorrer maior acúmulo de monóxido de carbono nas grandes cidades do país. Como você pode explicar esse fato?

Explique

7 Em 1997, foi assinado o Protocolo de Kyoto, tratado complementar à Convenção da ONU sobre as mudanças climáticas, que discutiu a emissão de gases que intensificam o efeito estufa. Uma das medidas estabelecidas na convenção é que os países industrializados deveriam diminuir em 5% a emissão de gases em relação aos níveis de 1990. Muitos países assinaram o acordo, exceto os Estados Unidos, que alegaram que tais medidas prejudicariam a economia americana. Que relação existe entre a industrialização e a emissão de gases do efeito estufa?

8 Atualmente há recomendações para que as empresas produtoras de agrotóxicos sejam obrigadas a recolher as embalagens usadas nos seus produtos e dar um destino adequado a elas. Por que tal procedimento é importante?

9 Leia o texto. Depois identifique a fonte, um meio de transporte e um sorvedouro para o poluente citado.

A produção de chumbo, de cobre e de níquel, a partir de certos minerais, dá origem ao gás dióxido de enxofre. Este, na atmosfera, em presença de oxigênio e de água, acaba se transformando em ácido sulfúrico, um dos responsáveis pela chamada chuva ácida, que ocorre também em locais distantes do local de emissão do dióxido de enxofre. Esse tipo de "chuva" pode corroer estátuas e monumentos de mármore, bem como metais. Pode ainda acarretar a morte de peixes e outros seres vivos que habitam lagos e matas atingidas por ela.

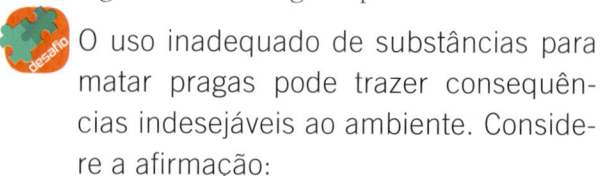

O uso inadequado de substâncias para matar pragas pode trazer consequências indesejáveis ao ambiente. Considere a afirmação:

Se uma substância nociva a vários tipos de praga for espalhada no ar, é impossível que ela chegue a contaminar a água de rios e lagos ou mesmo o solo de locais mais afastados.

- Você concorda com essa afirmação? Dê um argumento para justificar a sua resposta.

Para ler o texto científico

São Paulo não atinge meta de reduzir emissões de gás de efeito estufa

A meta de reduzir 30% das emissões de gás de efeito estufa na capital paulista entre 2003 e 2012, conforme determina a Lei 14.933 de 1999, não foi cumprida pelo município. [...]

[...]

O relatório mostra que a grande maioria dos gases (81,9%) são gerados pela queima de combustível e pelos gases que escapam da rede de gás natural. Esses itens compõem a categoria "energia" do inventário. Cerca de 60% do item queima de combustível, por sua vez, está relacionada ao sistema de transporte.

Para o secretário [municipal do Verde e do Meio Ambiente], esses dados reforçam a importância de aperfeiçoamentos da lei de inspeção veicular que está em discussão no município. "Você percebe que o foco principal é energético. Você tem que ter uma conscientização da população para mudar esse modelo. A inspeção veicular, que está engatinhando no Brasil, tem que ser aperfeiçoada e ser mais rigorosa. É um erro, por exemplo, só a capital fazer e a região metropolitana não", apontou.

O segundo setor que mais contribui para a emissão de gases de efeito estufa, com 15,6%, é o de "resíduos", que inclui efluentes líquidos (esgoto doméstico e efluentes industriais) e sólidos (disposição em aterros, compostagem e incineração). Os aterros são destaque nessa categoria, pois representam 14% das emissões.

Os gases de efeito estufa relacionados aos setores de energia e resíduos, portanto, somam quase 100% das emissões de São Paulo. "Não era muito claro até agora o perfil dessas emissões. Achava-se que era o sistema de transporte, mas não havia uma métrica que fazia essa avaliação. Agora tem. Agora é mais fácil de atacar setores específicos.

SÃO PAULO não atinge meta de reduzir emissões de gás de efeito estufa. **Jornal A Tribuna**, Santos, 12 mar. 2013. Disponível em: <http://ftd.li/jinokp>. Acesso em: 27 jan. 2014.

1 A lei é de 1999, mas até 2012 as emissões não diminuíram como se esperava. O que é necessário para que a emissão de gases estufa seja reduzida?

2 Como os outros municípios contribuem para aumentar a quantidade de gases estufa na capital paulista?

O artigo, publicado em um jornal paulista, enfoca a questão da emissão de gases estufa e o aquecimento global.

Embora não esteja escrita, há uma informação implícita: o autor aceita a visão de que a produção de gases estufa pela atividade humana aumenta a velocidade de um evento natural, que é o aquecimento global.

O artigo divulga informações de um relatório que alerta governantes e cidadãos para um problema (poluição do ar) que só será resolvido com a participação de ambos.

O artigo refere-se ao município de São Paulo. As fontes de emissão de gases estufa inventariadas são divididas em categorias de acordo com a sua origem: energia (uso de combustíveis, eletricidade etc.); resíduos (emissões provenientes de depósitos de resíduos sólidos, esgotos líquidos e incineração); indústria (emissões resultantes da transformação da matéria-prima em produtos); e uso da terra (refere-se à produção de gases emitidos no processo produtivo da agricultura e da pecuária).

No laboratório

Monitorando a qualidade do ar

- Quais as condições dos veículos em relação à emissão de gases pelos motores?

Muitas vezes nos sentimos incomodados com o ar que respiramos. Olhos lacrimejantes, tosse e irritação na garganta são alguns dos sintomas provocados pela má qualidade do ar, decorrente das queimadas e das emissões de gases pelos motores de explosão e pelas indústrias. É possível avaliarmos a qualidade dos gases emitidos pelos escapamentos de veículos por meio de um teste simples, muito utilizado pelos profissionais que medem os índices de poluição. Nesta atividade, você vai utilizar um cartão para avaliar a emissão de fuligem (fumaça preta) que sai do escapamento de veículos.

Material

- cartão-índice de fumaça do tipo Ringelmann reduzido (escala de Ringelmann)

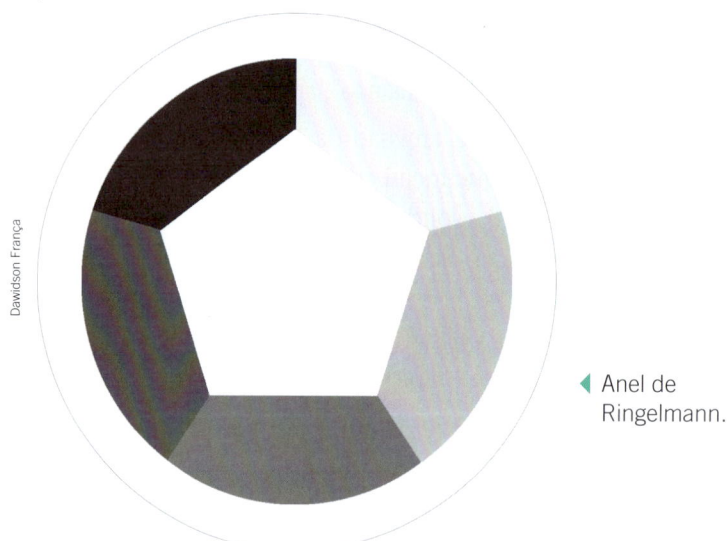

◀ Anel de Ringelmann.

- caderno para anotações
- máscara descartável (usada por médicos, dentistas, pintores)

Procedimento

A. Atenção: fique a uma distância entre 20 e 150 metros do veículo a ser observado e use a máscara protetora. É necessário o acompanhamento de um adulto durante a coleta de dados.

B. Segure o cartão com o braço totalmente estendido e o direcione para o cano de descarga (escapamento) do veículo, como na imagem.

◀ Com a máscara, segure o cartão (anel de Ringelmann) com o braço totalmente estendido e o direcione para o cano de descarga (escapamento) do veículo.

C. Compare a fumaça com o índice, determinando qual tonalidade da escala mais se assemelha com a tonalidade da fumaça.

A emissão de fumaça, gás, óleo ou resíduo combustível verificada na comparação visual superior ao número 2 (40%) do índice de Ringelmann caracteriza a infração prevista no artigo 181 do Regulamento do Código Nacional de Trânsito. Para localidades com altitudes superiores a 500 metros, admite-se até o número 3 (60%) da escala.

D. Faça o teste com dois ou mais veículos diferentes. Procure realizar o teste com automóveis de passeio, ônibus e caminhões.

Registre

- Anote os dados do veículo, como marca, tipo, estado de conservação, e discuta com seus colegas as informações obtidas.

Compartilhe

1. Existe alguma diferença entre a emissão de fumaça de automóveis, caminhões e ônibus? Qual seria?

2. Há diferenças entre os dados coletados por você e os dos seus colegas? Quais são?

3. Em uma mesma cidade, é possível haver regiões com boa qualidade do ar e outras regiões com má qualidade? Por que isso acontece?

4. Debata com os colegas o que pode ser feito, coletiva e individualmente, para a redução da poluição do ar nas cidades.

unidade

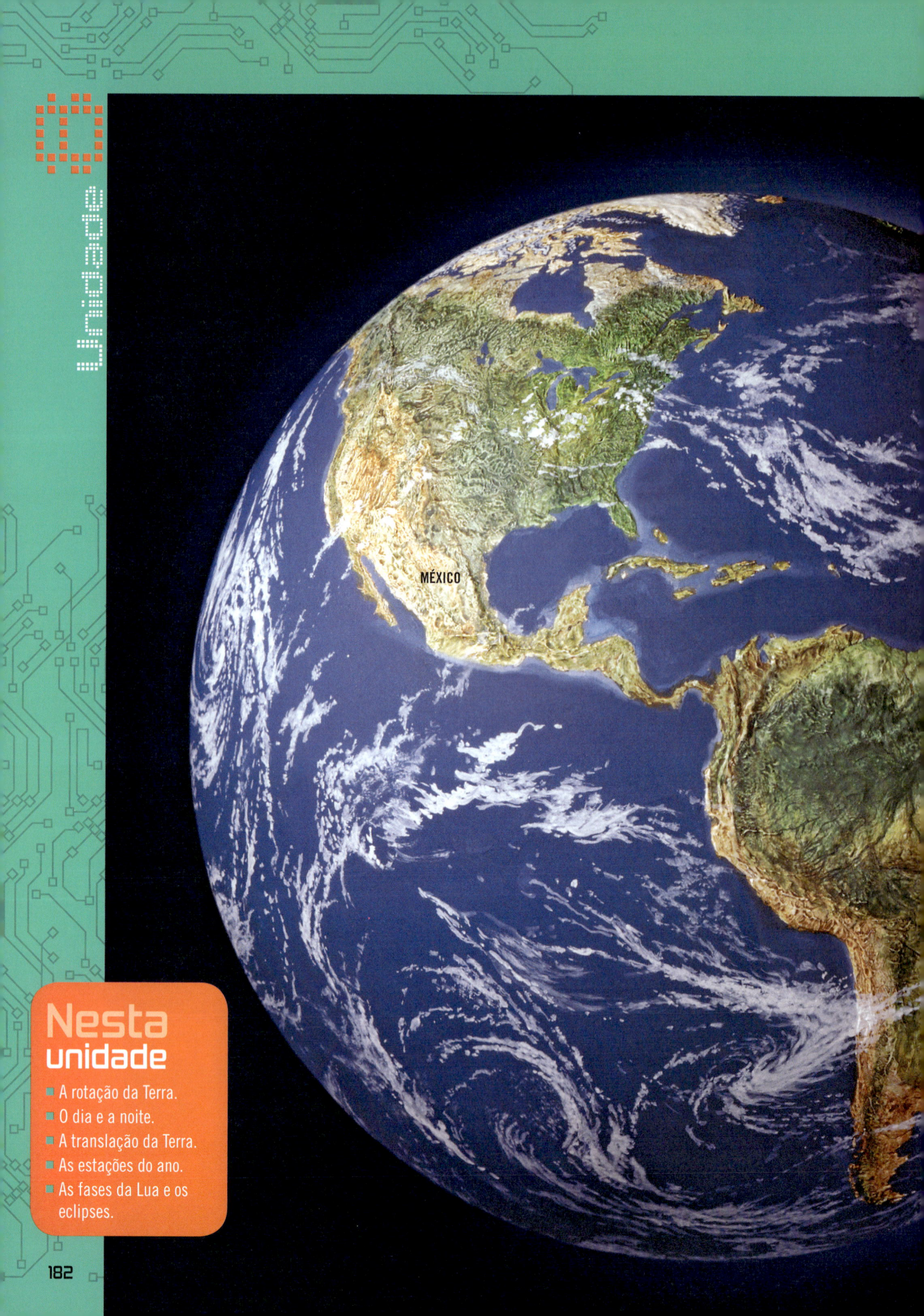

8

MÉXICO

Nesta unidade

- A rotação da Terra.
- O dia e a noite.
- A translação da Terra.
- As estações do ano.
- As fases da Lua e os eclipses.

Movimentos da Terra

Observe a foto da Terra obtida por satélite.

1 Note que há uma parte clara e uma escura do planeta. O que isso significa?

2 Você diria que no Brasil é dia ou noite? E no México?

@mais

Há muito tempo o ser humano percebeu que os astros celestes parecem girar em torno da Terra. Como o movimento é lento, não é fácil percebê-lo. No entanto, utilizando os recursos tecnológicos atuais, é possível registrá-lo. Assista ao vídeo e observe a foto nos *links* <http://ftd.li/6yfbza> e <http://ftd.li/cmf9w5> (acessos em:09 jun. 2014).

1. O que parece acontecer com o céu no vídeo?
2. Qual é a semelhança entre as imagens da foto e as do vídeo?

Por estarmos vivendo na superfície da Terra, não percebemos os movimentos que ela realiza pelo espaço. Mas esses movimentos são a causa de muitos fenômenos que ocorrem neste planeta.

Imagem da Terra registrada por satélite.

1 Os movimentos aparentes do Sol

▲ Fotos tiradas em um mesmo local em diferentes horas do dia.

Entre o amanhecer e o entardecer, percebemos mudanças na posição do Sol que nos dão a impressão de que ele gira ao redor da Terra. Essa impressão é tão forte que a incorporamos na maneira de nos expressar, pois é comum usarmos frases como "o Sol nasce atrás daquela montanha" ou "o Sol passa pelo alto do céu ao meio-dia".

Se observarmos com atenção o movimento que o Sol realiza no céu durante o dia, veremos que pela manhã ele surge sempre na mesma região do horizonte, que denominamos **leste**. Com o passar do tempo, ele vai se elevando no céu até atingir a altura máxima e, depois, volta a se aproximar do horizonte e desaparece na região oposta à que surgiu pela manhã. Essa região em que o Sol se põe é chamada de **oeste**.

Pense e responda

- Observe a sequência de fotos acima. Elas foram tiradas ao longo de um mesmo dia. Note a sombra criada pela árvore. O que ocorre com ela ao longo do dia? Por que isso acontece?

A imagem está fora de escala de tamanho. As cores não correspondem aos tons reais.

◀ Movimento diário do Sol e as direções das regiões do horizonte. A imagem é meramente ilustrativa. O caminho traçado pelo Sol varia ao longo do ano, como veremos mais adiante.

Se nos posicionarmos de braços abertos, e com o braço direito apontando para a região leste (aquela em que o Sol surge no horizonte), teremos à esquerda a região oeste, à frente a região norte e atrás a região sul. Para um observador localizado na superfície da Terra, o Sol realiza um movimento que se repete a cada dia. Esse movimento é chamado de **movimento diurno aparente do Sol**.

Ciências e Geografia

Os pontos cardeais

Os quatro pontos cardeais, denominados **norte**, **sul**, **leste** e **oeste**, são pontos de referência imaginários, a partir dos quais é possível saber qual direção seguir para chegar a algum local do planeta.

Historicamente, o norte foi definido como o ponto do horizonte que corresponde ao Polo Norte da Terra, no oceano Glacial Ártico; o sul como o ponto do horizonte que corresponde ao Polo Sul da Terra, no continente Antártico; o leste como o ponto do horizonte onde o Sol nasce; e o oeste como o ponto do horizonte onde o Sol se põe.

Atualmente, norte, sul, leste e oeste não são considerados pontos perfeitamente localizados, mas sim referências de direções a seguir de determinado local, isto é, servem para a orientação.

- Localize os pontos cardeais na sua sala de aula. Para isso, pegue uma bússola e deixe-a sobre uma superfície plana. Gire a base até que o ponteiro coincida com o norte. Com o norte localizado, anote os outros pontos.

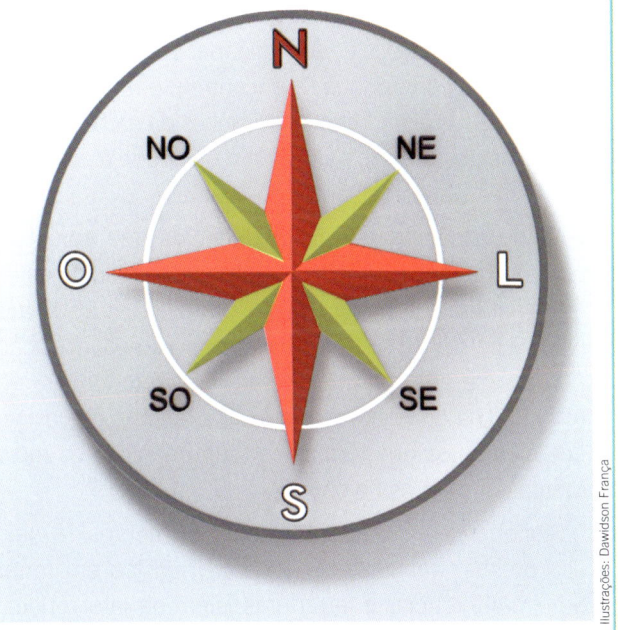

▲ Rosa dos ventos, representando os pontos cardeais e colaterais. Os pontos cardeais são norte (**N**), sul (**S**), oeste (**O**) e leste (**L**). Os pontos colaterais são noroeste (**NO**), nordeste (**NE**), sudoeste (**SO**) e sudeste (**SE**).

▲ A cada dia, o Sol surge em um ponto um pouco deslocado com relação ao dia anterior.

Observe que, na imagem acima, o Sol nascente não aparece sempre no mesmo ponto do horizonte. Durante o ano, o ponto em que o Sol surge se desloca para o norte e para o sul, realizando um movimento de vaivém que se repete. Por volta do dia 21 de junho, o Sol surge no ponto mais ao norte, e por volta do dia 21 de dezembro, no ponto mais ao sul. Isso significa que o caminho traçado por ele no céu muda conforme os dias vão passando.

Esses movimentos aparentes que o Sol descreve no céu não são exclusivos dele. A Lua, as estrelas e os planetas também se movem pelo céu, cada qual com seus movimentos particulares, mas todos, a cada dia, surgem no leste e se põem no oeste.

Rede do tempo

Stonehenge

O conhecimento sobre os movimentos dos astros pelo céu, em especial do Sol e da Lua, está registrado em diversas construções da Antiguidade. Em algumas datas especiais, é comum que se encontrem em muitos sítios arqueológicos alinhamentos de blocos de rochas que indicam as posições de nascimento e pôr do Sol, da Lua e das estrelas mais brilhantes do céu noturno.

Talvez a construção mais conhecida que apresenta essas características seja Stonehenge, localizada no sul da Inglaterra e construída entre 2800 a.C. e 1100 a.C. Não há consenso sobre a finalidade da sua construção. Acredita-se que tenha sido para fins cerimoniais; porém, não há dúvidas sobre a relação entre a disposição dos elementos que formam o monumento e os movimentos dos astros no céu.

▲ Stonehenge, Reino Unido, 2010.

Stonehenge é constituído por agrupamentos de grandes pedras, trabalhadas ou não, dispostos em forma de circunferências e ferraduras, além de intervenções no terreno. Há nesse monumento uma série de alinhamentos de pedras que apontam as posições do nascer e do pôr do Sol nos dias de solstícios e equinócios, que serão estudados a seguir. Isso mostra claramente que seus construtores tinham conhecimento de Astronomia e que, provavelmente, essa compreensão estava incorporada à sua cultura.

No Brasil também há sítios arqueológicos nos quais existem evidências de alinhamentos de blocos de rochas que indicam as posições do nascer e do pôr do Sol em dias específicos. Um deles é o sítio arqueológico do Rego Grande, localizado no Amapá. Ali há um arranjo de 127 blocos de rochas que formam um círculo de 30 metros de diâmetro, construído entre 800 e 1000 anos atrás.

Um dos monólitos desse sítio está inclinado, de modo a alinhar-se com a trajetória do Sol no dia mais curto do ano. Nesse dia, quando o Sol está no ponto mais alto de sua trajetória pelo céu, não há projeção de sombra pelo monólito. Há ainda um conjunto de monólitos que marcam a direção leste-oeste. O objetivo dessas instalações parece estar relacionado a fins agrícolas ou religiosos ou, provavelmente, a ambos.

Sítio arqueológico Rego Grande (AP), 2006. ▶

> **@ Explore**
>
> **Monumentos astronômicos antigos**
>
> Há outros monumentos pré-históricos que podem ter sido utilizados para observação ou acompanhamento dos movimentos do Sol. Eles estão espalhados por todo o mundo.
>
> - Faça uma pesquisa, procurando descobrir quais eram suas finalidades e como eram feitas as observações.
>
> Algumas sugestões de páginas que podem ser consultadas são: <http://ftd.li/qpxo8d>, <http://ftd.li/26837u>, <http://ftd.li/t5e9p5>, <http://ftd.li/qpwu47>. Acessos em: 09 jun. 2014.

O movimento de rotação da Terra

A Terra não está parada no espaço. Ela realiza vários movimentos. Um deles é o movimento de **rotação**, no qual gira em torno de um eixo imaginário.

▲ Carrossel.

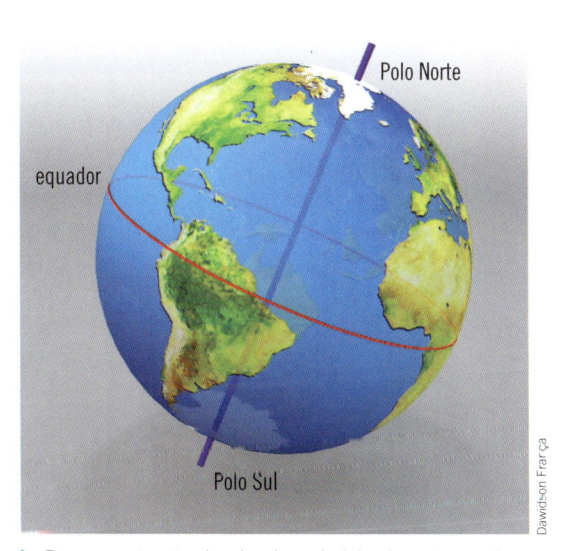

▲ Representação do eixo imaginário de rotação da Terra e a linha imaginária do equador.

Assim como uma pessoa no carrossel vê tudo girar ao seu redor, as pessoas na superfície terrestre também veem os astros realizando movimentos circulares. Portanto, os movimentos diários que observamos dos astros surgindo no leste e se pondo no oeste são resultado da rotação da Terra; por isso, são chamados de **movimentos aparentes**.

A estrutura no centro do carrossel é o eixo em torno do qual o brinquedo gira. Com relação à Terra, dizemos que existe um eixo imaginário em torno do qual ela gira. Os pontos em que o eixo imaginário de rotação atravessa a superfície dela são chamados de **polos**. A linha imaginária sobre a superfície, que divide a Terra em dois hemisférios iguais e é perpendicular ao eixo de rotação, é chamada de **linha do equador** ou simplesmente **equador**.

> **Pense e responda**
>
> Imagine o carrossel da foto girando.
>
> - Para as crianças no carrossel, as pessoas e as árvores do lado de fora parecem estar paradas ou se movendo?

Geocentrismo x heliocentrismo

Hoje sabemos que a Terra realiza vários movimentos, mas, na Antiguidade, acreditava-se que o dia e a noite ocorriam porque o céu girava ao redor da Terra, enquanto ela permanecia parada no centro do Universo.

Seria a Terra o centro do Universo?

Com base em muitas observações e trabalhos de vários astrônomos, Cláudio Ptolomeu, o último dos grandes astrônomos gregos, propôs uma representação em que a Terra estava parada no centro do Universo e era cercada por vários astros que giravam ao seu redor: a Lua, o Sol, os planetas e as estrelas.

◀ No modelo de Ptolomeu, a Terra era o centro do Universo.

A representação de Ptolomeu foi um marco na história da Astronomia. Trata-se da Teoria do Universo Geocêntrico, ou seja, a Terra como centro do Universo (**geo**, do grego *gê*, significa "Terra").

O geocentrismo de Ptolomeu foi amplamente aceito, mas, depois de muitos séculos, alguns pensadores passaram a questioná-lo. Entre eles, um astrônomo, chamado Nicolau Copérnico (1473-1543), sugeriu que a Terra não era o centro do Universo, mas se deslocava como os demais planetas ao redor de outro astro, o Sol.

◀ Para Copérnico, o Sol era o centro do Universo.

Portanto, na representação de Copérnico, é o Sol que está parado no centro do Universo e não mais a Terra, como afirmavam os outros pensadores. Contrárias às crenças religiosas da época, as ideias de Copérnico causaram grande polêmica.

A representação de Copérnico ficou conhecida como **Teoria do Universo Heliocêntrico**, ou seja, o Sol como centro do Universo (**helio**, do grego *helios*, significa "Sol").

Hoje o Sol não é mais considerado o centro do Universo. Segundo as teorias atuais, não há um centro do Universo.

- Faça uma linha do tempo simplificada com os eventos citados no texto.

Imagens fora de escala de tamanho e de distância.
As cores não correspondem aos tons reais.

Dia e noite

Observe a figura que representa a Terra iluminada pelo Sol. Como a Terra é semelhante a uma esfera, apenas metade da sua superfície é iluminada pela luz solar. Por isso, enquanto uma metade da Terra está clara, a outra está escura.

A imagem está fora de escala de tamanho e de distância. As cores não correspondem aos tons reais.

▲ Em qualquer momento, metade da Terra está iluminada pela luz solar. Nessa região é dia. A outra metade está no escuro, e é noite.

A rotação da Terra faz com que regiões que estavam na parte escura passem para a parte iluminada, criando o alvorecer, ao mesmo tempo que regiões que se encontravam na parte iluminada entram na parte escura, criando o entardecer.

Portanto, é o movimento de rotação da Terra que cria a sucessão de períodos de claridade e de escuridão, a sequência de dias e noites. Como a Terra gira de maneira uniforme, isso nos faz imaginar que o dia e a noite duram exatamente o mesmo tempo, mas não é o que ocorre. A duração dos períodos de claridade e de escuridão de um determinado local depende tanto da sua localização na Terra quanto da época do ano. As fotos a seguir foram tiradas no mesmo local e mesmo horário, em meses diferentes. Note como o Sol está em posições diferentes.

> **Lembre**
> A cada dia o Sol nasce em uma posição um pouco diferente do dia anterior.

Alvorecer: amanhecer.

▲ As duas imagens foram tiradas no mesmo local e mesmo horário, em meses diferentes.

No Hemisfério Sul, o dia em que o período iluminado pelo Sol é mais longo do que nos outros dias do ano ocorre por volta de 21 de dezembro e no Hemisfério Norte, por volta de 21 de junho.

A diferença entre os períodos de claridade e de escuridão durante um dia é mais acentuada quanto mais distante estivermos da linha do equador. Nas regiões próximas ao Polo Norte, no mês de dezembro, há um período em que se passam dias sem que haja iluminação pela luz solar. Por outro lado, no mês de junho, há um período em que o Sol não se põe por vários dias.

Também há dias em que os períodos iluminados e escuros do dia têm a mesma duração e ocorrem por volta de 21 de março e 23 de setembro.

Nas regiões mais centrais, próximas ao equador, a diferença entre o período claro e o escuro é menos acentuada.

Paralelos do planeta Terra

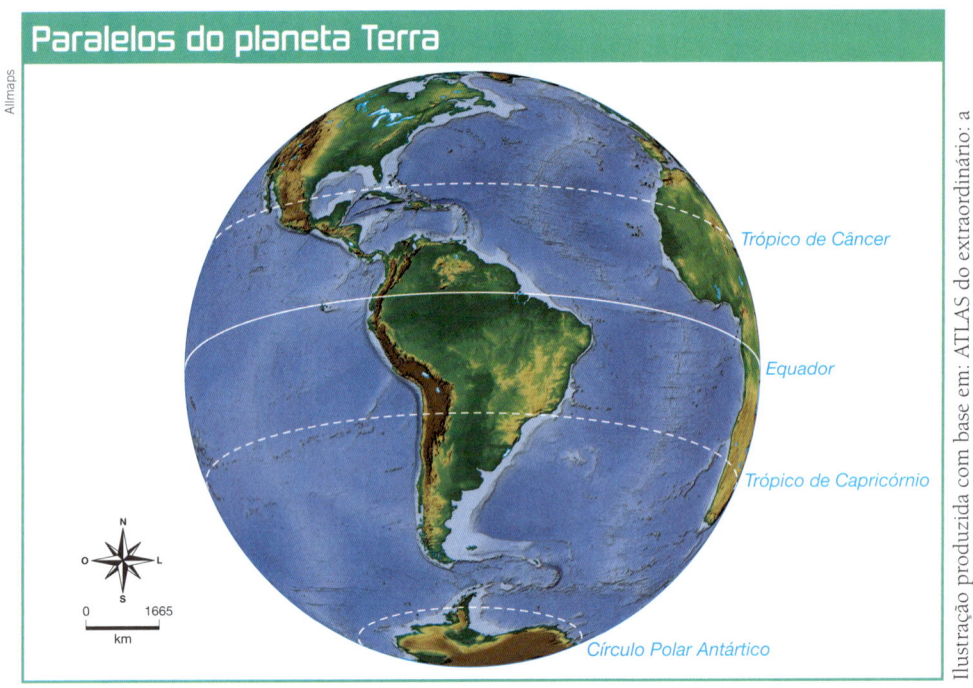

▲ Localização de alguns paralelos da Terra. Nas regiões mais centrais, próximas ao equador, a diferença entre o período claro e o escuro é menos acentuada.

Explore

O Sol da meia-noite

No mês de junho, no Hemisfério Norte, os dias são mais longos do que a noite. Nesse período, em regiões próximas ao Polo Norte, o Sol não se põe durante vários dias, ficando sempre acima do horizonte.

A imagem ao lado é uma composição de várias fotos ao longo de um dia no Alasca, Estados Unidos da América. Note como o Sol vai descendo em direção ao horizonte, mas não se põe, e volta a subir depois de passar bem perto do horizonte. Esse fenômeno é chamado de **Sol da meia-noite**.

▲ O fenômeno do Sol da meia-noite. Alasca, Estados Unidos da América.

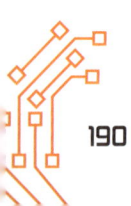

Ao observar a trajetória do Sol pelo céu, a impressão que temos é que ele descreve uma circunferência ao redor da Terra.

Na imagem a seguir, a pessoa está localizada numa paisagem e as bordas do círculo onde ela se encontra são os limites do horizonte. A linha cheia representa a parte da trajetória do Sol que se localiza acima do horizonte, ou seja, o período de claridade. A linha tracejada representa a parte da trajetória do Sol quando ele está abaixo do horizonte, ou seja, o período de escuridão. Note como o trajeto completo do movimento aparente do Sol compõe um círculo, o que dá a impressão de ele descrever uma circunferência ao redor da Terra.

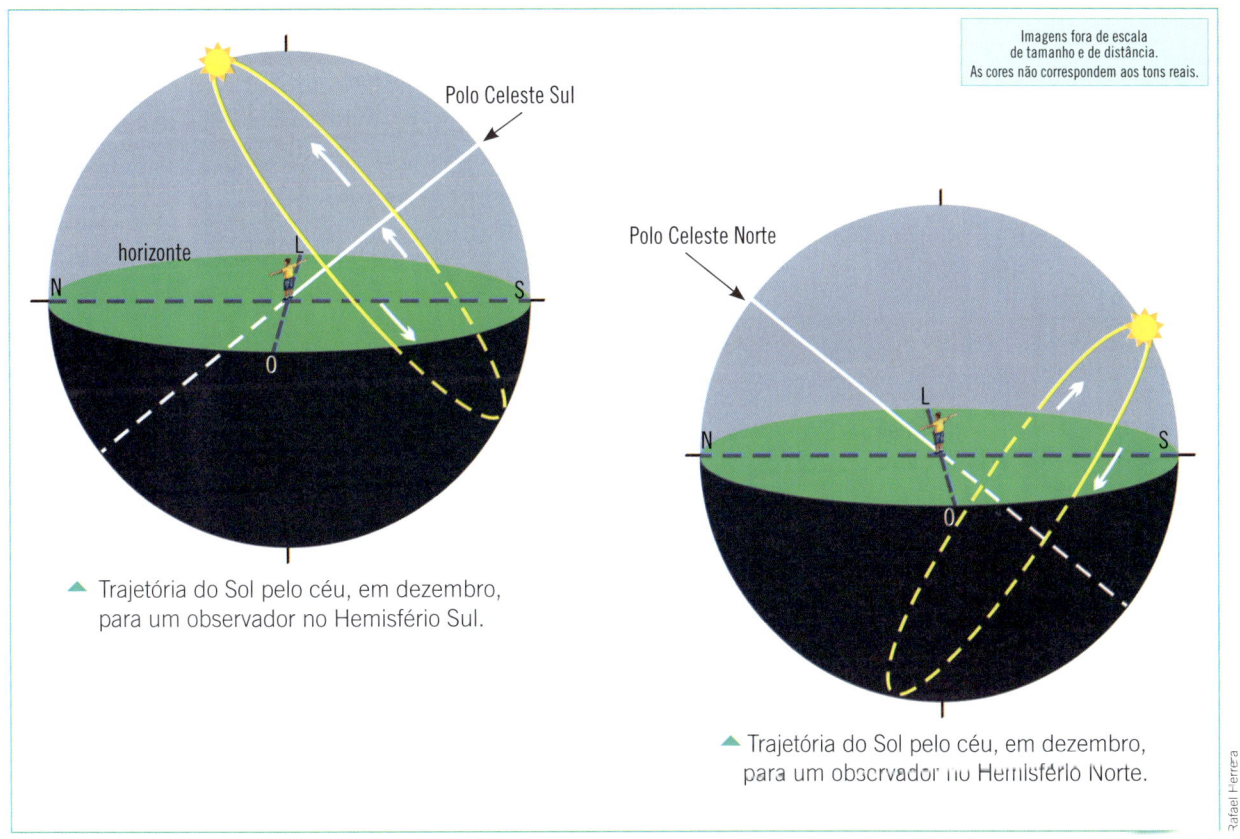

▲ Trajetória do Sol pelo céu, em dezembro, para um observador no Hemisfério Sul.

▲ Trajetória do Sol pelo céu, em dezembro, para um observador no Hemisfério Norte.

Ilustrações produzidas com base em: <http://ttd.li/t5q7k2>. Acesso em: 09 jun. 2014.

O trajeto traçado pelo Sol no céu muda ao longo dos dias. A figura referente ao Hemisfério Norte mostra que a parte da trajetória abaixo do horizonte é maior do que a parte acima do horizonte, indicando que o período de escuridão é maior do que o de claridade e, portanto, a noite é mais longa do que o dia.

No Hemisfério Sul, ocorre o inverso. A parte da trajetória acima do horizonte é maior do que a que fica abaixo dele; portanto, o dia é mais longo do que a noite.

No decorrer do ano, isso vai mudando, e no mês de junho ocorre o inverso. No Hemisfério Norte, os períodos de claridade são maiores do que os de escuridão, enquanto no Hemisfério Sul ocorre o inverso e os dias são mais curtos do que as noites.

Atividades

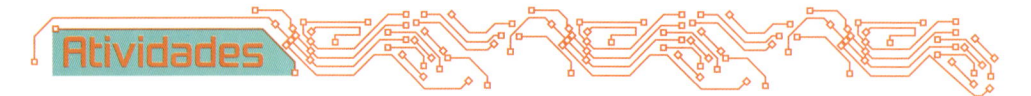

Reveja

1 As pessoas da foto estão olhando o Sol se pôr. Qual região se encontra do lado esquerdo delas: norte, sul, leste ou oeste?

2 Quando na cidade de Manaus são 8 horas da manhã, nas Ilhas Sulawesi, na Indonésia, são 8 horas da noite. Assim, quando o Sol está se pondo em Manaus, o que está ocorrendo com o Sol em Sulawesi?

3 Qual(is) a(s) diferença(s) entre as teorias **geocêntrica** e **heliocêntrica**?

4 Observe no mapa que o Paraguai fica no Hemisfério Sul, enquanto Cuba fica no Hemisfério Norte.

Américas do Sul e Central

Ilustração produzida com base em: ATLAS geográfico escolar. Rio de Janeiro: IBGE, 2012, p. 41.

a) Em certa época do ano as noites no Paraguai são mais curtas do que o período claro do dia. Nessa mesma época do ano, a noite em Cuba tem duração igual, menor ou maior do que no Paraguai?

b) No Paraguai, aproximadamente em quais dias do ano o período iluminado do dia é igual ao período escuro? E em Cuba?

Explique

5 Observe no mapa do Brasil a cidade de Goiânia. Se você quiser viajar para cada uma das cidades a seguir, partindo de Goiânia, que direção deverá tomar?

a) Porto Seguro.
b) Campo Grande.
c) Belém.
d) Manaus.
e) Curitiba.
f) Belo Horizonte.

6 O que aconteceria com os períodos iluminados e de escuridão do dia se o eixo de rotação da Terra fosse perpendicular ao plano da órbita? Haveria diferença de um local para outro da Terra?

Brasil político

Fonte: ATLAS geográfico escolar. Rio de Janeiro: IBGE, 2012, p. 90.

7 O que aconteceria com a duração do dia se a Terra girasse mais lentamente ao redor de seu eixo?

desafio Considerando a rotação do planeta, em qual das duas cidades marcadas a noite chegará primeiro? Justifique.

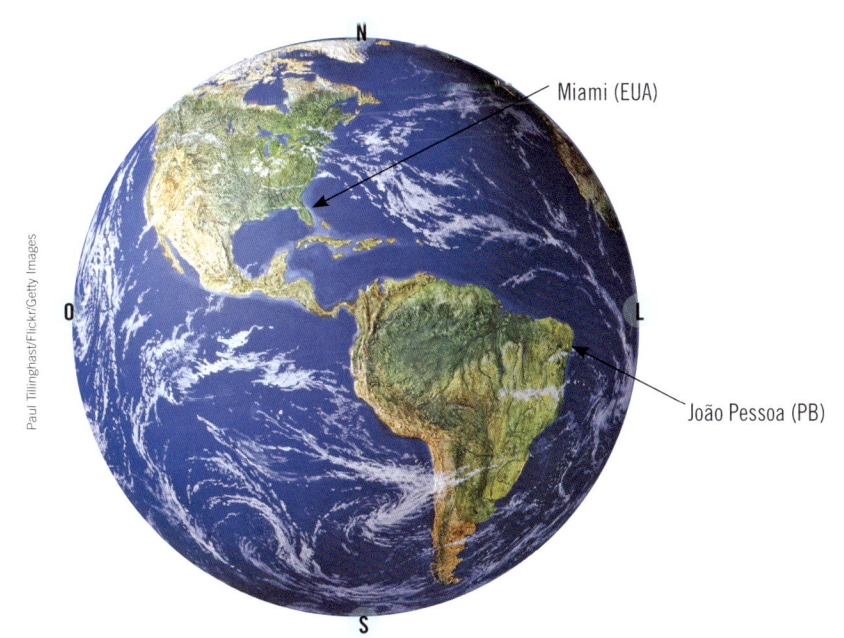

Miami (EUA)

João Pessoa (PB)

2 O movimento de translação da Terra

Ao mesmo tempo que realiza o movimento de rotação, a Terra também se desloca pelo espaço, girando ao redor do Sol e percorrendo uma trajetória denominada **órbita**. É o movimento de **translação**.

Imagens fora de escala de tamanho e de distância. As cores não correspondem aos tons reais.

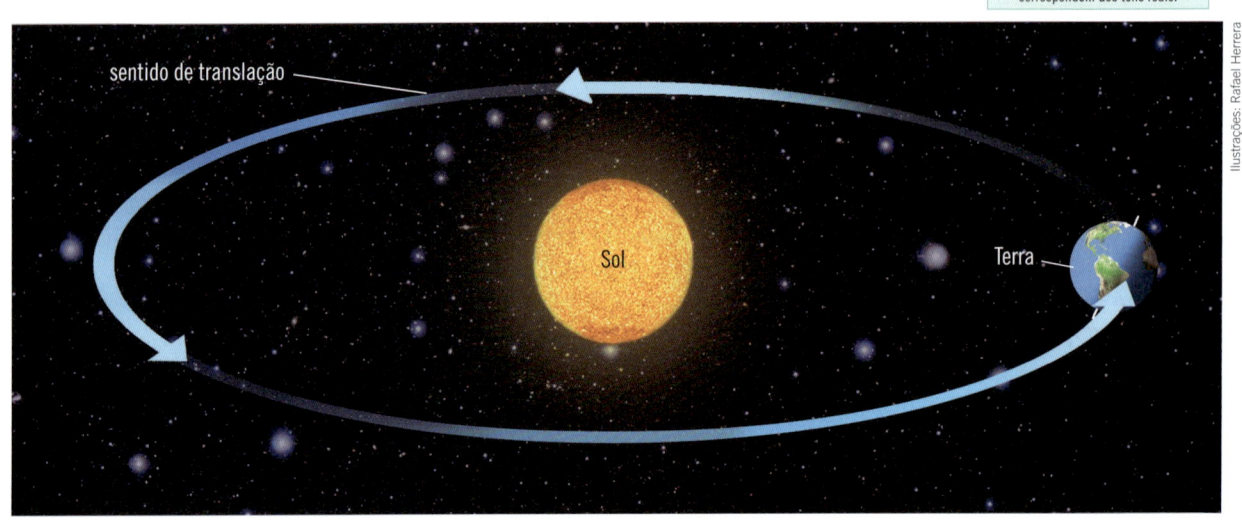

▲ Representação da órbita da Terra. A linha orientada azul não existe na realidade. Ela é apenas uma referência para indicar o trajeto do planeta em relação ao Sol.

A distância da Terra ao Sol varia de 147 100 000 quilômetros, no ponto de maior aproximação, a 152 100 000 quilômetros no ponto de maior afastamento. Essa diferença é pequena quando comparada com a distância média da Terra ao Sol; portanto, a órbita da Terra, como as distâncias são aproximadas, é quase uma circunferência.

A direção do eixo de rotação permanece inalterada durante o movimento de translação da Terra. Isso faz com que, em determinadas épocas do ano, a luz e o calor solar incidam com maior intensidade no Hemisfério Sul e, em outros períodos, a incidência seja maior no Hemisfério Norte. Por isso, a duração da noite e do período iluminado do dia não é sempre a mesma em todo o ano.

▶ O eixo de rotação da Terra tem inclinação de 66,5° em relação ao plano da órbita.

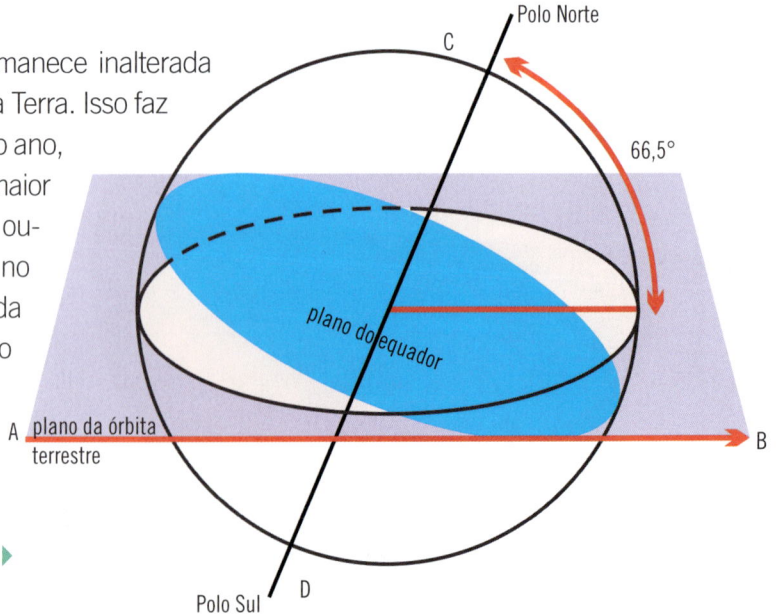

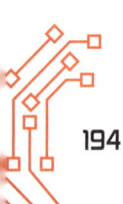

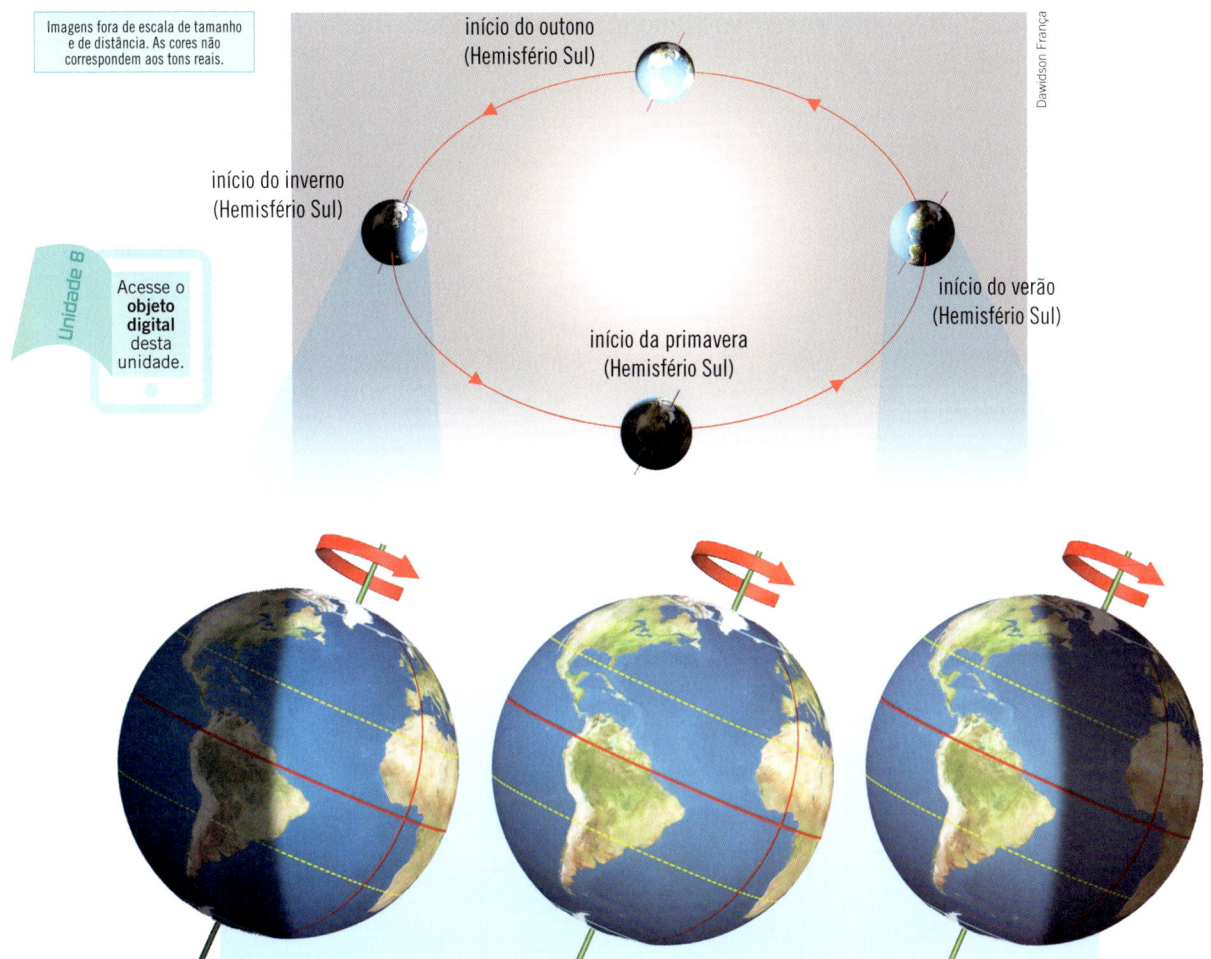

Imagens fora de escala de tamanho e de distância. As cores não correspondem aos tons reais.

início do outono
(Hemisfério Sul)

início do inverno
(Hemisfério Sul)

início do verão
(Hemisfério Sul)

início da primavera
(Hemisfério Sul)

Acesse o **objeto digital** desta unidade.

Por volta do dia 21 de junho, ao meio-dia, os raios solares incidem perpendicularmente na Terra nas regiões situadas sobre a linha do Trópico de Câncer.

Os momentos em que, ao meio-dia, os raios solares incidem perpendicularmente à linha do equador são chamados de **equinócios**. Há dois equinócios em cada ano, um por volta do dia 21 de março e outro por volta do dia 23 de setembro. No equinócio os dias e as noites têm a mesma duração.

Por volta de 21 de dezembro, ao meio-dia, os raios solares incidem perpendicularmente na Terra nas regiões situadas sobre a linha do Trópico de Capricórnio.

As estações do ano

Em termos astronômicos, as estações do ano correspondem aos períodos em que a Terra, no seu movimento de translação, vai de um equinócio a um solstício ou de um solstício a um equinócio. Assim, em uma volta da Terra em torno do Sol, há quatro estações.

Durante o ano, a incidência de luz e calor do Sol se altera em ambos os hemisférios terrestres. Isso está relacionado com os períodos das quatro estações, de modo que o clima na Terra é influenciado pelo seu movimento de translação. Mas as estações do ano não se manifestam de forma idêntica em todos os locais da Terra. Em alguns, as variações climáticas são mais acentuadas e em outros são quase imperceptíveis.

Como as estações do ano acontecem de forma cíclica, é possível considerar que esse ciclo se inicia em qualquer uma das quatro estações do ano: **verão**, **outono**, **inverno** e **primavera**.

As orientações e as imagens a seguir vão ajudar a compreender a ocorrência das quatro estações do ano.

A início do verão (Hemisfério Sul)

B

C Polo Norte

A imagem está fora de escala de tamanho e de distância.
As cores não correspondem aos tons reais.

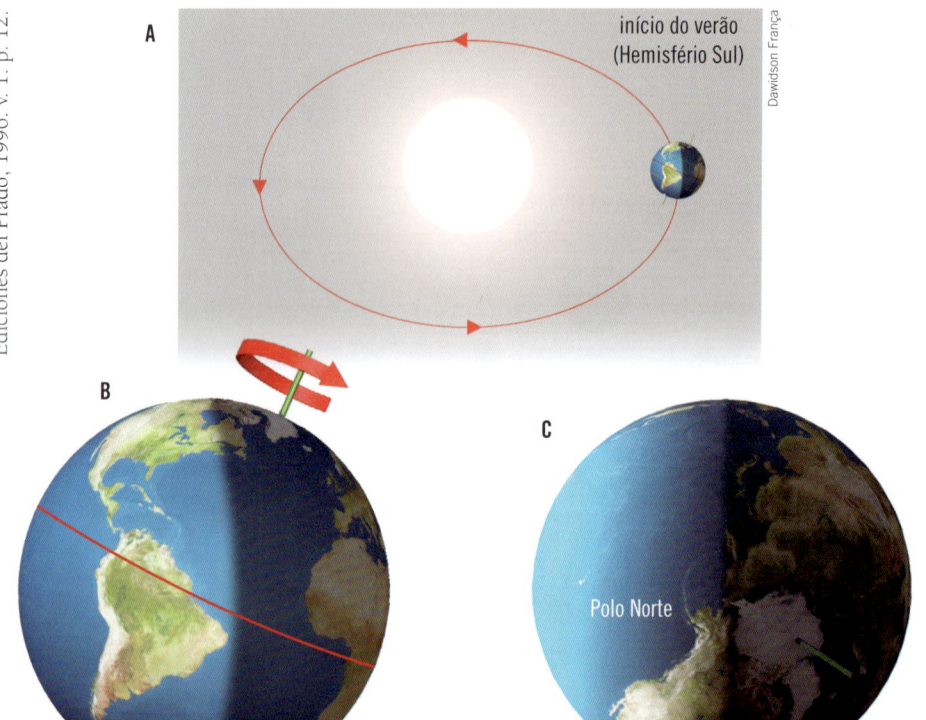

Ilustração produzida com base em: ATLAS do extraordinário: a formação da Terra. Madrid: Ediciones del Prado, 1996. v. 1. p. 12.

▲ Início do verão no Hemisfério Sul. (**A**) Posição da Terra em relação ao Sol. (**B**) Vista mostrando como os raios de Sol atingem a Terra. (**C**) Vista do Polo Norte, na linha perpendicular ao plano de órbita da Terra.

Pense e responda

Observe os esquemas acima. Atente para a posição da Terra em relação ao Sol, mais precisamente na inclinação do eixo de rotação da Terra.

1 Qual hemisfério terrestre (Norte ou Sul) está mais exposto aos raios solares (recebe mais luz)?

2 A região do Polo Norte está recebendo luz?

Por volta do dia 21 de dezembro, os raios solares incidem perpendicularmente à linha do Trópico de Capricórnio ao meio-dia. A quantidade de luz e de calor provenientes do Sol é maior no Hemisfério Sul. A figura acima ilustra essa situação.

Como a quantidade de luz e calor solar que incidem no Hemisfério Sul é maior do que no Hemisfério Norte, o primeiro se aquece mais do que o segundo, e as temperaturas no sul ficam mais elevadas, caracterizando o verão nesse hemisfério.

O verão no Hemisfério Sul continua até que a incidência da radiação solar seja igual nos dois hemisférios, o que ocorre por volta do dia 21 de março, quando os raios solares incidem perpendicularmente à linha do equador ao meio-dia. Nos equinócios de outono e de primavera, o período iluminado do dia é igual ao período de escuridão.

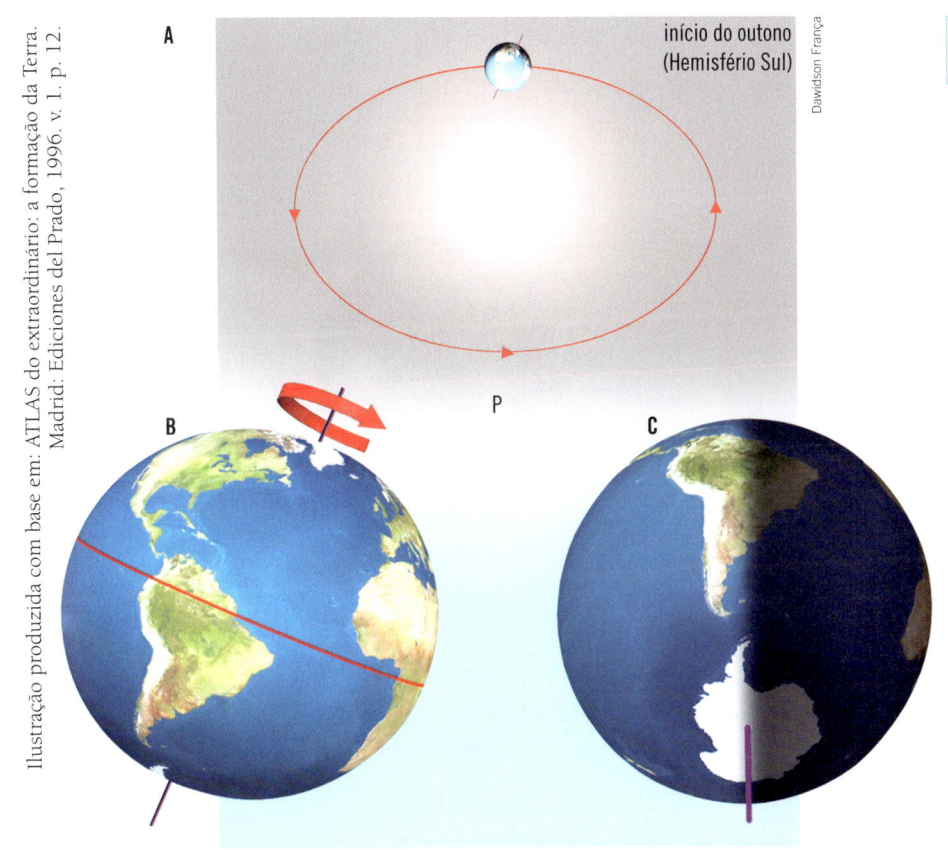

Ilustração produzida com base em: ATLAS do extraordinário: a formação da Terra. Madrid: Ediciones del Prado, 1996. v. 1. p. 12.

A — início do outono (Hemisfério Sul)

B **P** **C**

A imagem está fora de escala de tamanho e de distância. As cores não correspondem aos tons reais.

▲ Início do outono no Hemisfério Sul. A radiação solar atinge igualmente os dois hemisférios. (**A**) Posição da Terra em relação ao Sol. (**B**) Vista mostrando como os raios solares atingem a Terra. (**C**) Vista do Polo Sul, na linha perpendicular ao plano de órbita da Terra.

Pense e responda

Observe a posição da Terra em relação ao Sol e a inclinação do eixo de rotação.

1 Quando a Terra chega na região do ponto P da órbita de translação ao redor do Sol, como fica a inclinação do eixo de rotação do nosso planeta?

2 Nesse caso, qual dos hemisférios recebe maior quantidade de radiação solar?

Nos meses de abril, maio e junho, no Hemisfério Sul, percebemos que as temperaturas são, em geral, mais baixas do que no verão. Isso é mais perceptível nas regiões ao sul do Trópico de Capricórnio.

Continuando em seu movimento de translação, nosso planeta atinge a posição do solstício de inverno, por volta do dia 21 de junho, no Hemisfério Sul, quando os raios solares incidem perpendicularmente à linha do Trópico de Câncer ao meio-dia.

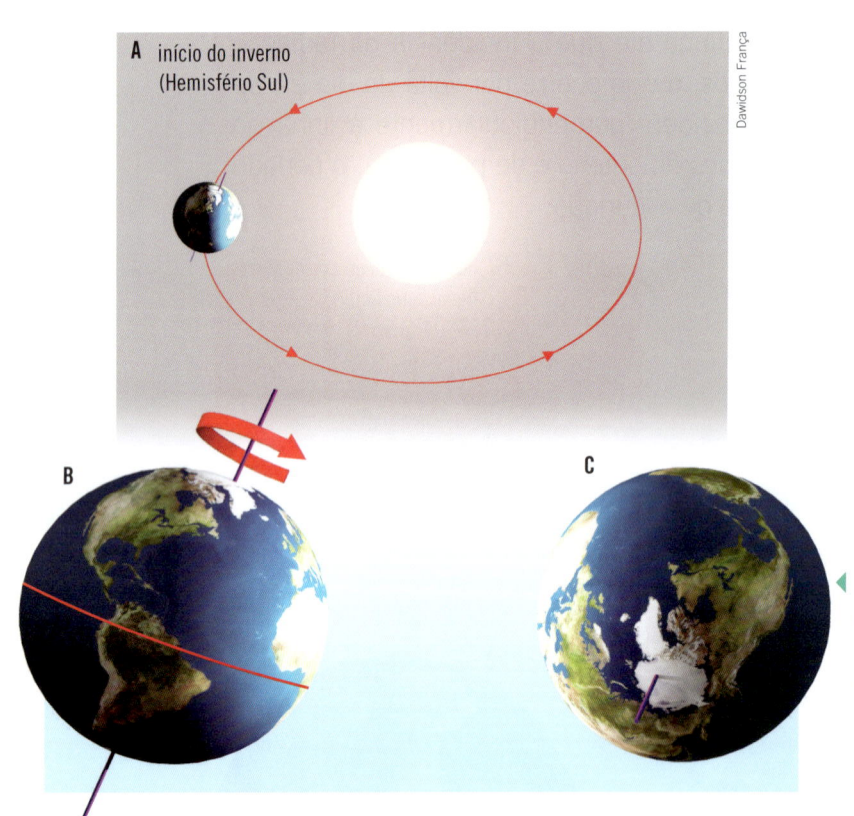

Ilustração produzida com base em: ATLAS do extraordinário: a formação da Terra. Madrid: Ediciones del Prado, 1996. v. 1. p. 12.

A imagem está fora de escala de tamanho e de distância.
As cores não correspondem aos tons reais.

A início do inverno (Hemisfério Sul)

B

C

◄ Inverno no Hemisfério Sul. **(A)** Posição da Terra em relação ao Sol. **(B)** Vista mostrando como os raios de Sol atingem a Terra. **(C)** Vista do Polo Norte, na linha perpendicular ao plano de órbita da Terra.

Com a Terra na posição indicada na figura, a quantidade de luz e calor provenientes do Sol que incide no Hemisfério Sul é menor do que a que incide no Hemisfério Norte. Portanto, as temperaturas no sul se tornam menores do que no norte e tem início o inverno, que se prolonga até o mês de setembro.

Nesse período, regiões mais próximas do Polo Sul atingem temperaturas abaixo de zero, ficando cobertas de neve. No Brasil, a ocorrência de nevadas é um fenômeno raro, que acontece apenas nas regiões serranas do Rio Grande do Sul e de Santa Catarina.

No último trecho da translação do planeta Terra, por volta do dia 23 de setembro, tem início a primavera no Hemisfério Sul, quando os raios solares incidem perpendicularmente à linha do equador ao meio-dia. Essa situação é a mesma representada na figura do equinócio de outono e novamente a quantidade de luz e calor solar que incide nos dois hemisférios é igual.

Como percebemos as estações do ano

Nos países da Europa, em muitas regiões da Ásia, em parte da América do Norte, as quatro estações do ano são bem definidas. Durante o inverno, a temperatura é baixa e há neve em muitos lugares; no verão, a temperatura é alta e os dias são longos; no outono, as folhas de muitas árvores ficam amareladas e depois caem; na primavera, ocorre o florescimento das plantas, e as noites começam a ficar mais curtas do que o período iluminado do dia.

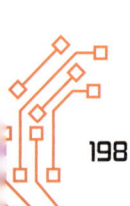

▲ Inverno em Nova York.

▲ Verão em Nova York.

Já no Brasil, as variações das estações do ano não são tão marcantes. No Nordeste brasileiro, por exemplo, a temperatura varia pouco durante o ano todo. No entanto, a ocorrência de chuvas é bem definida, com muita precipitação em um período e quase nenhuma em outro. Por isso, para a população nordestina, as estações do ano são a da seca e a da chuva ou, simplesmente, o verão e o inverno.

▲ Período de seca na caatinga nordestina.

▲ Período de chuvas na caatinga nordestina.

Na verdade, seja no Nordeste brasileiro ou em qualquer lugar do planeta, oficialmente as estações do ano são: primavera, verão, outono e inverno. Quando dizemos que um período do ano é chuvoso ou seco em alguma região, estamos nos referindo ao clima, isto é, à sucessão e à distribuição média de uma das condições meteorológicas do lugar.

multiletramentos

Rotação e translação

Os movimentos de rotação e translação é que determinam a contagem do tempo, como você pôde ver. Existe um jogo bastante interessante que demonstra concretamente esses movimentos, enquanto você se diverte!

Acesse este *link* e confira: <http://ftd.li/jbg453>. (Acesso em: 26 maio 2014.)

Depois de jogar, vamos construir uma animação do movimento de translação. É bastante simples. Você poderá utilizar um editor de apresentação para isso.

Procure figuras da Terra, da Lua e do Sol, salvando-as uma a uma. Procure um plano de fundo do cosmos, universo, aquele de que você mais gostar.

Todas as imagens devem ter licenças de uso que permitam sua utilização. Para saber mais sobre isso, acesse: <http://ftd.li/onukhd>. (Acesso em: 26 maio 2014.)

Insira a imagem de fundo em um *slide* e coloque as figuras dos planetas sobre ele. Remova o plano de fundo de cada uma, para fazer a animação de acordo com o movimento da órbita que você aprendeu.

No espaço virtual **@multiletramentos** da plataforma **FTD Digital** você encontrará tutoriais que o ajudarão na construção desta animação e na edição das figuras.

Fases da Lua e eclipses

As fases da Lua e os eclipses são consequência das posições relativas entre o Sol, a Terra e a Lua, durante a translação da Lua ao redor da Terra.

No caso das fases, elas ocorrem porque vemos a Lua por meio da luz solar que é refletida em sua superfície. Por isso, só visualizamos a parte iluminada da superfície da Lua que se encontra voltada para a Terra.

Na fase **cheia**, a Lua se encontra oposta ao Sol em relação à Terra. Assim, toda sua parte iluminada está voltada para a Terra e, como a vemos por completo, a Lua aparece no céu como um disco totalmente iluminado.

Imagens fora de escala de tamanho e de distância. As cores não correspondem aos tons reais.

▲ Posição da Lua em sua órbita ao redor da Terra na fase cheia.

Como vemos a lua cheia do Hemisfério Sul.

Com o decorrer do tempo, a Lua vai se deslocando ao redor da Terra e vai diminuindo a parte iluminada que conseguimos ver. Em determinado momento, a linha que liga o Sol à Lua forma um ângulo de 90° com a linha que une a Terra à Lua. Dessa forma, olhando para a Lua só podemos ver a metade da parte iluminada. É a fase **quarto minguante**.

▲ Posição da Lua em sua órbita ao redor da Terra na fase quarto minguante.

Como vemos a lua minguante do Hemisfério Sul.

Ilustrações produzidas com base em: O UNIVERSO. São Paulo: Ática, 1995. p 37. (Atlas Visuais).

A Lua continua seu movimento de translação, diminuindo continuamente a parte iluminada que podemos observar, e chega à fase **nova**, quando sua parte escura está voltada para a Terra. Por isso, não podemos vê-la no céu.

Imagens fora de escala de tamanho e de distância. As cores não correspondem aos tons reais.

Ilustrações: Dawidson França

Não vemos a lua nova no céu.

▲ Posição da Lua em sua órbita ao redor da Terra na fase nova.

A partir daí, começa a aumentar a parte iluminada da Lua que está voltada para a Terra e ela chega à fase **quarto crescente**. De forma semelhante ao que ocorre no quarto minguante, nessa fase podemos ver apenas a metade do hemisfério iluminado.

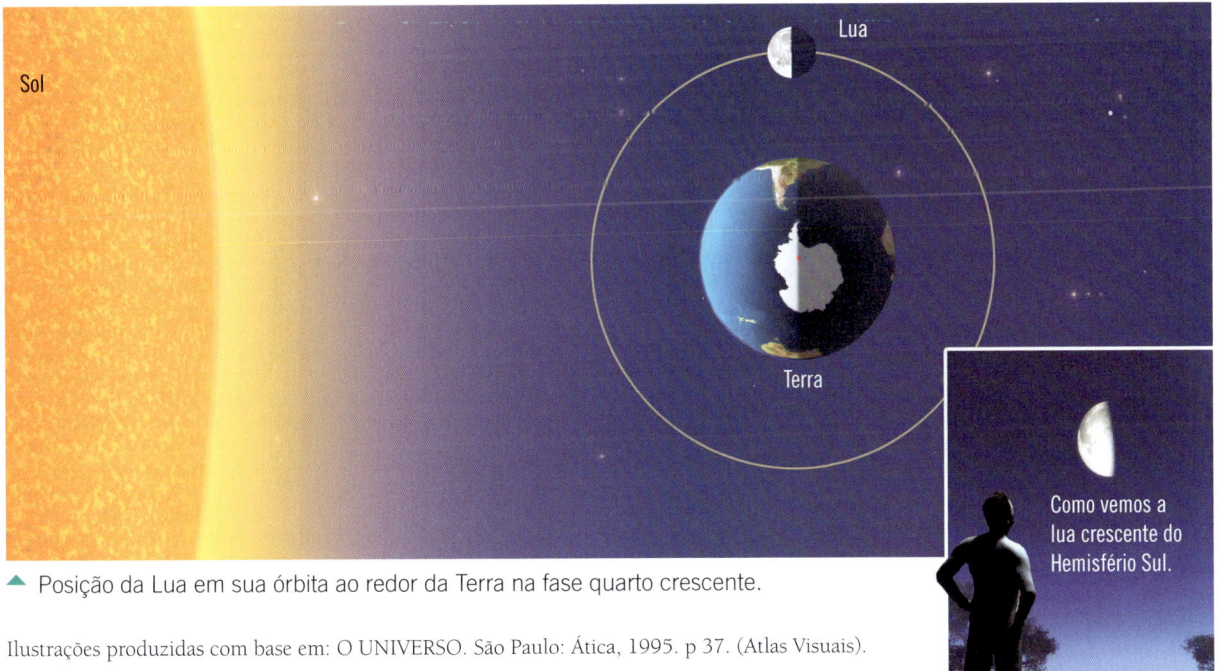

Como vemos a lua crescente do Hemisfério Sul.

▲ Posição da Lua em sua órbita ao redor da Terra na fase quarto crescente.

Ilustrações produzidas com base em: O UNIVERSO. São Paulo: Ática, 1995. p 37. (Atlas Visuais).

A Lua segue seu movimento e a parte iluminada voltada para a Terra aumenta gradualmente até atingir a fase cheia. E tudo se repete.

O eclipse lunar e o eclipse solar

Os eclipses também são causados pelas posições relativas dos três astros. No caso do eclipse solar, a Lua se interpõe entre o Sol e a Terra, impedindo que vejamos o Sol.

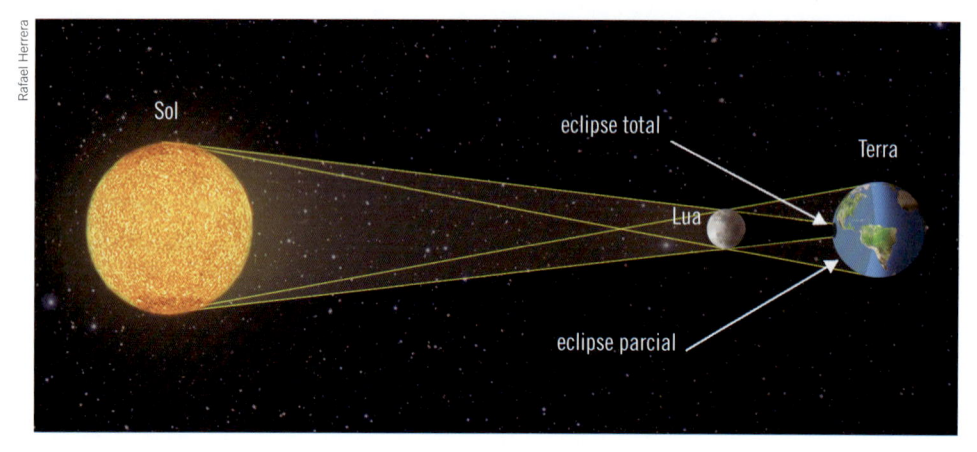

▲ Posições relativas do Sol, da Lua e da Terra em um eclipse solar.

▲ Durante um eclipse solar total, o Sol fica com uma região brilhante ao seu redor: é a coroa solar.

No momento de um eclipse solar, dependendo da região em que se está na Terra, o Sol pode ser totalmente coberto pela Lua, e vê-se um eclipse **total**. Porém, há regiões em que se vê a Lua cobrir apenas parcialmente o disco brilhante do Sol. Nessas regiões, tem-se um eclipse **parcial**.

Nos eclipses lunares, é a Terra que se interpõe entre o Sol e a Lua. Como a Lua não tem luz própria e a vemos porque ela reflete a luz emitida pelo Sol, a Terra não deixa a luz solar chegar à Lua e, portanto, ela não tem o que refletir, ficando escura no céu.

Imagens fora de escala de tamanho e de distância. As cores não correspondem aos tons reais.

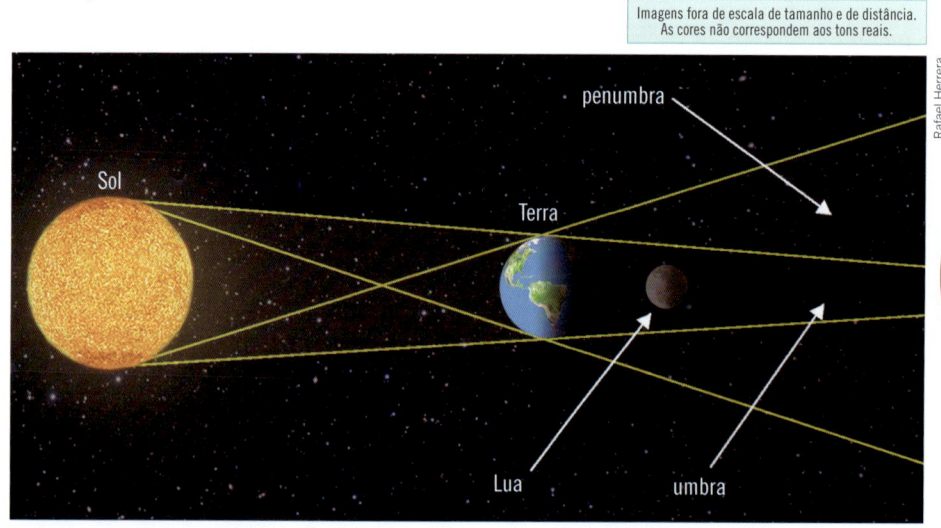

▲ Posições relativas do Sol, da Lua e da Terra em um eclipse lunar.

▲ A Lua vista durante um eclipse lunar total.

Tome nota

Os eclipses solares ocorrem na fase de lua nova e os eclipses lunares na fase de lua cheia.

Se a Lua penetrar inteiramente na região da sombra da Terra, observa-se um eclipse lunar total. Se ela não se colocar totalmente na região de sombra da Terra, o eclipse lunar será parcial.

Tome nota

As características de rotação e translação do planeta Terra são bastante específicas e influenciam fortemente nas condições necessárias para a vida como a conhecemos. Se as velocidades de rotação ou de translação da Terra fossem diferentes ou se a inclinação do eixo de rotação do planeta fosse outra, o clima da Terra poderia ser muito diferente do atual e comprometer as condições para a existência da vida na Terra, que são perigosamente limitadas. O Universo é imenso e existem centenas de bilhões de outros planetas nele, mas a Terra é o único em que existe vida até onde sabemos. É o nosso lar.

Apollo 13

Universal Pictures. EUA. Dirigido por Ron Howard, com Tom Hanks no papel principal. Com roteiro baseado no livro **Lost Moon: The Perilous Voyage of Apollo 13**, de Jim Lovell e Jeffrey Kluger, o filme narra a história verídica da desastrosa missão Apollo 13, da NASA.

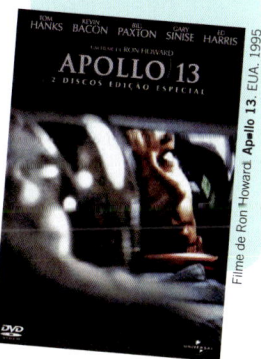

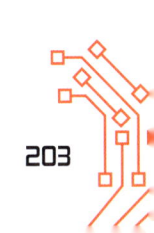

Filme de Ron Howard. Apollo 13. EUA. 1995

Fórum

A imaginação e a criatividade humanas são fascinantes. Somos capazes de inventar histórias, e os astros celestes estimularam a criação de várias delas. Na mitologia hindu, por exemplo, Soma é o deus da Lua. Ele é representado atravessando o céu em uma carruagem puxada por cavalos brancos. Soma era também o elixir da imortalidade que só os deuses podiam beber. Pensava-se que a Lua era o depósito divino do elixir e, uma vez que este era uma bebida embriagante, o deus Soma era associado com a embriaguez. As alterações da forma da Lua no céu ocorriam quando os deuses tomavam soma e a Lua ia desaparecendo, já que os deuses estavam consumindo suas propriedades da imortalidade.

Esse relato, além de atribuir divindade aos objetos celestes, procura explicar o comportamento cíclico da aparência lunar, estabelecendo as causas das suas fases e da sua ausência no céu por curtos períodos. É, portanto, uma teoria a respeito dos fenômenos naturais.

- Discuta com seus colegas a diferença entre mitos e teorias científicas. Procurem descobrir como as teorias científicas evoluem e por que os mitos permanecem inalterados no decorrer do tempo.

Dawidson França

Atividades

Reveja

1 Construa no caderno a tabela a seguir e complete-a.

Data do início das estações do ano no Hemisfério Sul	Como se denomina esse dia	Nesse dia, o período iluminado é maior, menor ou igual ao período de escuridão?	O Polo Sul está iluminado ou escuro?

2 Considere as seguintes capitais de estados brasileiros: Porto Alegre, São Paulo e Fortaleza.

a) Em qual delas as quatro estações do ano são mais bem caracterizadas?

b) Em qual delas as estações do ano são menos caracterizadas?

c) Qual é a razão para essa diferença?

3 No dia 3 de novembro de 2013, ocorreu um eclipse total do Sol. Qual era a fase da Lua nesse dia?

Brasil político

Ilustração produzida com base em: ATLAS geográfico escolar. Rio de Janeiro: IBGE, p. 41.

Explique

4 Em 21 de dezembro, um dia ensolarado em uma cidade localizada no Trópico de Capricórnio, uma pessoa observou que, em certo momento, um poste vertical não projetava sombra. Por que isso aconteceu?

5 Há quem pense que as estações do ano são provocadas pela variação de distância da Terra ao Sol. Quando a Terra estivesse mais perto do Sol, seria verão; quando estivesse mais afastada, seria inverno. Como você poderia convencer uma pessoa que acredita nessa hipótese de que ela é falsa?

desafio Certo dia, uma pessoa observou a lua cheia no Japão. Que fase da Lua foi observada no Brasil nesse mesmo dia? Justifique sua resposta.

Quando pulamos, por que não descemos em outro lugar?

No século 17, as pessoas que não acreditavam que a Terra girava levantaram objeções. Se a Terra girava, uma pessoa que pulasse verticalmente no ar pousaria a uma pequena distância de onde partira, posto que o planeta girara sob ela; se atirássemos uma bola verticalmente no ar, esta pousaria a uma distância ainda maior do ponto de partida; e um pássaro que se afastasse de seu ninho não conseguiria encontrá-lo de novo. Como nada disso acontecia, a Terra não podia estar em movimento, concluíam.

Tais objeções aparentemente faziam sentido, e nós, tendo acabado de descobrir que a Terra girava, talvez não conseguíssemos derrubá-las. Teríamos que pensar um pouco a respeito.

Imagine-se num trem, num assento junto ao corredor central, com um amigo no assento ao lado além do corredor. O trem está parado na estação, e você, sem nada para fazer, atira uma bola para seu amigo, que a pega e atira de volta — vocês o fazem sem dificuldade. Agora, suponha que o trem não esteja parado na estação, mas avançando pelos trilhos lisos e retos a 96 quilômetros por hora. Você atira uma bola para seu amigo — será que o movimento do trem afeta a bola no ar, de modo que esta não alcança seu amigo, mas atinge alguém dois assentos atrás dele? Claro que não. A bola atravessa o corredor como se o trem estivesse imóvel. [...]

[...] conforme o trem avança ao longo da via, tudo dentro dele desloca-se à mesma velocidade também — você, seu amigo, o ar entre vocês e a bola atirada através do corredor. [...]

A Terra gira a uma velocidade de mais ou menos 1 600 quilômetros por hora no equador, mas você, eu, o ar e qualquer bola atirada nos deslocamos à mesma velocidade, de modo que podemos jogar bola em qualquer lugar do planeta sem nos preocuparmos com o movimento da Terra.

[...] Galileu valeu-se de uma experiência abstrata diferente. Imagine-se num navio cruzando o mar de vento em popa. Você sobe ao topo do mastro grande do navio e deixa cair uma espicha ou algum outro instrumento dos marinheiros. [...]

[...] aconteceu milhares de vezes de marinheiros em navios de vento em popa acidentalmente deixarem cair instrumentos do topo do mastro grande, e é fato notório que os instrumentos nunca mergulharam no oceano. Invariavelmente, pararam no pé do mastro. Durante a queda, deslocaram-se para a frente com o navio. [...]

ASIMOV, Isaac. **111 questões sobre a Terra e o espaço**. São Paulo: Nova Cultural, 1991.

1 Que argumentos os defensores da teoria da Terra estática usavam para combater a teoria da Terra girante?

2 Por que o argumento de Galileu contradizia as críticas de seus opositores?

3 Os argumentos de Galileu provavam que a Terra girava?

Para ler o texto científico

O texto mostra uma situação comum nas Ciências: o confronto entre duas teorias.

Os defensores de uma das teorias procuram argumentos que mostrem a falsidade da outra, enquanto estes procuram se defender, buscando falhas nas argumentações dos opositores.

Galileu desqualificou os argumentos apresentados contra a teoria da Terra girante apontando uma situação experimental que contrariava as previsões que esses argumentos estabeleciam.

Como a teoria de que a Terra ficava parada não explicava os experimentos de Galileu, era necessário adaptá-la ou mesmo descartá-la.

As descobertas realizadas por Galileu mostraram que a teoria de que a Terra não girava poderia ser inválida, o que proporcionou um novo olhar para a teoria da Terra girante.

Hoje se aceita plenamente que a Terra gira em torno do próprio eixo.

No laboratório

O meio-dia

Como determinar as direções norte-sul e leste-oeste, além do meio do dia? Há um instrumento utilizado há muito tempo para estudar os movimentos aparentes do Sol. Trata-se de uma haste colocada na vertical em uma superfície horizontal: um **gnômon**.

Material

- haste de, aproximadamente, 1 metro (um cabo de vassoura, por exemplo)
- um barbante

Procedimento

A. Fixe a haste, bem reta, na vertical, em uma superfície horizontal. Você pode deixar a haste na vertical usando um fio de prumo ou uma pequena pedra presa a um barbante. A montagem — gnômon — deve ficar em um local iluminado pela luz do Sol durante todo o dia.

Observe a sombra do gnômon durante um dia inteiro. A sombra projetada pela haste é longa pela manhã, vai diminuindo até atingir um valor mínimo e depois volta a aumentar até o final da tarde.

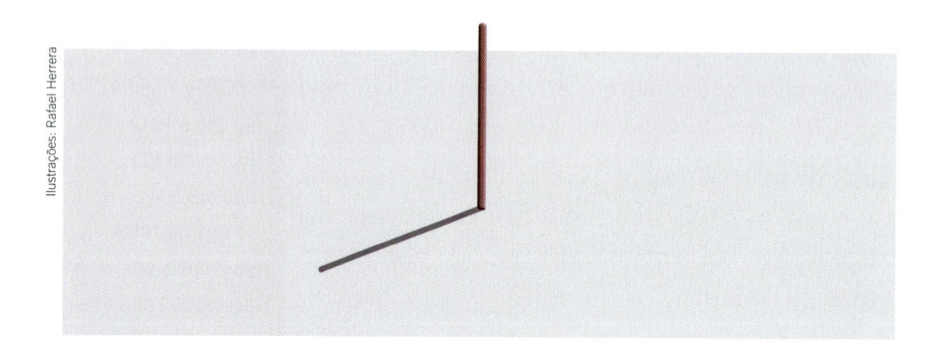

Ilustrações: Rafael Herrera

B. Marque três pontos no extremo da sombra da haste no período da manhã, com intervalos de cerca de uma hora entre cada ponto. Trace uma reta ligando cada ponto marcado ao pé da haste (linhas tracejadas). Com ajuda do barbante, trace no chão circunferências passando pelos pontos marcados, sempre com centro na base da haste.

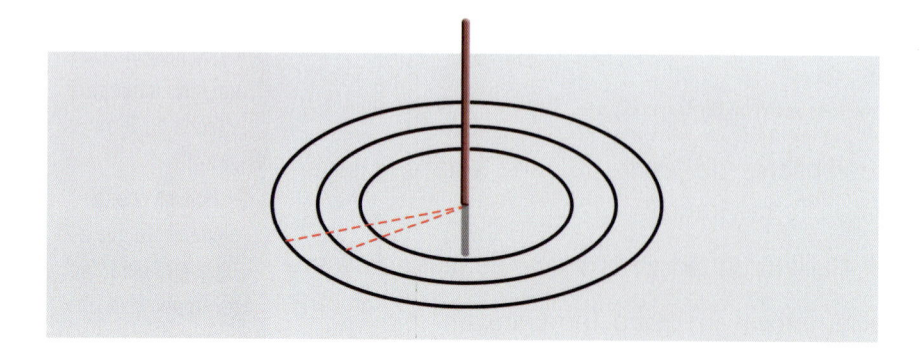

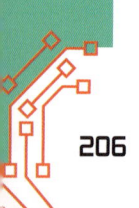

C. À tarde, o extremo da sombra da haste irá atingir novamente cada circunferência marcada. Assinale os pontos em que a sombra toca cada circunferência e trace retas unindo esses pontos ao pé da haste.

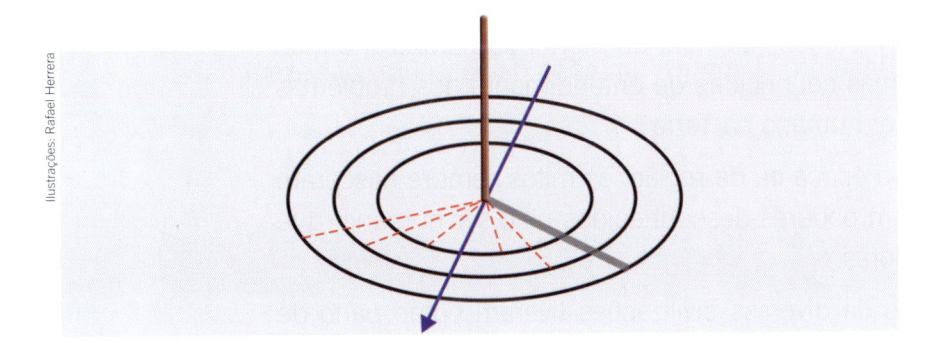

D. Trace a bissetriz dos ângulos obtidos para cada circunferência.

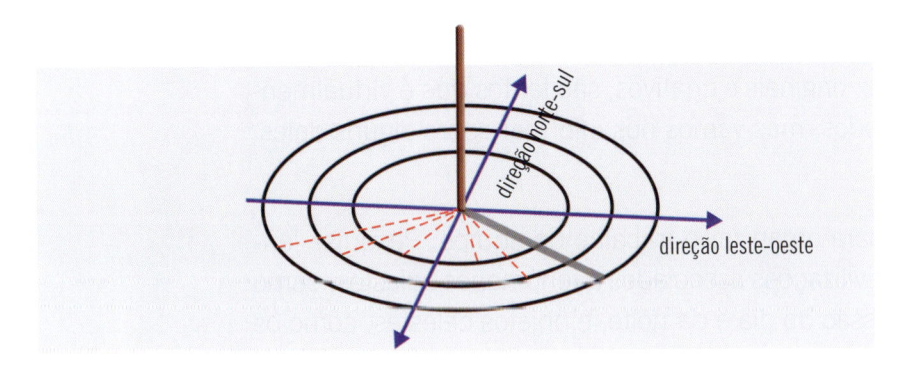

> **Bissetriz:** semirreta que divide o angulo em dois ângulos iguais.

Todos os ângulos têm a mesma bissetriz. Essa bissetriz tem a direção norte-sul. Traçando uma reta perpendicular à bissetriz, tem-se a direção leste-oeste.

Todos os dias, quando a sombra da haste coincidir com a linha norte-sul, será o meio do dia.

Compartilhe

Discuta com seus colegas as seguintes questões.

1. O meio-dia real (momento em que o tempo de iluminação do dia é dividido ao meio) coincide com o meio-dia do relógio na sua região?

2. Por que nem sempre o meio do dia corresponde ao horário do meio-dia?

Pensar, fazer, compartilhar

Mitos e lendas do céu

O que você vai fazer

Há quem ache que o estudo dos mitos e das lendas é um trabalho desnecessário, pois considera a mitologia um assunto ultrapassado e desinteressante. No entanto, embora muitas vezes possam parecer tolas e ingênuas as primeiras interpretações da vida, da morte, da natureza, o mito é uma das primeiras formas conhecidas de entendimento dos problemas humanos e do lugar do ser humano na Terra.

Independentemente da época ou da região, os mitos sempre nasceram do medo ou da crença em poderes desconhecidos pelo ser humano, que os atribuía a seres superiores.

Muitas lendas e mitos de diversas civilizações tiveram como pano de fundo o céu e os astros. Tais lendas e mitos contribuem para revelar a história cultural do ser humano, seus costumes e tradições, suas lutas e suas conquistas. Pertencentes a povos espalhados por todo o planeta, nas mais variadas épocas, são incontáveis os relatos sobre os céus e os seres neles imaginados. Significativos, originais e criativos, são tantos que é virtualmente impossível conhecer todos, mas vamos nos informar sobre alguns deles.

Organize seu trabalho

Reúna-se em grupo para organizar o trabalho da equipe. Pesquise lendas e mitos de diversas civilizações associados a fenômenos celestes, como as fases da Lua e a sucessão do dia e da noite, e objetos celestes, como os cometas, a Lua, os planetas e as constelações.

Você pode procurar em livros, revistas, enciclopédias ou na internet.

Separe os mitos e lendas encontrados em categorias, de acordo com algum critério; por exemplo, o objeto a que se referem:

a) Sol;
b) Lua;
c) planetas;
d) estrelas;
e) cometas;
f) constelações.

Ou o local da civilização que deu origem a eles:

a) África;
b) América;
c) Ásia;
d) Europa;
e) Oceania.

Você pode utilizar algum outro critério se achar adequado. Discuta com o seu professor a pertinência dos critérios adotados.

Verifique se as explicações de diferentes culturas sobre um mesmo fenômeno contêm semelhanças.

Comunique o seu trabalho

Crie painéis com imagens e descrições dos mitos e lendas encontrados. Monte seu painel, organizando-o de acordo com o critério escolhido de forma visualmente agradável.

Procure indicar no seu painel informações interessantes sobre os mitos escolhidos e as razões por que você e seus colegas os escolheram. Inclua o local de origem, as histórias do mito, as características do personagem, entre outras.

Avalie seu trabalho

Analise os painéis de seus colegas e conversem sobre os critérios utilizados para a classificação. Atente para os diferentes mitos e lendas utilizados. Procure verificar as semelhanças e diferenças entre os mitos escolhidos, suas histórias e suas características. Converse com seus colegas sobre as diferenças que você percebeu.

Verifique em que aspectos seu trabalho poderia ser melhorado.

▲ Representação de Amaterasu, divindade xintoísta do Sol.

▲ Representação de Tonatiuh, divindade asteca.

1 A escolha dos mitos e lendas para compor os painéis foi a mais adequada?

2 A classificação escolhida foi conveniente?

unidade 01

Nesta unidade
- Formas de medida do tempo.
- Sistema Solar.
- Estrelas e galáxias.

O Sistema Solar e além

A foto mostra o céu noturno sobre as antenas do Alma (sigla do inglês Atacama Large Millimeter Array), um moderno rádio-observatório astronômico localizado no norte do Chile.

1. O que são os pontos brilhantes no céu?
2. Todos têm o mesmo brilho?
3. Todos têm a mesma cor?
4. Há algo além de pontos brilhantes no céu da foto?

@mais

O *link* a seguir é de um vídeo que mostra uma aproximação de certa região do céu: <http://ftd.li/iqwksr>. Acesso em: 12 maio 2014.
Assista ao vídeo e responda:
1. O que você vê inicialmente na imagem?
2. No começo do vídeo, é possível perceber se há algo diferente de pontos brilhantes?
3. Depois do *zoom*, você consegue perceber alguma diferença?

Há no Universo infinita variedade de corpos celestes, estrelas, planetas, galáxias, cometas, que se tornam incríveis objetos de investigação para os cientistas que pesquisam as origens do ser humano.

Céu noturno sobre as antenas do Alma.

Capítulo 1 — Movimentos no céu e medidas de tempo

A regularidade com que os astros repetem seus movimentos aparentes pelo céu propiciou ao ser humano a criação de padrões de medida de tempo baseados nesses movimentos. Desde seu surgimento nas civilizações do Oriente Próximo e Distante, do antigo Mediterrâneo e ainda da América Pré-Colombiana, os calendários têm sido estabelecidos com base nos movimentos aparentes dos corpos celestes.

Há um conto que narra a história de uma princesa que busca desesperadamente por seu amado príncipe. Ele foi enfeitiçado por uma bruxa e transformado em um animal.

Leia um trecho desse conto.

> Fazia já três luas que a bruxa havia enfeitiçado o duque. A formosa princesa Teresa perambulava em sua procura, lamentando sua sorte.
>
> Então, apareceu a bruxa Granuja, gabando-se:
>
> — Nunca descobrirás em que animal eu converti o duque. Nem ele recorda nada!
>
> Tradução livre do conto sinfônico **Teresa y el oso**, de Les Luthiers. volume 4, áudio, 1976.

Desde tempos remotos, o movimento aparente do Sol foi o parâmetro utilizado para demarcar a unidade mais básica de medida de tempo, o dia. Ainda que tenham passado milênios para que o dia fosse associado com a rotação da Terra, essa foi a unidade natural de tempo adotada sem exceção em todos os sistemas de contagem de tempo conhecidos. Essa adoção se deve ao fato de o Sol ser, entre todos os astros, o que possui maior influência nas atividades humanas.

Para quantificar um intervalo de tempo maior foram utilizadas as fases da Lua, cujo ciclo se completa em aproximadamente 29,5 dias, o que deu origem à unidade que hoje denominamos mês.

Pedra calendário asteca. ▶
No centro dela está a representação da divindade do Sol, Tonatiuh.

Lembre
A sequência de fases da Lua é um fenômeno periódico, ou seja, que se repete em intervalos de tempo iguais.

Pense e responda
1. Qual é o intervalo de tempo citado no trecho ao lado?
2. Que astro é usado para medi-lo?
3. Quanto tempo são "três luas"?

Parâmetro: padrão ou regra pelo qual se estabelece uma relação ou comparação entre elementos.

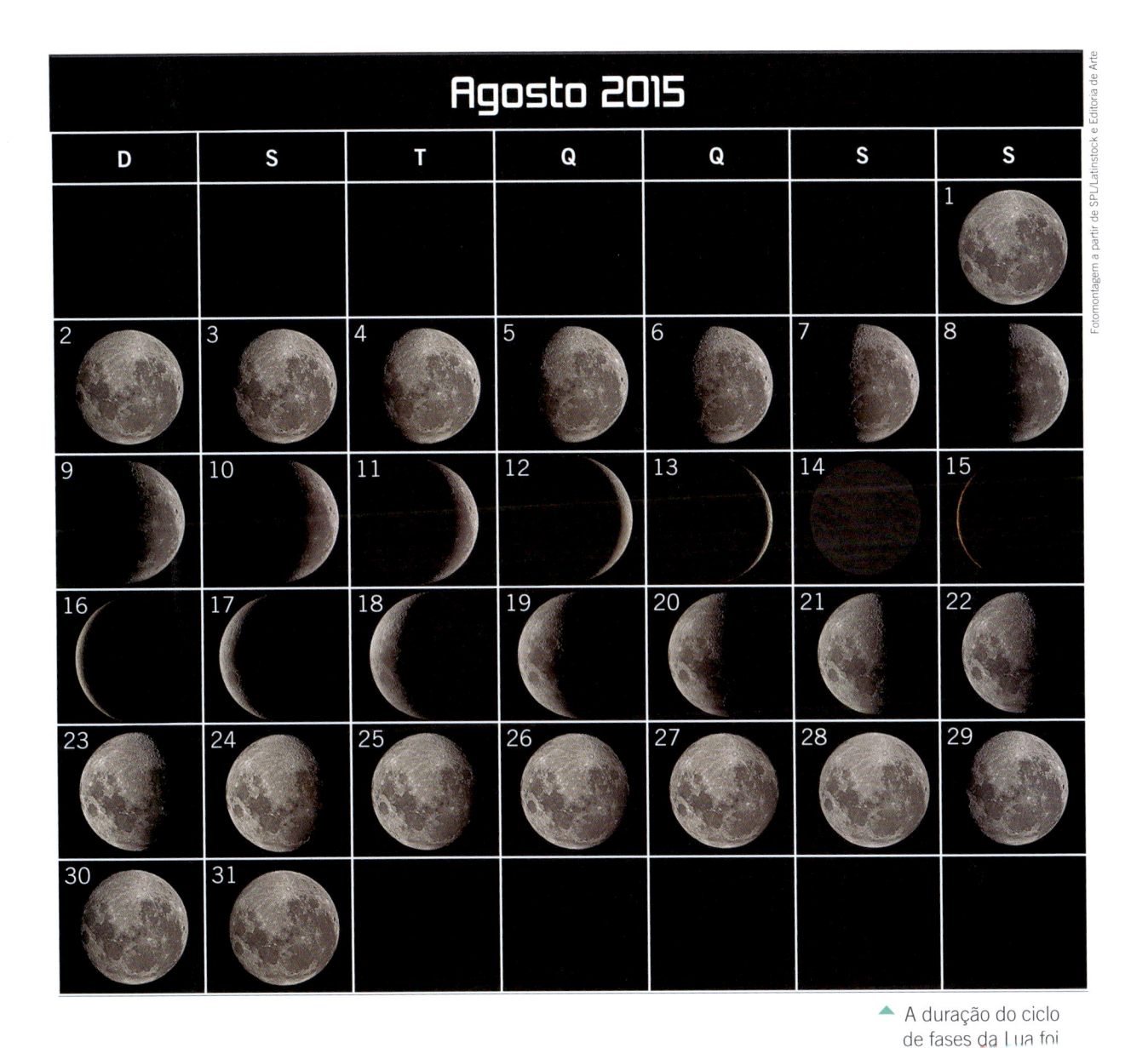

▲ A duração do ciclo de fases da Lua foi utilizada para definir o mês.

A duração do ano está associada ao movimento de translação da Terra. Assim, o ano é definido como o tempo que a Terra leva para completar uma volta em torno do Sol.

Quanto à semana, embora seja muitas vezes associada a períodos lunares, não há registro histórico que confirme essa relação. Provavelmente, o período de sete dias tenha se originado em razão de questões religiosas ou mitológicas.

O calendário gregoriano

Como nem os meses lunares nem o ano correspondem a números inteiros de dias, elaborar calendários torna-se uma tarefa difícil. Isso acontece porque o mês, o ano e o dia são períodos determinados por fenômenos independentes.

O mês lunar corresponde a 29,53 dias, e o ano, a 365,24 dias.

No calendário que hoje adotamos, chamado de calendário gregoriano, o mês não corresponde ao mês lunar: dias a mais foram acrescentados, de tal forma que a soma dos meses completasse 365 dias, ou seja, um ano. Mas o ano tem um pouco mais de 365 dias, por isso foi necessário compensar essa diferença com a introdução, a cada quatro anos, de um dia a mais no mês de fevereiro, que resulta no ano bissexto.

Segue abaixo um esquema que permite sabermos se determinado ano é bissexto ou não.

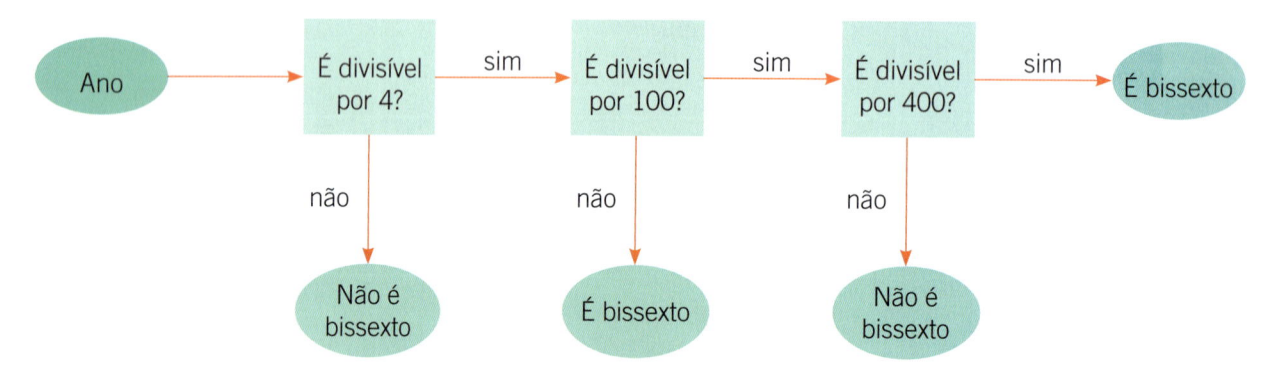

```
Ano → É divisível por 4? --sim--> É divisível por 100? --sim--> É divisível por 400? --sim--> É bissexto
           │ não                        │ não                        │ não
           ↓                            ↓                            ↓
       Não é bissexto              É bissexto                  Não é bissexto
```

▲ Conforme a regra, o ano 2000 foi bissexto, mas o ano 2100, por exemplo, não será.

Em 2012, dois professores da Universidade Johns Hopkins, nos Estados Unidos, propuseram alterar o atual calendário gregoriano, instituído em 1582 pelo papa Gregório XIII. Ele seria substituído por um sistema racional e fixo que faria com que todas as datas caíssem sempre no mesmo dia da semana pelo resto da História.

No novo calendário, os anos continuariam a ser divididos em 12 meses, mas com quatro trimestres de 91 dias. Janeiro e fevereiro teriam 30 dias cada um, e março, 31, seguidos por abril e maio com 30 dias cada um e junho com 31, e assim por diante. Para corrigir as diferenças, a cada cinco ou seis anos, dezembro ganharia uma semana inteira "extra".

Segundo os professores, o calendário fixo tem o potencial de gerar grandes ganhos na economia globalizada de hoje. Os meses e trimestres com duração uniforme, por exemplo, eliminariam as atuais discrepâncias na quantidade de dias úteis sobre os quais são calculados juros de investimentos, títulos e dívidas.

Nós

Preservação das tradições

Percebe-se que a proposta dos professores tem um viés claramente econômico, não se preocupando com as tradições e a cultura de diferentes povos ao redor do mundo.

- Você considera importante a preservação das tradições? Discuta a importância de se perpetuar a cultura de um povo.

Tome nota

Note que há duas luas cheias no mês de agosto de 2015, a segunda lua é chamada de lua azul (em inglês, *Blue moon*). Esse é um fenômeno raro que acontece a cada dois ou três anos devido à diferença entre a quantidade de dias no mês lunar (29,53 dias) e o ciclo completo da lua (28 dias). Segundo os astrônomos, trata-se de um fenômeno cultural e não astronômico por se referir à contagem de tempo.

O Sistema Solar

Assim como a Terra, há muitos outros objetos girando ao redor do Sol e que, com ele e a Terra, formam o Sistema Solar.

Sobre a imagem

As distâncias que separam os planetas do Sol e a variação de tamanho que há entre eles são tão grandes que é difícil representá-los respeitando, ao mesmo tempo, a proporção entre os seus tamanhos e distâncias em relação ao Sol.

Você pode obter muitas informações sobre os objetos que compõem o Sistema Solar nos *links* <http://ftd.li/dp4g5a> e <http://ftd.li/qmy9f8>.

Acessos em: 12 maio 2014.

▲ Além da Terra, há outros objetos que giram em torno do Sol. Da esquerda para a direita: planeta Saturno e seus anéis, asteroide 951 Gaspra e cometa C/2011 L4.

O maior de todos os componentes do Sistema Solar é o Sol, que é uma estrela, uma enorme esfera de gases muito quentes capaz de gerar energia por meio de reações nucleares.

Depois do Sol, os maiores objetos do Sistema Solar são os planetas, cuja representação esquemática se encontra abaixo. Há, ainda, os planetas anões, os asteroides, os satélites, os cometas e os meteoroides, além de poeira e gás espalhados entre os objetos.

Reação nuclear: qualquer reação em que ocorre modificação no núcleo dos átomos.

Imagens fora de escala de tamanho e de distância.
As cores não correspondem aos tons reais.

Mercúrio · Vênus · Terra · Marte · Júpiter · Saturno · Urano · Netuno

Ilustração produzida com base em: SEEDS, M. A. **Horizons**: exploring the Universe. 5. ed. Belmont: Wadsworth, 1998. p. 304, 306-307.

Pense e responda

Analise as fotos a seguir. Elas mostram a mesma região do céu com um intervalo de cinco dias.

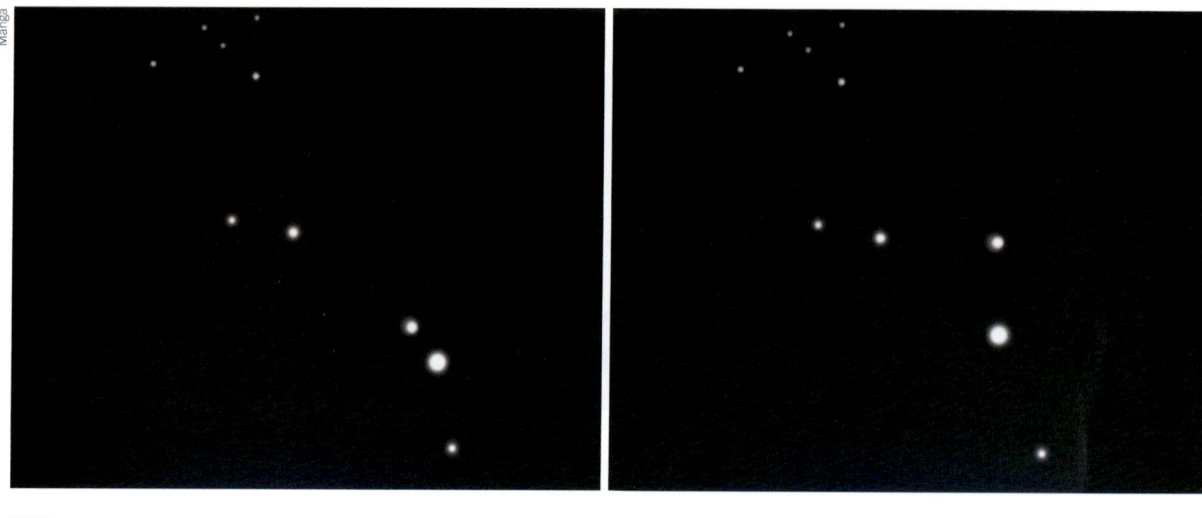

1 Qual é a diferença entre elas?

2 Um dos pontos brilhantes da foto é um planeta. Como se pode identificá-lo?

Os planetas do Sistema Solar

Rede do tempo

Os planetas

Há mais de 25 séculos, os gregos deram a denominação de planeta a cinco objetos celestes que pareciam estrelas, mas não se comportavam como elas. Enquanto as estrelas mantêm sua posição umas em relação às outras no céu, aqueles cinco astros caminhavam entre elas, mudando de posição. Por isso foram chamados de errantes (planetas). Tratava-se de Mercúrio, Vênus, Marte, Júpiter e Saturno. Apesar de aparecerem como objetos brilhantes no céu, os planetas não produzem luz própria.

No século XVII, com a consolidação das ideias de Copérnico de que a Terra girava ao redor do Sol, ela também passou a ser considerada um planeta.

Em 1781, William Herschel descobriu o planeta Urano. Netuno foi observado pela primeira vez em setembro de 1846, no observatório de Berlim, mas sua existência já havia sido prevista matematicamente.

Em 1930, Clyde Tombaugh, astrônomo norte-americano, descobriu Plutão, considerado um planeta na época.

Com o aperfeiçoamento dos telescópios, mais e mais objetos passaram a ser descobertos no Sistema Solar, o que exigiu uma definição mais rigorosa do que seria um planeta. Em 2006, a União Astronômica Internacional (UAI) redefiniu o que deveria ser chamado de planeta no Sistema Solar: um objeto celeste que tem órbita ao redor do Sol, forma arredondada e dimensão predominante entre os objetos que se encontram em órbitas próximas. Desse modo, sua massa é suficientemente grande para remover, por meio de colisões ou de captura, outros corpos de dimensões menores cujas órbitas estão próximas.

A partir dessa definição, o Sistema Solar passou a contar com oito planetas: Mercúrio, Vênus, Terra, Marte, Júpiter, Saturno, Urano e Netuno. Plutão, até então considerado o nono planeta do Sistema Solar, perdeu essa condição e passou a ser classificado como planeta-anão.

Os planetas têm tamanhos muito diferentes, desde Mercúrio, o menor, com diâmetro de 4 880 km, até Júpiter, o maior, com diâmetro de 142 800 km.

Eles variam também quanto a outros aspectos, como a temperatura, que em Netuno é em média de 220 °C negativos, enquanto em Vênus é aproximadamente de 460 °C positivos.

O período de rotação de cada planeta também é muito variável, e o de translação pode ser bem maior que o da Terra. Por exemplo, o tempo para Netuno completar uma volta ao redor do Sol equivale a quase 165 anos terrestres.

Mercúrio, o planeta mais próximo do Sol, é por isso dificilmente visto. Era considerado na Antiguidade dois objetos diferentes, pois ora era visto de tarde (após o pôr do Sol), ora de manhã (antes do nascer do Sol). Só muito mais tarde foi reconhecido como um único astro.

▲ Mercúrio é o planeta mais próximo do Sol.

A atmosfera de Mercúrio é muito tênue, e sua superfície é recoberta por inúmeras crateras causadas por impactos de outros objetos celestes.

Tênue: pouco, escasso.

Por ser o planeta que se move mais rapidamente, foi chamado pelos gregos de Hermes, o veloz mensageiro dos deuses. Os gregos davam aos planetas os nomes de seus deuses, de acordo com as características de cada um. Os romanos procuravam equivalência entre os nomes. Assim, Hermes, para os romanos, correspondia a Mercúrio, o deus dedicado ao comércio.

Imagens fora de escala de tamanho.

Vênus é o planeta mais semelhante à Terra. Também era considerado, pelos antigos, dois astros diferentes, aos quais davam o nome de Lúcifer e Vésper. Mais tarde, quando se descobriu tratar-se do mesmo astro, é que lhe atribuíram o nome de Vênus, deusa romana da beleza e do amor, por ser o corpo mais brilhante à noite, depois da Lua.

A temperatura média da atmosfera de Vênus é de cerca de 460 °C, e a pressão equivale a 90 vezes a da atmosfera terrestre. Essas condições levam à produção de densas nuvens, o que dificulta a observação de sua superfície.

Apesar de Vênus estar mais afastado do Sol, sua temperatura é mais elevada que a de Mercúrio por causa do efeito estufa.

▲ No Brasil, Vênus é conhecido como estrela-d'alva.

A Terra é o terceiro planeta em relação à distância do Sol. É o único, no Sistema Solar, que apresenta grande quantidade de gás oxigênio na atmosfera e grande quantidade de água, elementos necessários à vida como a conhecemos. Recebeu esse nome em homenagem à deusa Gaia, mãe dos primeiros deuses. O termo *geo* (Terra) vem do nome dessa deusa.

Os cálculos para a determinação da idade da Terra são feitos pelas rochas radioativas encontradas na crosta terrestre. As mais antigas, descobertas na Groenlândia, datam de 3,8 bilhões de anos.

▲ A Terra é o único planeta do Sistema Solar que se tem a certeza de abrigar formas de vida.

Marte é o quarto planeta em relação à distância do Sol. Sem dúvida, é o planeta que mais deu origem a superstições e contos. Recebeu esse nome em razão de sua cor avermelhada, relacionada a Marte, deus da guerra.

O solo de Marte é avermelhado por causa da presença de óxido de ferro (ferrugem). Sua atmosfera, bem menos espessa que a nossa, é constituída principalmente de monóxido de carbono, dióxido de carbono, vapor de água e nitrogênio, e a quantidade de gás oxigênio corresponde a um milésimo da quantidade existente na Terra.

As características da superfície marciana, em que existem formações parecidas com leitos de rios e encostas, sugerem que, no passado, Marte pode ter tido uma atmosfera mais densa e água líquida fluindo por sua superfície.

Por muito tempo, acreditou-se que Marte seria um local em que pudesse haver vida. As últimas sondas enviadas ao planeta, porém, mostraram que isso não é viável, embora alguns cientistas acreditem que ali tenha provavelmente existido algum tipo de vida no passado, na forma de organismos simples.

Imagens fora de escala de tamanho.

Na foto, observa-se a calota polar em Marte. ▶

Júpiter é o maior dos planetas do Sistema Solar. Recebeu o nome do deus romano supremo, que corresponde a Zeus na mitologia grega.

É um planeta gasoso, ou seja, é composto principalmente de gases. Nele há uma quantidade enorme de furacões, dos quais se destaca o furacão conhecido como a Grande Mancha Vermelha.

Não se sabe se existe uma superfície sólida em Júpiter. O que se pode observar são somente nuvens multicoloridas distribuídas por cinturões.

Tome nota

Mercúrio, Vênus, Marte, Júpiter e Saturno são os planetas que podem ser observados no céu sem o uso de equipamentos.

Imagens fora de escala de tamanho.

▲ Júpiter e suas faixas características.

Assim como Saturno, Júpiter também possui um sistema de anéis, mas são muito tênues para que possam ser visualizados da Terra.

Saturno é o segundo maior planeta do Sistema Solar. É o nome do deus do tempo para os romanos, correspondente ao deus Cronos na mitologia grega.

É famoso pela presença de anéis, formados por milhares de pedaços de rochas, provavelmente originários de um satélite natural, como a Lua, que se despedaçou, e também por blocos de gelo.

Assim como Júpiter, é um planeta gasoso. A sua atmosfera é formada principalmente por hélio e hidrogênio.

▲ Saturno possui o único conjunto de anéis que pode ser observado da Terra.

Urano foi o primeiro planeta a ser descoberto por meio do telescópio.

Recebeu o nome do deus do céu por um raciocínio lógico: Zeus é pai dos deuses Hermes, Ares e Afrodite, que correspondem respectivamente aos planetas Mercúrio, Marte e Vênus, situados internamente à órbita de Júpiter; Cronos é pai de Zeus, que corresponde ao planeta Júpiter, situado internamente à órbita de Saturno. Assim, Urano, deus do céu, é pai de Cronos.

A atmosfera superior de Urano é muito calma e composta basicamente de hidrogênio, hélio e metano.

Urano, que é um planeta gasoso, possui um sistema de anéis menos espessos e mais difíceis de visualizar que os de Saturno.

Netuno foi o primeiro planeta descoberto por meio de cálculos matemáticos, antes de sua observação, por causa das perturbações que provocava na órbita de Urano.

▲ A cor verde-azulada de Urano deve-se à absorção seletiva da luz solar por parte do metano.

Imagens fora de escala de tamanho.

Netuno é o nome do deus romano do mar, equivalente ao deus grego Poseidon.

Seu interior é composto de rochas fundidas, gelo, amônia líquida e metano.

Assim como Júpiter, Netuno é um planeta gasoso, apresentando uma atmosfera dinâmica com tormentas, furacões e ventos que atingem velocidades de até 2 000 km/h.

Sua atmosfera pouco densa é formada de hidrogênio, hélio e metano, o que lhe confere a cor azulada. O planeta é circundado por um sistema de quatro anéis compostos de partículas de pó, os quais, por isso, são muito tênues.

▲ Netuno é o planeta mais afastado do Sol.

@ Explore

Sistema Solar

Leia a letra da música "Sistema Solar", composta por Ana Person e produzida pela gravadora Tratore: <http://ftd.li/fmfo38>. Acesso em: 12 maio 2014.

- Há uma incorreção científica nessa composição. Qual é ela?

Planetas-anões e outros objetos menores do Sistema Solar

Um planeta-anão, assim como um planeta, tem órbita ao redor do Sol e forma aproximadamente esférica, porém não é o único astro de sua órbita.

Consideram-se planetas-anões objetos com massa pequena, insuficiente para remover outros corpos de sua órbita da forma que um planeta faria. Plutão, Ceres – inicialmente considerado um planeta e depois um asteroide –, Éris, entre outros, são classificados como **planetas-anões**. Outros astros, descobertos recentemente além da órbita de Netuno, ainda aguardam classificação.

Satélites são objetos que giram ao redor de planetas ou corpos menores, como asteroides. Com exceção de Mercúrio e Vênus, os demais planetas possuem satélites. Eles existem em grande quantidade nos planetas gigantes, de modo que o número de satélites conhecidos hoje no Sistema Solar supera uma centena.

A Lua, satélite da Terra, tem cerca de um quarto do diâmetro da Terra e não apresenta atmosfera. Sua superfície árida é recoberta de crateras resultantes de choques de outros objetos ocorridos em um passado distante. A Lua apresenta movimentos de translação ao redor da Terra e de rotação em torno de seu eixo. Como esses dois movimentos são realizados exatamente ao mesmo tempo, ela apresenta sempre a mesma face voltada para a Terra.

▲ Antigamente, Ceres era considerado um asteroide e Plutão um planeta. Hoje, os dois são classificados como planetas-anões. A representação acima mostra uma comparação do tamanho dos planetas-anões com o tamanho da Lua da Terra.

Imagens fora de escala de tamanho e de distância. As cores não correspondem aos tons reais.

◀ Composição de imagens mostrando Júpiter e alguns de seus satélites. No sentido anti-horário, começando da esquerda: Europa, Calisto, Ganimede e Io.

Os **asteroides** são objetos rochosos de tamanhos que vão de dezenas de metros a até 700 km. A maioria localiza-se entre as órbitas de Marte e Júpiter, formando o chamado cinturão de asteroides. Mas existem outros não limitados a esse espaço.

Hoje já estão registrados mais de 350 mil asteroides, todos bem menores que a Lua.

▲ Asteroide Ida e seu satélite.

Os **meteoroides** são objetos pequenos, cujas dimensões se situam entre as dos asteroides e as dos grãos de poeira, existindo em quantidade gigantesca. A maioria vaga pelo espaço interplanetário.

Os **cometas** são outro grupo de pequenos corpos do Sistema Solar, constituídos de uma mistura de poeira e gelo; quando se aproximam do Sol, parte do gelo que os compõe se transforma em gás. Forma-se, assim, uma nuvem em torno de um núcleo frio e sólido, com diâmetro entre 1 km e 10 km, em geral, mas que pode chegar a 1 000 000 km. Essa nuvem é chamada **coma** ou **cabeleira**.

Parte do gás e da poeira da coma é arrastada pelo vento solar, formando, assim, uma cauda que se estende por até 100 000 000 km na direção oposta ao Sol. Esse material arrastado desprende-se do cometa e, após muitas passagens pelas proximidades do Sol, o cometa não possui mais matéria sólida para ser transformada em gases e formar a cabeleira.

Os cometas têm origem em uma região muito afastada do Sol. Ali formam uma nuvem que envolve o Sistema Solar. Essa região é chamada de **Nuvem de Oort** e está cerca de mil vezes mais distante do Sol que Netuno. Eventualmente, perturbações gravitacionais alteram a órbita de algum cometa nessa nuvem, lançando-o para o interior do Sistema Solar.

Outra região ocupada por objetos gelados e que também dá origem a cometas é o **Cinturão de Kuiper**, localizado após a órbita de Netuno, porém muito mais próximo do Sol que a Nuvem de Oort. Ultimamente foram descobertos muitos objetos nessa região. Estima-se que lá existam mais de 50 mil objetos com diâmetro maior que 100 km.

▲ Cometa McNaught visto após o pôr do Sol, em 20 de janeiro de 2007, Austrália.

Rede do tempo

O cometa Halley

Cometas são corpos do Sistema Solar que, no passado, deram origem a temores e superstições. Hoje se sabe que eles podem ser periódicos, isto é, apresentam uma órbita regular ao redor do Sol, com retorno previsível; ou não periódicos, ou seja, aproximam-se uma única vez do Sol e não retornam mais.

Edmond Halley (1656-1742), um astrônomo inglês, fez a primeira previsão da aparição do cometa que hoje leva seu nome.

Halley demonstrou que os cometas podem ter trajetória elíptica ao redor do Sol, contrariando a crença da época de que os cometas, após passarem perto do Sol, nunca mais retornavam.

Ao estudar a trajetória de um cometa que ele observou em 1682, Halley notou que sua órbita era a mesma do cometa observado por Kepler em 1607. Procurando por registros mais antigos, concluiu que esse cometa apresentava a mesma órbita de outro cometa registrado em 1531 e também de outro de 1456.

Admitindo que não pudesse ser apenas coincidência, Halley afirmou que essas aparições dos cometas eram na verdade um só que retornava periodicamente. Sendo assim, previu uma nova aparição para o ano de 1758.

Infelizmente, Halley não viveu para ver a confirmação de sua previsão: o cometa reapareceu no início de 1759. Desde então, em sua homenagem, esse astro passou a ser chamado de cometa Halley. A descoberta de Halley desfez grande parte do mistério que cercava os cometas, que hoje já não provocam mais o medo de antigamente.

▪ Sabendo que o cometa Halley realiza sua órbita em torno do Sol em aproximadamente 75 anos e que a última aproximação da Terra foi em 1986, quando será a próxima aproximação desse cometa?

▲ Cometa Halley visto do observatório *Siding Spring*, na Austrália, em 1986.

Simuladores do Sistema Solar

Você sabia que há muitos simuladores do Sistema Solar disponíveis na internet? Neles você pode observar as órbitas dos planetas que compõem esse sistema e conhecer as características de cada um deles e os satélites naturais que os orbitam, além de descobrir curiosidades fascinantes.

Para conhecer um dos simuladores dos movimentos do Sistema Solar, acesse o *site* <http://ftd.li/xo9b84> (acesso em: 09 jun. 2014). Não é necessário fazer o *download*. Descubra o quão fascinante é simular as órbitas dos planetas, podendo ver, ainda, as distâncias e as visões geocêntrica, heliocêntrica e panorâmica dos planetas do nosso sistema.

No espaço virtual **@multiletramentos** da plataforma **FTD Digital** há uma sugestão de *site* em que você poderá baixar um *software* de simulação da Nasa e explorar bastante esse assunto.

Depois de visitar os *sites* sugeridos, você poderá procurar outros.

Cada um tem uma maneira de simular os movimentos do Sistema Solar e de mostrar, por exemplo, outras galáxias e os buracos negros.

Você vai se encantar com a grandiosidade apresentada!

Experimento da hora

Observando o Cruzeiro do Sul

No Brasil, a constelação do Cruzeiro do Sul é a mais conhecida das 88 constelações identificadas. Ela se encontra próxima do Polo Sul Celeste, o que faz com que só seja vista do Hemisfério Sul ou de regiões do Hemisfério Norte bem próximas do equador terrestre. Dependendo do horário, é facilmente visível em praticamente qualquer época do ano.

O Cruzeiro do Sul está próximo da constelação Centauro, uma das mais brilhantes e maiores no céu.

▲ Cruzeiro do Sul visto no céu noturno.

▲ Esquema do Cruzeiro do Sul composto de cinco estrelas: α (Alfa), Acrux ou Estrela de Magalhães; β (Beta) ou Mimosa; γ (Gama), Gacrux ou Rubídea; δ (Delta) ou Pálida; ε (Epsilon) ou Intrometida.

Tome nota

Todas as estrelas que vemos no céu pertencem à Via Láctea.

Procedimento

O Cruzeiro do Sul já é visível a partir de uma hora depois do pôr do Sol, entre as 20 horas e 22 horas (para regiões mais próximas da linha do equador, as observações devem ser feitas após as 21 horas). Os horários variam de acordo com a época do ano.

A. Procure um local com menos luz (se possível, na lua nova, quando o céu está mais escuro) e anote um ponto de referência, que pode ser um prédio ou uma árvore, por exemplo.

B. Espere cerca de 10 minutos para que os seus olhos se adaptem à escuridão. Chamamos a isso adaptação da visão noturna.

C. Localize o Cruzeiro do Sul no céu. Para ajudar, utilize a ilustração acima. Desenhe o que observou.

D. Após cerca de duas horas, observe novamente o Cruzeiro do Sul e desenhe-o.

- Quais as diferenças entre a primeira e a segunda observação?

Atividades

Reveja

1 Do movimento de qual astro nos valemos para estabelecer o dia?

2 Por que podemos usar o ciclo lunar como uma medida de tempo?

3 O que é um planeta? Quais são os planetas do Sistema Solar?

4 Com relação ao Sistema Solar, responda:

a) Qual é o planeta mais próximo e qual é o mais afastado do Sol?

b) Qual é o maior e qual é o menor planeta?

5 Uma das regiões do Sistema Solar é o Cinturão de Kuiper, na qual já foram identificados milhares de asteroides. Entretanto, o que conhecemos como cinturão de asteroides é outro conjunto que se encontra entre dois planetas do Sistema Solar. Quais são esses planetas?

Explique

6 Se a Terra parasse de girar ao redor de seu eixo, mas continuasse girando ao redor do Sol, como faz hoje, quantos dias teria um ano?

7 Por que não podemos usar o intervalo de tempo entre o início de duas chuvas para contar o tempo?

8 Observe a imagem abaixo.

Imagens fora de escala de tamanho e de distância.
As cores não correspondem aos tons reais.

Mercúrio, Vênus, Terra, Marte, Júpiter, Saturno, Urano, Netuno

planetas telúricos / planetas jovianos

- Os planetas do Sistema Solar podem ser classificados em telúricos (Mercúrio, Vênus, Terra e Marte) e jovianos (Júpiter, Saturno, Urano e Netuno). Recorde-se das características dos planetas e explique o critério para essa classificação.

9 Por que a cauda do cometa se estende em direção oposta ao Sol?

desafio Suponha que o tempo entre duas luas cheias consecutivas fosse de 73 dias e que esse período fosse usado para definir a duração de um mês. Nessa situação, um ano teria quantos meses?

Capítulo 2 — Estrelas e galáxias

▲ É possível conhecer muitas características das estrelas estudando a luz emitida por elas.

Os astros que compõem o Sistema Solar são os nossos vizinhos no Universo, mas isso não quer dizer que seja fácil visitá-los. Uma viagem até Marte, utilizando a tecnologia de que dispomos hoje, demoraria, no mínimo, três meses só para chegar até lá, e gastaria uma quantidade enorme de combustível. Na possibilidade mais econômica, demoraria quase nove meses. Já uma viagem até a estrela mais próxima do Sol demoraria cerca de 100 mil anos!

Mesmo estando a distâncias tão grandes, o ser humano foi capaz de descobrir muitas características das estrelas. Hoje sabemos a que distâncias as estrelas estão, quais são suas cores, suas temperaturas, quais são os elementos químicos que as compõem e até a idade delas. Boa parte disso foi descoberta analisando a luz emitida pelas estrelas. O brilho das estrelas depende não só da distância que estão da Terra, mas também de seu tamanho e sua composição.

A temperatura da superfície da estrela e a sua cor estão relacionadas. As estrelas vermelhas são as que têm a menor temperatura, da ordem de 3 000 °C, enquanto as azuis são as mais quentes, chegando a mais de 40 000 °C. Essas são as temperaturas da parte mais externa das estrelas, pois no núcleo as temperaturas chegam a centenas de milhões de graus. Assim como o Sol, as outras estrelas produzem energia por meio de reações nucleares.

▲ Constelação de Órion. Betelgeuse é uma estrela vermelha e Rigel é azul. No centro, estão as Três Marias.

Ciências e Literatura

Inspiração nas estrelas

Citações de caráter astronômico são encontradas em várias obras literárias. Na poesia "As estrelas", de Olavo Bilac, publicada em 1904, o autor descreve o anoitecer e o surgimento do céu estrelado. Leia a seguir.

As estrelas

Quando a noite cair, fica à janela!
E contempla o infinito firmamento.
Vê que planície fulgurante e bela!
Vê que deslumbramento!

Olha a primeira estrela que aparece
Além, naquele ponto do horizonte...
Brilha, trêmula e vívida... Parece
Um farol sobre o píncaro do monte.

Com o crescer da treva,
Quantas estrelas vão aparecendo!
De momento em momento uma se eleva,
E outras, em torno dela, vão nascendo.

Quantas agora!...Vê! Noite fechada...
Quem poderá contar tantas estrelas?
Toda a abóbada está iluminada.
E o olhar se perde e cansa-se de vê-las.

Surgem novas estrelas imprevistas...
Inda outras mais despontam...
Mas, acima das últimas que avistas,
Há milhões e milhões que não se contam...

Baixa a fronte e medita:
– Como, sendo tão grande na vaidade,
Diante desta abóbada infinita,
É pequenina e fraca a humanidade!

LIMA, Alceu Amoroso (Org.). **Poesia**: Olavo Bilac. 3. ed. Rio de Janeiro: Agir, 1965. (Nossos clássicos).

Nota-se a fascinação e o encanto do poeta com o surgimento de um sem-número de estrelas no céu, algumas imprevisíveis para ele, mas perfeitamente previsíveis para os astrônomos. A maioria das pessoas que tenha observado o céu estrelado em uma região livre da luminosidade das grandes cidades entenderá perfeitamente esse encantamento.

- Qual mensagem o autor tenta passar no último trecho da poesia?

Há uma infinidade de estrelas no Universo, mas elas não estão espalhadas uniformemente por ele e sim agrupadas em grandes aglomerados chamados galáxias. O número de estrelas nas galáxias é variável, desde dezenas de milhões nas menores até alguns trilhões nas maiores.

Além de estrelas, planetas, satélites, asteroides e cometas, as galáxias também contêm uma enorme quantidade de nebulosas, que são nuvens de gás e poeira espalhadas entre as estrelas.

▲ *Carina nebula* (NGC 3372). Nebulosas são nuvens de gás e poeira.

As galáxias apresentam-se em diferentes formas, podendo ser elípticas, espirais, espirais barradas ou irregulares.

Pense e responda

Observe as imagens de galáxias abaixo.

▲ Galáxia NGC 4486.

▲ Galáxia M83.

◀ Galáxia NGC 6822.

1 Os conjuntos de estrelas apresentam formas iguais?

2 Qual das galáxias possui formato em espiral?

3 Qual das galáxias não possui uma forma definida?

4 Qual das galáxias possui formato elíptico?

A galáxia em que está o Sol é chamada de Via Láctea e nela existe cerca de 200 bilhões de estrelas. Sua forma é espiral e o Sol se localiza em um dos braços espirais, bem distante do centro galáctico.

▲ Representação artística da Via Láctea vista de fora da galáxia. A seta indica a posição do Sol na Via Láctea.

@ Explore

Podemos ver as galáxias da Terra?

Acesse o *link* <http://ftd.li/4ik7vt> (acesso em: 12 maio 2014) e responda à questão abaixo.

- De todas as galáxias que compõem o Universo, apenas três podem ser vistas a olho nu. Quais são essas três galáxias?

Tome nota

Todas as estrelas que vemos no céu pertencem à Via Láctea.

O Universo é formado por centenas de bilhões de galáxias que, da mesma forma que as estrelas, também se juntam em grandes conjuntos chamados aglomerados galácticos. A nossa galáxia pertence a um pequeno conjunto chamado Grupo Local. Os aglomerados de galáxias se distribuem pelo Universo, em todas as direções, compondo uma estrutura na forma de filamentos, algo parecido com uma esponja de banho.

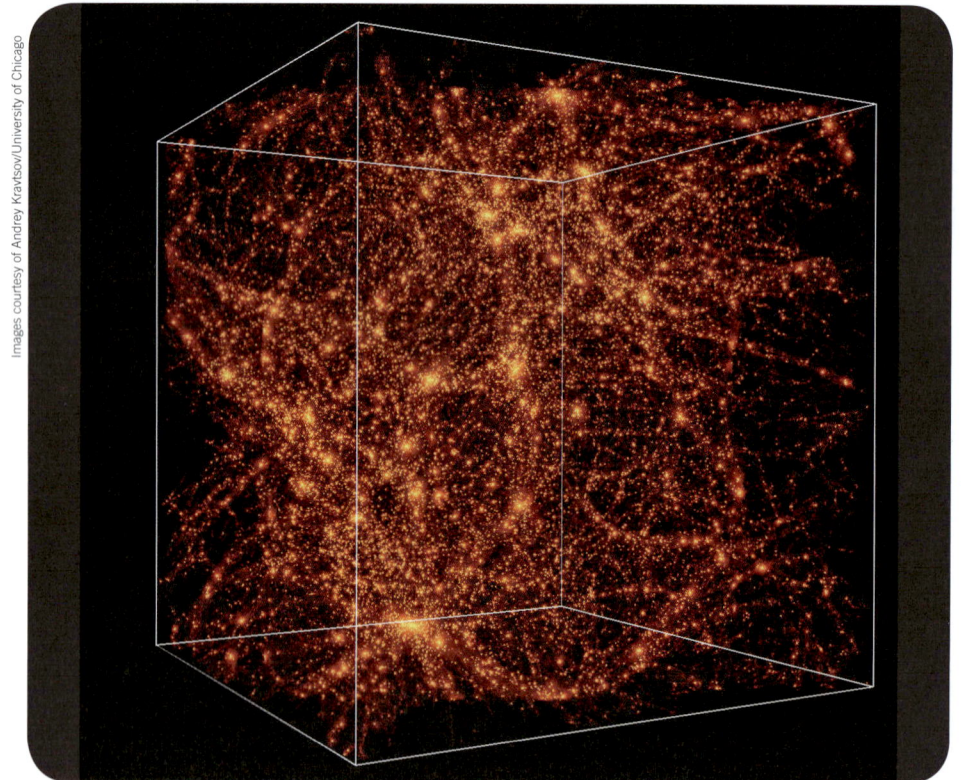

A imagem está fora de escala de tamanho e de distância. As cores não correspondem aos tons reais.

◀ Representação artística da estrutura do Universo. Cada ponto brilhante representa um aglomerado de galáxias. A imagem foi composta por um supercomputador que simulou a evolução do Universo.

Os componentes do Universo se estruturam em conjuntos que têm tamanhos cada vez maiores, distribuídos em um espaço de dimensões tão gigantescas que é impossível imaginá-las. Ainda há muito que se conhecer sobre o Universo.

@ Explore

A escala do Universo

Acesse o *link* <http://ftd.li/5a5tpx> (acesso em: 12 maio 2014), navegue pelo programa e visualize a escala do Universo.

Agora, responda:
- O que é maior, a Lua ou uma baleia?

Céu noturno: uma introdução para crianças.

DRISCOLL, Michael. Ilustrado por Meredith Hamilton, tradução de Luciano Vieira Machado. Editora Panda Books, 2009.

Este livro apresenta, de forma lúdica, informações sobre as observações que se pode fazer no céu a olho nu.

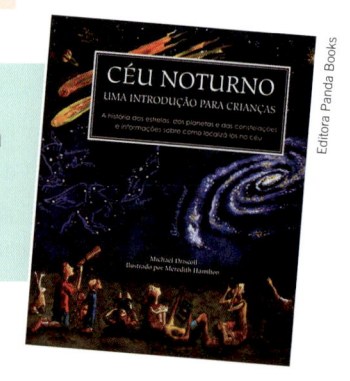

Fórum

Retrato de Giordano Bruno.

O drama de Giordano Bruno (1548-1600) é um dos mais comoventes episódios na história da luta do ser humano pela liberdade de pensar e de se expressar.

Giordano Bruno, filósofo italiano e sacerdote, defendia a ideia de que o Universo era enorme e não tinha centro, ao contrário do que defendiam outros pensadores de sua época. Ele expôs essa concepção com as seguintes palavras: "No Universo não existe centro ou circunferência; o centro está em todos os lugares".

Para ele, o Universo seria constituído por infinitos sistemas solares, distribuídos pelo espaço. Esse revolucionário pensador negou o geocentrismo de Cláudio Ptolomeu (90 d.C.-168 d.C.) e também a ideia de que o Sol era o centro do Universo. Além disso, imaginou infinitos mundos povoados por outros seres vivos.

Suas ideias sobre a vida e o Universo incomodavam muita gente, fazendo-o conquistar inimigos tanto entre religiosos católicos como entre protestantes.

Denunciado por um fanático religioso, Giordano Bruno foi submetido a um longo processo pelo Tribunal da Santa Inquisição (também chamado Tribunal do Santo Ofício). Como ele era um homem de caráter forte, não renunciou às suas ideias, defendendo-as até as últimas consequências. Foi queimado vivo, depois de sete anos de prisão. Na cidade de Roma, na Itália, foi construído um monumento para marcar o local de sua execução.

- Converse sobre o teor do texto com os colegas. Discuta a afirmação: "As ideias e a carreira científica dos pesquisadores devem estar subordinadas a princípios puramente religiosos".

Tribunal da Santa Inquisição: a Santa Inquisição foi uma instituição da Igreja Católica Romana, no século XIII, para deter, julgar e punir pessoas acusadas de heresia.

Renunciar: abrir mão, desistir da posse, rejeitar.

Subordinado: que serve ou trabalha sob as ordens de outro, que depende de alguém ou de alguma coisa.

Galáxia

O SOL LEVA 220 MILHÕES DE ANOS PARA GIRAR/ORBITAR EM TORNO DO CENTRO DE NOSSA GALÁXIA.

A imagem está fora de escala de tamanho. As cores não correspondem aos tons reais.

A Via Láctea

Ela é a galáxia que abriga nosso Sistema Solar.

- Braço de Carina
- Braço da Sagitário
- Orion ou braço local
- SISTEMA SOLAR
- Braço de Perseu

O sistema consiste em um agrupamento/conjunto de estrelas, gás e matéria interestelar em movimento. Há aproximadamente duzentos bilhões de galáxias.

Sol90images

Classificação baseada em seu formato

Existem três tipos básicos de galáxias de acordo com o formato. A velocidade de sua rotação é crucial.

Elípticas
Este formato é esférico ou oval e é composto primordialmente de antigas estrelas.

Espirais
As espirais totalizam 80% das galáxias. As estrelas mais antigas estão no centro.

Irregulares
As galáxias não têm formatos distintos e contêm grandes quantidades de gás e poeira/pó.

Subclassificações

E0	E3	E5	E7

Sa	Sb	Sc

As galáxias elípticas vão da **E0** (esféricas) a **E7** (achatadas). As galáxias espirais vão de **a** a **c**, de acordo com seu braço.

Diâmetro em ano-luz

Um ano-luz é a distância percorrida pela luz durante um ano (9,45 bilhões de km).

O Universo	15 000 milhões anos-luz
A Via Láctea	100 000 anos-luz

233

Atividades

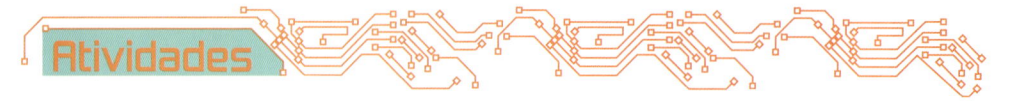

Reveja

1 Simplificadamente, qual a diferença fundamental entre uma estrela e um planeta?

2 Por que as estrelas têm cores diferentes?

3 O que é uma galáxia?

4 Qual é a forma da Via Láctea?

5 Observe as imagens e identifique a forma de cada uma das galáxias abaixo.

▲ Galáxia NGC 5128.

▲ Galáxia chamada Pequena Nuvem de Magalhães.

▲ Galáxia NGC 1316-17.

▲ Galáxia NGC 908.

▲ Galáxia chamada Grande Nuvem de Magalhães.

▲ Galáxia NGC 3627.

6 Por que as estrelas têm brilhos diferentes?

Explique

7 Como as galáxias se espalham pelo Universo?

8 Por que, mesmo que haja outro planeta muito igual à Terra em algum lugar do Universo, será praticamente impossível que um dia o habitemos?

Para ler o texto científico

Formação do Sistema Solar: os antecedentes históricos e o conhecimento atual

O problema da origem do Sistema Solar ocupou um lugar central no pensamento científico por muitos séculos e existem várias ideias atribuídas a grandes pensadores da história. Um dos marcos históricos desse problema foi a chamada *hipótese nebular* formulada pelo filósofo alemão Immanuel Kant (1724-1804) em 1755, segundo a qual o Sol e os planetas haviam se formado a partir de uma nebulosa primordial. A ideia foi elaborada pelo francês Pierre-Simon de Laplace (1749-1827), mantendo que o Sol e os planetas tinham se formado *no mesmo processo*, hipótese que recebeu considerável apoio quando foi possível medir as abundâncias relativas dos elementos químicos que formam tanto o Sol quanto os planetas. Estas medidas resultaram muito semelhantes, embora existam diferenças notórias atribuídas ao próprio processo de formação.

A história completa da origem do nosso Sistema Solar envolve uma série de processos físicos compreendidos de forma bastante satisfatória, mas não abrangente. Enquanto novos estudos são desenvolvidos nos aspectos observacionais da formação das estrelas e sua formação teórica, já é possível responder a algumas das questões mais importantes. A primeira delas é que hoje conhecemos muito mais da formação de estrelas e planetas precisamente porque *podemos observar o processo diretamente* [...]. Dentro de uma distância relativamente pequena do Sol existem várias regiões de formação estelar onde podem ser catalogadas e observadas estrelas em vários estágios da sua formação. Assim, é possível imaginar como nosso Sistema Solar foi formado.

[...]

HORVATH, Jorge Ernesto. **O ABCD da Astronomia e Astrofísica.** 2. ed. São Paulo: Livraria da Física, 2008. p. 51-52.

> As teorias científicas estão sempre em transformação, procurando explicar cada vez melhor o que é observado. A hipótese de formação dos satélites planetários a partir dos anéis explica a distribuição peculiar dos satélites nos grandes planetas, o que é um ponto forte da teoria. Por outro lado, apresenta problemas para explicar a não existência de densos anéis em Urano e Netuno.

As teorias científicas estão sempre em transformação, procurando explicar cada vez melhor o que é observado por meio do emprego de vários métodos.

Está claro que não foi possível observar diretamente a formação do Sistema Solar, assim, foi necessário buscar novas formas de confrontar as teorias existentes, e os cientistas sempre são muito criativos na busca de novos elementos para esclarecer os fenômenos da natureza.

1 Qual é a teoria da formação do Sistema Solar apresentada no texto?

2 No texto é citada uma evidência a favor da formação do Sistema Solar apresentada. Qual é essa evidência?

3 Como os cientistas podem testar as hipóteses sobre a formação do Sistema Solar?

No laboratório

Diagrama HR

Classificar os objetos de estudo em grupos com características semelhantes é parte importante da metodologia científica.

O diagrama HR, cujo nome vem das letras iniciais de Hertzsprung e Russell, os dois astrônomos que o elaboraram pela primeira vez, é uma espécie de gráfico de classificação das estrelas. Nele estão relacionadas a temperatura da superfície da estrela e sua luminosidade, ou seja, a quantidade de energia que a estrela emite.

Nesse diagrama, as estrelas encontram-se agrupadas em determinadas regiões. Na parte superior do diagrama localizam-se as estrelas de grandes dimensões, as gigantes e as supergigantes vermelhas e azuis, e na parte inferior as estrelas pequenas, as anãs brancas e vermelhas. Do lado direito ficam as estrelas mais frias e, portanto, vermelhas, enquanto do lado esquerdo ficam as estrelas mais quentes e azuladas. Há ainda uma faixa no centro do diagrama, denominada sequência principal.

A página seguinte mostra um diagrama HR, no qual a luminosidade é dada em relação à luminosidade do Sol – o valor 100, por exemplo, representa 100 vezes a luminosidade do Sol – e a temperatura é dada em ºC.

Na tabela, estão relacionadas algumas estrelas e suas respectivas temperaturas superficiais e luminosidade.

- Consulte o diagrama HR e identifique a classificação de cada estrela. Use a tabela abaixo como modelo.

Estrela	Temperatura superficial (ºC)	Luminosidade (Sol = 1)	Classificação
Aldebaran	3 800	700	
Antares	4 000	80 000	
Betelgeuse	3 500	100 000	
Deneb	11 000	500 000	
Estrela de Barnard	3 300	0,0001	
Mintaka	40 000	50 000	
Procyon	8 500	10	
Sirius	10 000	80	
Sirius B	9 000	0,001	
Sol	6 000	1	

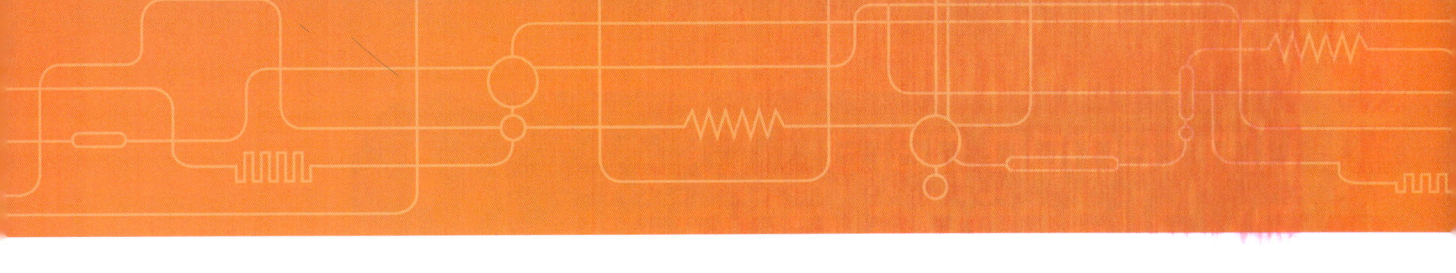

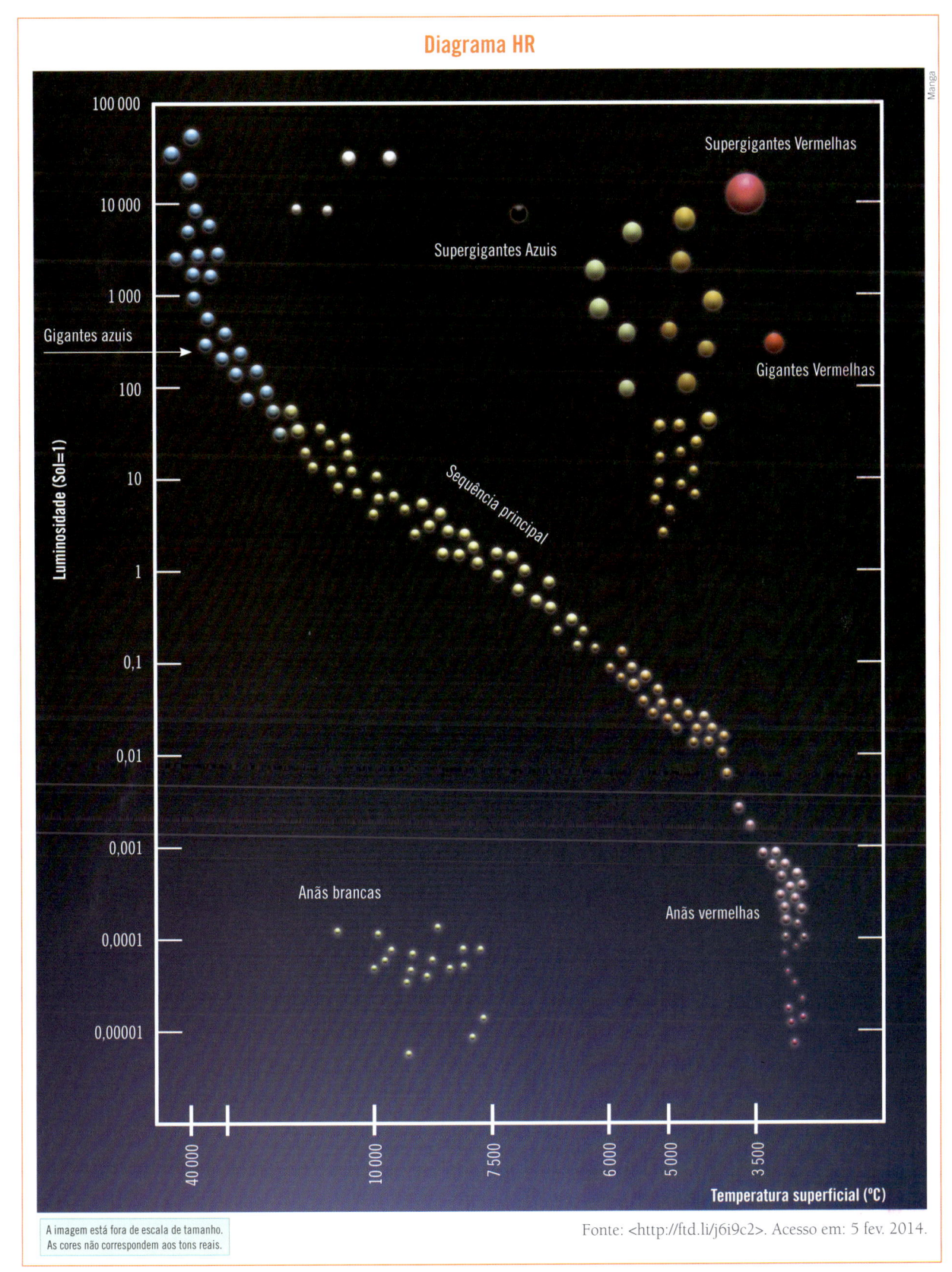

Diagrama HR

Luminosidade (Sol=1) vs Temperatura superficial (°C)

- Supergigantes Vermelhas
- Supergigantes Azuis
- Gigantes Vermelhas
- Gigantes azuis
- Sequência principal
- Anãs brancas
- Anãs vermelhas

Eixo Y (Luminosidade, Sol=1): 100 000; 10 000; 1 000; 100; 10; 1; 0,1; 0,01; 0,001; 0,0001; 0,00001

Eixo X (Temperatura superficial °C): 40 000; 10 000; 7 500; 6 000; 5 000; 3 500

A imagem está fora de escala de tamanho. As cores não correspondem aos tons reais.

Fonte: <http://ftd.li/j6i9c2>. Acesso em: 5 fev. 2014.

Um tempo para avaliações oficiais

1 (Enem) Um dos processos usados no tratamento do lixo é a incineração, que apresenta vantagens e desvantagens. Em São Paulo, por exemplo, o lixo é queimado a altas temperaturas e parte da energia liberada é transformada em energia elétrica. No entanto, a incineração provoca a emissão de poluentes na atmosfera. Uma forma de minimizar a desvantagem da incineração, destacada no texto, é

a) aumentar o volume do lixo incinerado para aumentar a produção de energia elétrica.

b) fomentar o uso de filtros nas chaminés dos incineradores para diminuir a poluição do ar.

c) aumentar o volume do lixo para baratear os custos operacionais relacionados ao processo.

d) fomentar a coleta seletiva de lixo nas cidades para aumentar o volume de lixo incinerado.

e) diminuir a temperatura de incineração do lixo para produzir maior quantidade de energia elétrica.

2 (Enem) Numa área de praia, a brisa marítima é uma consequência da diferença no tempo de aquecimento do solo e da água, apesar de ambos estarem submetidos às mesmas condições de irradiação solar. No local (solo) que se aquece mais rapidamente, o ar fica mais quente e sobe, deixando uma área de baixa pressão, provocando o deslocamento do ar da superfície que está mais fria (mar).

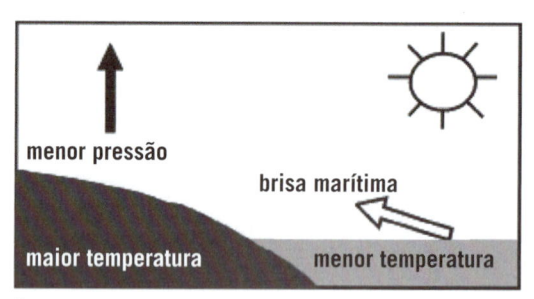

À noite, ocorre um processo inverso ao que se verifica durante o dia.

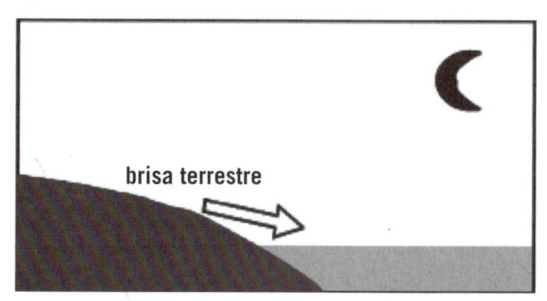

Como a água leva mais tempo para esquentar (de dia), mas também leva mais tempo para esfriar (à noite), o fenômeno noturno (brisa terrestre) pode ser explicado da seguinte maneira.

a) O ar que está sobre a água se aquece mais; ao subir, deixa uma área de baixa pressão, causando um deslocamento de ar do continente para o mar.

b) O ar mais quente desce e se desloca do continente para a água, a qual não conseguiu reter calor durante o dia.

c) O ar que está sobre o mar se esfria e dissolve-se na água; forma-se, assim, um centro de baixa pressão, que atrai o ar quente do continente.

d) O ar que está sobre a água se esfria, criando um centro de alta pressão que atrai massas de ar continental.

e) O ar sobre o solo, mais quente, é deslocado para o mar, equilibrando a baixa temperatura do ar que está sobre o mar.

3 (Saresp) Durante as madrugadas do mês de agosto de 2008, os brasileiros assistiram, pela TV, aos jogos olímpicos de Pequim. Enquanto na China, país-sede do evento, era dia, no Brasil era noite. Esse fenômeno é observado devido

a) ao movimento de translação e ao formato da Terra.
b) ao movimento de rotação e ao formato da Terra.
c) ao eixo de rotação da Terra estar inclinado em relação aos raios solares que chegam ao planeta.
d) ao Brasil e à China estarem na região do Equador.

4 (Enem)

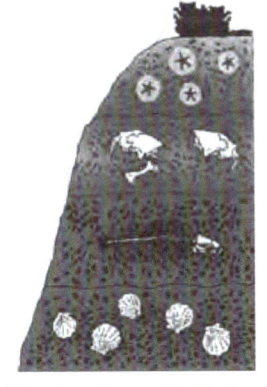

TEIXEIRA, W. et al (Orgs.). **Decifrando a Terra**. São Paulo: Companhia Editora Nacional, 2009 (adaptado).

O esquema mostra depósitos em que aparecem fósseis de animais do Período Jurássico. As rochas em que se encontram esses fósseis são

a) magmáticas, pois a ação de vulcões causou as maiores extinções desses animais já conhecidas ao longo da história terrestre.
b) sedimentares, pois os restos podem ter sido soterrados e litificados com o restante dos sedimentos.
c) magmáticas, pois são as rochas mais facilmente erodidas, possibilitando a formação de tocas que foram posteriormente lacradas.
d) sedimentares, já que cada uma das camadas encontradas na figura simboliza um evento de erosão dessa área representada.
e) metamórficas, pois os animais representados precisavam estar perto de locais quentes.

5 (Enem) A falta de água doce no planeta será, possivelmente, um dos mais graves problemas deste século. Prevê-se que, nos próximos vinte anos, a quantidade de água doce disponível para cada habitante será drasticamente reduzida. Por meio de seus diferentes usos e consumos, as atividades humanas interferem no ciclo da água, alterando

a) a quantidade total, mas não a qualidade da água disponível no planeta.
b) a qualidade da água e sua quantidade disponível para o consumo das populações.
c) a qualidade da água disponível, apenas no subsolo terrestre.
d) apenas a disponibilidade de água superficial existente nos rios e lagos.
e) o regime de chuvas, mas não a quantidade de água disponível no planeta.

6 (Saresp) Uma pessoa está viajando pelo interior do Brasil e chega a um lugarejo isolado em que não há um sistema de tratamento de água. Está com muita sede e conta apenas com a água da região. Que conselho você daria a essa pessoa para que ela pudesse se proteger de doenças transmitidas pela água?

a) Beba a água sem receio, pois a água do interior não é contaminada.
b) Deixe a água descansar por algumas horas antes de bebê-la.
c) Ferva e filtre a água antes de bebê-la.
d) Use um coador de pano para filtrar a água antes de bebê-la.

Bibliografia

AGÊNCIA NACIONAL DE ÁGUAS. **A história do uso da água no Brasil**. Disponível em: <http://www.tratamentodeagua.com.br/a1/artigo/livro_historia_agua.pdf>. Acesso em: 10 jun. 2014.

ALVARENGA, B.; MÁXIMO, A. **Física**. São Paulo: Scipione, 1997.

AMBROGI, A. et al. **O ambiente**. São Paulo: Hamburg-Cecisp, 1986.

ASSOCIAÇÃO BRASILEIRA DE ÁGUAS SUBTERRÂNEAS. **Recursos hídricos subterrâneos**. Disponível em: <http://www.abas.org/arquivos/cartilha_rh.pdf>. Acesso em: 10 jun. 2014.

BARBOSA, A. B.; DA SILVA, R. R. Xampus. **Química Nova Na Escola**. Disponível em: <http://qnesc.sbq.org.br/online/qnesc02/quimsoc.pdf>. Acesso em: 10 jun. 2014.

BOCZKO, R. **Conceitos de Astronomia**. São Paulo: Edgard Blucher, 1984.

BORBA, M. P.; OTERO, P. (Coord.). **Consumo sustentável**. São Paulo: Imprensa Oficial do Estado de São Paulo/5 Elementos – Instituto de Educação e Pesquisa Ambiental, 2009. (Consumo sustentável e ação).

BRANCO, S. M. **Água**: origem, uso e preservação. São Paulo: Moderna, 1996.

CANIATO, R. **O céu**. São Paulo: Ática, 1990.

CENTRO DE GERENCIAMENTO DE EMERGÊNCIAS. **Umidade relativa do ar**. Disponível em: <http://www.cgesp.org/v3/umidade-relativa-do-ar.jsp>. Acesso em: 10 jun. 2014.

CETESB. **Águas subterrâneas**. Disponível em: <http://www.cetesb.sp.gov.br/agua/qualidade-da-agua-subterranea/63-guarani>. Acesso em: 10 jun. 2014.

CHARBONNEAU, J. P. et al. **Enciclopédia de ecologia**. São Paulo: EPU/Edusp, 1979.

CORSON, W. H. (Ed.). **Manual global de ecologia**: o que você pode fazer a respeito da crise do meio ambiente. São Paulo: Augustus, 1993.

EMBRAPA (Empresa Brasileira de Pesquisa Agropecuária). **Atlas do meio ambiente do Brasil**. 2. ed. rev. e aum. Brasília: Terra Viva/Embrapa-SPI, 1996.

FARIA, R. P. **Visão para o Universo**. São Paulo: Ática, 1991.

FEEMA (Fundação Estadual de Engenharia do Meio Ambiente). **Vocabulário básico de meio ambiente**. Rio de Janeiro: Serviço de Comunicação Social da Petrobras, 1992.

FRIAÇA, A. C. S. et al (Org.). **Astronomia**: uma visão geral do Universo. São Paulo: Edusp, 2000.

KARLSON, P. **A conquista dos ares**. Porto Alegre: Globo, 1963.

LIMA JR., P. O. **Regulamentos de tráfego aéreo**: voo visual. 17. ed. São Paulo: ASA, 1997.

MADUREIRA FILHO, J. B. et al. Minerais e rochas: constituintes da terra sólida. In: TEIXEIRA, W. et al (Org.). **Decifrando a Terra**. São Paulo: Oficina de Textos, 2000. p. 27-37.

MATSUURA, O. T. **Atlas do Universo**. São Paulo: Scipione, 1996.

O'CONNOR, R. **Fundamento de Química**. São Paulo: Harbra, 1977.

OSAVA, M. **Água limpa e sem sal no Nordeste do Brasil**. Disponível em: <http://www.tierramerica.info/nota.php?lang=port&idnews=68>. Acesso em: 10 jun. 2014.

PRADO, H. **Solos do Brasil**: gênese, morfologia, classificação, levantamento. Piracicaba, 2000.

RONAN, C. A. **História natural do Universo**. Lisboa: Verbo, 1991.

RUPPERT, E. E.; BARNES, R. D. **Zoologia dos invertebrados**. 6. ed. São Paulo: Roca, 1996.

SCHMIDT-NIELSEN, K. **Fisiologia animal**: adaptação e meio ambiente. 5. ed. reimpr. São Paulo: Livraria Santos, 1999.

SONNEMAKER, J. B. **Meteorologia**. 23. ed. São Paulo: ASA, 2000.

TIPLER, P. A. **Física**. 2. ed. Rio de Janeiro: Guanabara Dois, 1986.

TOLEDO, M. C. M. et al. Intemperismo e formação do solo. In: TEIXEIRA, W. et al (Org.). **Decifrando a Terra**. São Paulo: Oficina de Textos, 2000. p. 139-166.

TOLENTINO, M. et al. **O azul do planeta**. São Paulo: Moderna, 1995.